麦肯锡学院

麦肯锡传奇

现代管理咨询之父马文·鲍尔的非凡人生

McKINSEY'S MARVIN BOWER

Vision, Leadership, and the Creation of Management Consulting

[美] 伊丽莎白·哈斯·埃德莎姆 著　魏青江 方海萍 译
Elizabeth Haas Edersheim

机械工业出版社
China Machine Press

图书在版编目（CIP）数据

麦肯锡传奇：现代管理咨询之父马文·鲍尔的非凡人生 /（美） 伊丽莎白·哈斯·埃德莎姆（Elizabeth Haas Edersheim）著；魏青江，方海萍译．—北京：机械工业出版社，2020.7（2025.5 重印）
（麦肯锡学院）

书名原文：McKinsey's Marvin Bower: Vision, Leadership, and the Creation of Management Consulting

ISBN 978-7-111-65891-7

I. 麦…　II. ① 伊…　② 魏…　③ 方…　III. 企业管理－经验－美国　IV. F279.712.3

中国版本图书馆 CIP 数据核字（2020）第 106105 号

北京市版权局著作权合同登记　图字：01-2011-4434 号。

Elizabeth Haas Edersheim. McKinsey's Marvin Bower: Vision, Leadership, and the Creation of Management Consulting

ISBN 978-0-471-65285-4

麦肯锡传奇：现代管理咨询之父马文·鲍尔的非凡人生

出版发行：机械工业出版社（北京市西城区百万庄大街 22 号　邮政编码：100037）
责任编辑：李　昭
责任校对：李秋荣
印　　刷：保定市中画美凯印刷有限公司
版　　次：2025 年 5 月第 1 版第 11 次印刷
开　　本：147mm × 210mm　1/32
印　　张：12
书　　号：ISBN 978-7-111-65891-7
定　　价：79.00 元

客服电话：（010）88361066　68326294

总序一

麦肯锡并不神秘，方法论铸就神奇

摆在你面前的这三本以麦肯锡命名的书——《麦肯锡方法》《麦肯锡意识》《麦肯锡工具》，绝对谈不上是名著，两位作者也不是什么大牛，它们在美国一再出版并极受欢迎，在我看来，既是因为书名中包含着世界顶级管理咨询品牌“麦肯锡”，也是因为三本书都紧扣“解决问题”这个在职场或者更大范围内的人生的关键焦点。作者提供给你的，不是居高临下的说教和炫耀，不是在今天的书榜上有点儿泛滥的煽情与励志，也没有打算帮助你补充什么缺失的专业知识（这些永远都补不完、学不够），而是希望你通过较为系统的学和练之后能够以某种方式“洗心革面，重新做事”，掌握这种“麦肯锡”的或者“解决问题”的有效方法论。作者的写作初衷，就是想把麦肯锡的几招“看家本事”说出来，惠及普天下。

说到看家本事，25 年来，我常常惊诧于学院里的一些师弟师妹或者学生小子，青葱年少，摇身一变就成了麦肯锡公司的大牌顾问，往来尽高管，谈笑超自信。是吃了什么灵丹妙药，还是谁点化了这些脑袋？认真想想，我找到了一条原因：也许是因为这些优秀学校毕业的年轻人，本身素质够格，一旦加入了这个强势品牌，站在了巨人的肩膀上，靠着公司积累了数十年的行业知识，并不断有成熟的合伙人或者资深经理从旁教授，说话办事靠谱起来也是应该。但是接触麦肯锡和其他领先管理咨询公司多了，我发现，除了“洗脸”（印上麦肯锡这个卓越品牌）这一过程之外，还有另外的原因同样不可小觑，甚至需要大书特书，那就是他们进去后还有重要的四洗：“洗心”“洗脑”“洗手”“洗脚”。

所谓“洗心”，说的是受到麦肯锡文化的熏陶，对于专业服务和帮助企业的理解与承诺，在知其然也要知其所以然的过程中，积极地影响（改变）商业实践。关于这一点，《麦肯锡传奇》[⊖]一书给出了极好的诠释。从这家公司的奠基者马文·鲍尔追求完美、缔造卓越的传奇一生，我们能够更好地理解麦肯锡公司的精神实质，甚至更广义地，让所有从事专业服务的同人，都保持着一种谦卑和敬畏。《麦肯锡传奇》是我们的“麦肯锡学院”丛书之四，尽管不是我们所说的这两位作者的作品。

“洗心”费时费力，也并不是总能成功。有些人离开麦肯锡，是因为始终不能脱胎换骨似的被这样一种很强势的文化所命中，以其作为自己的信仰。难说好坏，不适便是。但是，离开麦肯锡的人，甚至那些成为大公司掌舵者、拯救者（这种说法显然太夸大个体英雄主义了，此处只是从俗）的麦肯锡校友，除了麦肯锡精神、文化和价值观对他们的影响让他们与众不同之外，还有很重要的一条，便是他们的工作方式、运作方式、合作方式，甚至生活中的劳作方

⊖ 本书已由机械工业出版社出版。

式、动作方式，都被他们曾经服务过的这家公司“定型”（Shape）过了。而这个“定型”过程，靠的是洗脑、洗手、洗脚，改变的则是意识、方法和工具。

所谓“洗脑”，即《麦肯锡意识》，讲的是怎样从思维方式上，真正成为一个团队合作的、面向对象（也许是客户）的、强调改善与结果的问题解决者。而“洗手”——《麦肯锡方法》，实际上是这三本书中最先问世并一炮打响的畅销书，强调的是一些不管在什么工作环境下，都可以更有效解决问题的技巧性很强的工作方式、小窍门，不过小窍门却能派上大用场。最后说说“洗脚”——《麦肯锡工具》，这一本想从更有研究和证据的角度，把这些方法、打法、套路上升为方法论、工具箱、武器库，是对那些更尊重逻辑、寻求道理的学习者和阅读者的深入满足。这“三洗”，骨子里高度一致，就是要你变得“训练有素、行动得法”。这三本书兜售、传播的到底是什么？通俗一些说，我们平时喜欢夸别人说话办事“靠谱”“上道”“挺是那么回事儿”，这三本书就是“靠谱”的“谱”、“上道”的“道”和“挺是那么回事儿”的“那么回事儿”。呵呵，所以，认真学习和掌握了这些，你就能成为一个总是被上述赞誉围绕的人，即使你不是也不打算成为一个咨询顾问，即使你只是个热衷于学习管理的蓝领师傅或者掌权主妇。

所以，麦肯锡或者很多其他的大公司在面试新人时，并不特别着眼于已有的知识积累（背书考试的成果），更看中的是面试者所表现出的意识、方法和工具（尽管朴拙）在本质上是否符合这样一套规范的、以批判性思考和创造性思考为基础的、逻辑自洽且行之有效的系统要求，或者有没有相应的素质能够修炼并掌握这样一套方法论！尽管一切都能学，都不晚，但是掌握这些本领，你确实还有一个很大的敌人：你自己，过去的你，你过去的思维方式、工作方式和其他的习惯。在我看来，这套方法论中，重视"渔"超过"鱼"，重视"学会学习"而不是"知识学习"，重视"严密假设、小心求证"而不是"天马行空拍脑袋"，重视"团队一体"而不是"我的地盘我做主"。你也许不喜欢这套方法论，觉得束缚而不够舒服，觉得啰唆而不够痛快，那只能说明它们不是说给你听、写给你用的，但是许多年的实践证明，这套法子很灵。

千万不要误解，认为只有将来要从事咨询工作的人才有必要阅读和学习。在今天，许多学校开始考虑改革传统的 MBA 教学过程，增加更多的软技能和整合实践学习。我认为这三本书有很好的读者群体：入学导向周里的 MBA 学生、整合实践学习和软技能培训（包括沟通、思维、团队训练）中的 MBA 学生。各学院很想较为系统地做些"双基"训练，帮学生养成一些对未来 MBA 学习和管理生涯长期有用的思维和行动习惯，从这个意义上看，这几本书是蛮适合做训练导引和参考手册的。这三本书不需要都仔细读（必须承认，三本书中有不少重叠冗余之处，也有一些过于理论的部分会让看重"拿来用"的学习者读得很累），你可以看看风格，读两页后判断一下哪本书更适合你：是更理论些的，还是更实操些的，还是二者得兼。如果老师愿意选取书中的一些片段直接指点给学生，当然会省事，但是要小心，要尊重它的整体性。

熟悉咨询行业的读者一定会发现，正如咨询顾问讲事儿时的习惯一样，这几本书逻辑性强，但有点儿“干”。很多读者第一遍读，难免会感觉有点儿“云里雾里”，迷失在概念丛林中，但只要你耐着性子看，过了那道坎儿，就是跟你过去自由自在干活儿相比要开始“事事儿”起来的那道坎儿，这套说法和做法往往就会深得你心了。当然，这也反映出你的个人价值观与麦肯锡文化的契合度，因为每个做法的背后，是“崇尚理性、讲究服务、持续提高”的文化。不舒服，请坚持再试；吐之前，别轻易放弃。总之，你得有点儿执着，才能享受这顿盛宴。

最不该读这些书的人，大概就是麦肯锡公司的顾问了。他们大都会觉得这些书有些小儿科，写书的人有点儿拿麦肯锡做招牌，以及这些东西还算不上绝学，等等。嗯，大体上同意。好在这些书确实不是给在麦肯锡工作以及想去麦肯锡工作的人写的，他们该追求的是“手中无剑，心中有剑”的境界。而这些书的大部分目标读者，都是先要手上拿起这么一把趁手的“家伙”披荆斩棘，壮壮声势的。相比之下，市面上那些所谓的战略、整合、重组之类的《武穆遗书》般的兵法奇著，年轻的管理学习者最好还是敬而远之。咱们需要把军体拳和太极剑先练熟——明天就贯通任督二脉纯属做梦，咱们必须得从入门的一招一式练起。套用一句 2008 年后流行起来的新俗话，叫作回归基本（Back to Basic）。说得多好，不是初级，而是基本——最简单的三板斧，往往在关键时刻救命，这才是最高级的功夫！

也许有一天，作为这几本书受益者的你，历练多年，无论言谈与逻辑的缜密，还是选择与决策的严谨，居然会被人讥笑：“大哥

(或美女)，咱别这么麦肯锡好不好！”呵呵，也许正说明你作为一个麦肯锡的门外汉，经过了这难得的“麦肯锡学院”的修炼，掌握了麦式基本功几许。别骄傲，还不够。除了锻炼方法，还要淬炼心法。书的作者在前两本书（即《麦肯锡方法》《麦肯锡工具》）里特别爱举一位“麦肯锡校友”、曾任安然公司CEO的斯基林做正面案例——安然的崛起和坠落他都有重要干系。这绝不意味着这几本书错了，而是需要你洞察其局限。剑法高超者，却因着害人与救人的分别，成就了“恶”与“侠”。华山派出了岳不群，并非功夫本身的错，而是要参透“功夫只是功夫，功夫仍是功夫”的辩证玄机。

我之所以想给这么几本书做推荐，并不是冲着麦肯锡的名头。相反地，倒是书中处处流露出的“麦肯锡并不神秘，方法论铸就传奇”的平易色彩打动了我。因为麦肯锡三个字而买下这些书的你，一定要明白方法论才值得你花那些银子。看完后，千万别迷信麦肯锡：路子对了，你也行。

杨斌　博士

清华大学经济管理学院领导力研究中心主任

总序二

麦肯锡商学院重装上阵、致敬经典

十年前，“麦肯锡学院”丛书陆续面世。十年来，《麦肯锡方法》《麦肯锡意识》《麦肯锡工具》和《麦肯锡传奇》这四本书加印三十余次，读者甚众。

埃隆·马斯克大谈“第一性原理”的时候，众人四处求索，这是什么神奇法门？蓦然回首，《麦肯锡方法》《麦肯锡意识》其实就是第一性原理的解题方法。

企业创新，言必称“敏捷组织”“敏捷方法”。定睛一瞧，《麦肯锡工具》与敏捷团队的工作手册高度一致，尤其适用于软件开发、产品开发以外的敏捷应用场景。

业界的共识基本形成：伟大的企业一定是由使命和价值观驱动的，而非单纯追逐利润。而且，越来越多的中国企业从“合伙人”这个古老的制度安排中寻找企业价值观塑造和传承的密码。作为专业服务领域合伙制企业的创业史诗，《麦肯锡传奇》充满了人性的光辉和尘封的细节。

在 2020 年这个大时代节点，再版“麦肯锡学院”丛书，幸甚至哉！

除了解题方法论这样的“硬核”技能之外，本次的新版丛书也增加了《麦肯锡领导力》这个“软核”话题。这本书是两位麦肯锡现任合伙人的新作——摒弃时髦的喧嚣，萃取经过时间考验的组织领导力十项原则。

当我们向经典致敬时，麦肯锡的同事们意识到，想要解决高度不确定的现实问题，或切实提升领导力，仅仅阅读书本毕竟有很大的局限性。因此，在过去几年中，我们投入了巨大的热情和精力，把这些方法和工具开发成学习课程，并以此为基础组建了麦肯锡商学院。这些麦肯锡商学院的训练课程，主要通过线上学习，践行个性化学习、游戏化互动、量化测评认证的原则。麦肯锡商学院与经典书籍相互辉映，用最新的科技和近百年沉淀下的实践智慧，为中国的人才赋能！

张海濛

麦肯锡全球资深合伙人

亚太区组织领导力咨询负责人

推荐序

马文·鲍尔是一位伟大的领导者，也是一位伟大的导师。他认为领导力是无法教，但可以学的。我曾亲眼看到他强大的个人影响力如何改变了一位又一位商界人士和同事。那就是他的方式。

在担任哈佛商学院院长期间，我把自己从马文身上学到的东西带到了哈佛。我学会了要投资于人和想法，做一个有思想的风险投资家；要创造一个富有生命力和养分的人性化环境与氛围，让我们可以大幅度进步而不是自私自利地追逐各自的目标。就像马文说的："如果让人做他们自己真正感兴趣的工作，他们自然会拿出最好的成绩，做出最大的贡献，而且会相亲相爱……"

1933 年马文加入麦肯锡的时候，管理咨询领域的前景尚不明朗。商业和科学是大相径庭的。商业中的试验需要很长时间，48 小时是绝对不够的，甚至 5 年也不一定够。马文在定义管理咨询和麦肯锡的特色时，他实际上是创造了一个行业。然后当他大胆而富有远见地雇用哈佛等名校的年轻人，让他们与企业界的领导人一起工作时，他实际上是再造了这个行业。他认为在给资深高级管理者提供咨询的时候，你并不需要一个退休首席执行官那样的老资格。年轻、睿智、经过良好培训的正直年轻人就可以很好地完成这项工作，而且效果显著。这是一个飞跃。

2003 年 1 月，我们失去了这位导师和先行者。马文的理念建立在人的根本特性之上，尊重他人，自尊自强。之所以说他是一位先行者，是因为马文把一些基本理念带进了商业圈，帮助领导者用价值观来导引自己的航向。这是一个全新的手段。他看重年轻人的想象力，了解新思想的力量。他的信念无比坚定，他对自己的“学生”关怀备至。他永不停歇地创新、学习、传授知识、关怀他人。

像所有伟大的导师一样，他的教诲远远超越了他那九十九年半的生命历程。马文的每一个弟子都承袭了他的衣钵，讲述着“马文的故事”，向更多人传授知识。比如说我，就坚信他的故事应该流传后世。

约翰·麦克阿瑟

哈佛商学院院长（1980～1995 年）

目　录

第二部分 领导的领导

第三部分　附录

致 谢

在本书写作的两年间，许许多多的人向我讲述了他们的故事，给我以鼓励、看法和意见，让我无以为报。我仅能写出其中几位我经常拜访求教的人的名字，而无法把其他提供过帮助的人一一列出，在此尚请各位见谅。

把我和马文联系在一起的人：

我的父亲，他介绍了这位传奇人物给我。

史蒂夫·华莱克，写下了他自己的故事供我写作本书之用。还有迪特马尔·迈耶斯克和弗雷德·格卢克，他们让我有机会在麦肯锡与他们和马文共事。

帮助我写作的人：

休·莱曼，鼓励我把这本书写出来，并且帮我联络麦肯锡。顾磊杰向我开放了麦肯锡的档案。比尔·普赖斯，在我阔别麦肯锡十年后护送、陪伴我访问世界各地的麦肯锡办公室，并且帮助我查找资料。

感谢我曾经采访过的每一个人，感谢你们付出的时间、热情和精力。我尤其希望对以下 6 位表示感谢：

沃伦·坎农，诚实地告诉我哪些地方写得好、哪些地方写得不好，然后耐心地听我把改正后的文稿念给他听。

昆西・亨希克，从自己的假期中抽出了大量时间给我，因为他重视我这本书。

乔恩・卡岑巴赫，接受了我的访谈之后又给我写便笺、打电话，分享他的使命感和曾经与马文共事的骄傲之情。

阿尔伯特・戈登，向我深入介绍了马文对于哈佛大学、哈佛商学院的影响力。他对 30 年前细节情况的记忆令人叹为观止，他把马文的传记读得通通透透，就是他自己的传记，他也未必会如此上心。

马克・斯图尔特，尽在不言中。

罗恩・丹尼尔，不断地给我提供各种想法、建议和修改意见，就好像马文本人一样。

我还要感谢以下这些人，他们促成了本书的诞生：

迪克・鲍尔，鼓励我，赞赏我的工作。吉姆・鲍尔，他宽宏大度地容忍我扰乱了他的生活，还从他独特的视角介绍了他的父亲。

琼・威尔逊，经常为了一个词、一句话而陪我工作到午夜。吉姆・韦德和佩奇・辛佩尔坎普不断阅读、质疑我的书稿，并且提出修改建议，使这本书更加完善。萨拉・罗奇，很久以前她就让我知道了编辑工作者的价值，并且总是给我带来惊喜。

马克・麦克拉斯基、罗恩・布卢默和凯文・麦克休，在我动摇的时候阅读我的书，给我以鼓励。

布朗德・德菲利皮斯、阿梅莉亚・奥马利、斯蒂芬妮・纳尔逊和凯特・汉德利，在马文最后的岁月里无微不至地照料他。

马文的助手玛吉・尼尔、马文和克利奥的管家琼・华莱士，他们从来不赶我走。

马文和海伦多年的好友朱丽叶·戴夫利，她有着无穷无尽关于乔治和马文的故事，总是让我笑对人生。

我的邻居霍华德和苏珊·卡明斯基，他们听到过我用头撞墙的声音。还有我的代理人爱丽丝·弗里德·马特尔，她对这本书充满了信心。

艾伦·哈维，一稿接一稿地录入书稿，充满了乐观，而且技巧熟练。她还承担了核对事实、校对文字、提出建议的工作。

阿尔文和维奥莱特，他们接受了一个比往常更疯狂的时间表，并且大力支持。阿尔文总是询问我书稿的进展情况。维奥莱特总是主动提出和我一起去见马文。

史蒂文，从来不抱怨我这是笔赔钱买卖，总是跟我说这很好啊，哪怕其实一点也不好。他总能提出极有价值的建议。

上述所有人不应为我的作品承担责任，但我要感谢他们为我提供的灵感源泉。

最后，感谢我的母亲。她给了我勇气，告诉我不要让恐惧或者习惯挡住去路。我相信这是很重要的一点。

第一部分

将愿景变为现实

仅仅有创意是不够的，创意不能持久，必须把创意落实为行动。

——马文·鲍尔，2001 年

第 1 章

马文·鲍尔

1903 年：哈佛大学还没有商学院。《纽约时报》只卖 1 美分。在 45 个州中，只有两个州的妇女有选举权。莱特兄弟发明的飞机进行了首飞。托马斯·爱迪生发明的电灯泡已经问世 24 年了。

2003 年：9000 名申请者争夺哈佛商学院的 900 个入学名额。《纽约时报》卖到 1 美元。在 50 个州中，有 42 个州的登记选民半数以上是女性。第一架超音速商用飞机协和式飞机在服务 24 年之后从英国航空公司退役。已经问世 124 年的电灯泡与当年相比基本没有什么变化。

1903 年，马文·鲍尔出生在一个装有电灯的家庭，当时在美国，家里装电灯还是非常少见的。近一个世纪后，马文在佛罗里达与世长辞，此时他在商业界和管理界的地位已经与爱迪生在科技界的地位不相上下了。和爱迪生一样，他也被选入了商业名人堂。但是，当鲍尔被通知获得此项殊荣时，他却说："这肯定是搞错了，我不是商人，我是专家！"[1]

马文一手打造了他所在的这个全新的行业：高层管理咨询业。是他把麦肯锡从一个奄奄一息的会计和工程事务所改造成为一家卓越的咨询公司，为商业界的高级经理人以及政府要员提供服务。马文在麦肯锡整整工作了 59 年，从 1933 年直到 1992 年以 89 岁的高龄正式退休。

马文 · 鲍尔的出众之处，就在于他特别重视价值观和个人品质。马文死后，约翰 · 拜恩曾在 2003 年 1 月号的《商业周刊》中这样写道：

> 鲍尔是麦肯锡的大祭司，他把合伙制变成了咨询业的金科玉律……他坚信，咨询顾问应该像最优秀的医生或者律师那样，永远把客户的利益置于首位，时时恪守道德，始终对客户说真话，而不是曲意逢迎。[2]

鲍尔的道德感和价值观直接来自他的童年。马文 · 鲍尔是卡洛塔与威廉 · 鲍尔夫妇的长子。他们家境平平，居住在俄亥俄州的克利夫兰。这一家人把为人正直与受人尊敬看得远高于金钱。马文两岁时，他的弟弟比尔呱呱坠地。

鲍尔一家非常注重学习，学习是马文童年生活的主要部分，他阅读了大量小说和诗歌。威廉 · 鲍尔对于马文兄弟读过哪些书都有记录。马文把马克 · 吐温的所有小说都读了两遍，每读完一遍，他都签上自己的姓名缩写。

马文的父亲是理想的行为榜样，他的工作是处理复杂的土地所有权转让，这项工作既需要智力，又需要实践。他不仅要懂技术和法律，还要具备敏锐的商业眼光，遵循极高的道德标准。威廉在业内享誉全国，多年以后他的儿子也同样名满天下。威廉 · 鲍尔经常带马文兄弟俩去参观克利夫兰的各种工厂，让他们对不同类型的工厂有个直观的了解，有时候竟然会一整天不上班，就为了陪着马文和比尔参观工厂。[3]在马文的记忆中，这些参观趣味盎然，而且意义非凡。由此不难想象，马文之所以总是渴望通过实践来学习各种有用的、重要的知识，就是因为受到了父亲的鼓励。每当他们离开一家工厂的时候，父亲总会问："你们学到了什么？"

表面上这是一个保守的美国中西部家庭，可实际上鲍尔一家并不像当时的大多数家庭那样搞家长制。威廉·鲍尔相当民主，在重大决策关头，他会征求全体家庭成员的意见。马文清楚地记得，当初研究要不要搬家到克利夫兰城另一边去的时候，他也参加了讨论。事实上，这次讨论给马文留下的印象远比搬家本身更深刻。马文后来回忆说："很了不起的是，父亲一直都让我们兄弟俩参与家庭决策。当然啦，我的话未见得真能起什么作用，其实我自己都记不清当时究竟说了些什么，但是那一次，以及在其他的讨论中，我都畅所欲言，这才是最重要的。"[4]这些讨论可能是马文与非层级制管理体系的第一次接触。

从早年起，马文就展现出思想的独立性。他在中学结识了后来成为他妻子的海伦·麦克劳克林。他回忆起当时父亲不准他与海伦谈恋爱的情景："爸爸和我真是好一番斗争，直到最后他明白了我在这个事情上是绝不会屈服的。"[5]他对那段时期的记忆还包括一位对他影响颇深的语文老师、办校报以及在暑期打各种各样的零工。

劳拉·爱德华兹是马文·鲍尔高中时的语文老师。马文在

99 岁的高龄依然牢牢记得她对自己和海伦的影响：

> 劳拉·爱德华兹把学习变成了一种乐趣。我们都喜欢上了她，没多久她就让我们彼此以名字相称㊀，别的老师就不会这样。说来好笑，直呼名字确实让我们觉得和劳拉的关系更进了一层……她真的是寓教于乐，劝导我们要拿高分上大学，我们这些人都想上大学，真的很想。我想我们大家都会将此铭记于心。她是一位非常出色的老师，海伦受她的影响，也当了老师。我和海伦搬离克利夫兰后，每次回去都会专门去看望她。我们通信联络了好多年。[6]

从此马文也养成了与他人直呼名字的习惯，无论对同事还是对客户都是如此，这成为他的一条与人相处之道。所有的人都管他叫“马文”，如果有人称呼他“鲍尔先生”，他会请对方改过来。

从中学时代起，马文就很善于与人沟通，他的表达不仅条理清晰，而且富有说服力。当时他创办了一份校报，名为《家酿》(*Home Brew*)[7]。校方不喜欢这个名字（当时美国正处于禁酒时期），但是马文用一流水准的报告说服了他们，使他们允许马文使用这个名字。这也算是马文启蒙性的一课，让他认识到良好的沟通技巧有怎样的作用。

每年夏天，马文都会在父亲的帮助下出去打零工。他曾经给测量员当过助手、送过冰、下过工厂，还在童子军营地当过

㊀ 英语中直呼名字表示亲密。——译者注

辅导员。当时正值第一次世界大战，人手短缺。马文回忆道："那是一种很好的历练，我要真正地负起责任来。我的老师都很好，让我学到了很多东西，尽管当时我才 15 岁。我还真赚了不少钱，父亲就教我如何储蓄。"[8]在后来的岁月里，马文·鲍尔无论对自己的钱还是对客户的钱都是精打细算。

马文不仅刻苦勤勉，而且敢于冒险。有一年夏天，他和朋友约翰·汉密尔顿一起骑自行车去布法罗市。[9]他们觉得这是一种不错的锻炼，对于橄榄球训练有帮助。但很快他们就兴致索然了，因为山路太多，蚊子也太多了。在很无聊地骑了三天以后，他们抓住了一辆慢速行驶的卡车搭"顺风车"。卡车司机不知道他们挂在后面，车越开越快。马文和约翰只好松开手，结果摔到了人行道上，好在两个人都没有受伤。过了几天，他们到达了宾夕法尼亚州伊利城，然后掉头返回。第二年夏天，马文和约翰又执着地要去布法罗。这一次他们自己造了一条划艇，挂上威廉·鲍尔的舷外马达，从水路进发。结果伊利湖上起了风暴，舷外马达失灵，两个人被冲上了一个小岛。他们奋力游回岸上，给家里打了电话，然后通知了海岸警卫队，这两位中学生的驾船冒险就此结束。第三年，马文还是想去布法罗，这次他采用了一个比较现实可行的办法：求父亲带他去布法罗过暑假。

高中毕业后，马文·鲍尔听从祖父的建议进了布朗大学，从 1921 年至 1925 年在该校就读。回想起在布朗大学的那段日子，马文说起了自己生命中少有的几个遗憾之一："我把自己过度地局限在学生联谊会的小圈子里，而没有利用这个机会结交尽可能多的人。”[10]在布朗大学他结识了马尔科姆·史密斯，与他成了终生密友。在大学里马文学习了哲学和经济学，在那个时代，经济学还是一门比较新的学科。

有两位教授给马文留下了深刻的印象。第一位是名叫巴顿的经济学教授，他使用马歇尔的课本来教授经济学原理，使人对这些原理经久不忘。另一位是个非常善于与人打交道的哲学教授，马文从他身上学到了很多倾听技巧和关于人际交往的知识。[11]

从布朗大学毕业以后，马文在父亲的建议下进了哈佛大学法学院，而他的好友马尔科姆·史密斯则进了哈佛大学商学院。马文回忆道：

> 考进去并不难……我在学校的成绩还算可以，但并不是特别出色，那时候进哈佛法学院也不需要数一数二的成绩。真正困难的是进去以后如何留下来，学院会让不合格的学生退学。[12]

马文能够自己支付上法学院的费用。他把多年暑期打工的收入都攒了起来，到1925年，他在股市投资中已颇有斩获，足以支付上学的费用了。[13]在20世纪20年代，几乎所有人都从股市上赚了钱，但是像他这样一个22岁的年轻人就这样懂得用心投资，确实十分难得。

从1925年起，马文连续四个暑假为克利夫兰的TH&F律师事务所工作。[14]第一个暑假，他的任务是替事务所的客户催收账款，客户主要是克利夫兰的五金批发公司。首先由批发公司的推销员向零售商催款，然后批发商再写信过去催收，要是还不行，他们就把坏账转交给 TH&F。马文很快发现他本人出马上门讨债要比写信管用。他运用自己的个人风格说服了很多零售商乖乖还钱。接下来三年的暑假里，TH&F 都请他干这项工作。

1927 年，在从法学院毕业前的最后一个暑假，马文和心上人海伦结了婚。[15] 70 年后，马文依然记得当日的很多细节——为教堂租一个遮阳棚要多少钱，租礼服的时候遇到了哪些麻烦，海伦穿的是什么衣服，当然还包括都有哪些朋友参加了婚礼。《克利夫兰新闻报》还将其评为“本周最盛大的婚礼”。[16]

他们自己开着车出去蜜月旅行，那是辆号称“簇新”的二手车。[17] 蜜月旅行又是一次没有具体路线的冒险，这是马文的一贯作风。这对新人很晚才出发，第一天晚上在伊利市过夜。(那时美国还没有州际高速公路，不过人口密集地区的多数道路好歹都是铺过的。) 他们本打算去新斯科舍观光，但实际上是乱逛一气，哪里好玩儿就去哪里，并邂逅不同的人。两星期后，他们到达了马萨诸塞州的坎布里奇市，总算没耽误马文的开学时间。

从法学院毕业以后，马文打定主意要加入一家知名的律师事务所。他瞄准了众达律师事务所，这是克利夫兰当地一家非常受人尊敬的事务所。据马文说，当时他在法学院的成绩不够好，众达不会要他，所以他才决定先到刚刚创立不久的哈佛商学院去镀镀金。他的朋友马尔科姆·史密斯早就觉得学商科更有意思，而且商业界比司法界更富于创造性。

从1928年进入商学院的那一天起，马文就确认自己的感觉是对的——他发现自己确实喜欢商科。他成了《哈佛商业评论》的一员，特别关注营销、战略、财务以及公用事业管理。

马文在商学院求学期间，海伦教书（她最终成为马萨诸塞州麦德菲尔德一所学校的校长）养家，而马文上学的费用则是用他们在股市上赚来的钱支付的。在商学院两个学年之间的那个暑假里，马文在纽约的戴维斯·波尔克律师事务所打工。当时适逢马尔科姆·史密斯外出，马文就借住在他位于布朗克斯维尔的公寓里。马文的策略成功了，1930年从商学院毕业以后，他终于加入了众达律师事务所。

1933年，在任职三年以后，马文离开了众达事务所。他向一个叫乔治·戴夫利（马尔科姆·史密斯在哈佛商学院的同学，也是来自克利夫兰的老乡）的朋友征求意见，乔治支持他从商的想法，于是马文一头扎进了商界。马文加入了当时詹姆斯·O.麦肯锡开办的会计和工程事务所。六年后马文把这家事务所买了下来，并指引它转变成为在管理咨询这一全新行业中首开先河的公司。

马文·鲍尔闯入商界对全世界的商业管理产生了深远影响。他成功地建立起一个声名卓著的公司，并由此造就了一个全新的行业，同时他还深深影响了成千上万的领导者。在他的整个职业生涯中，他始终以人为本，关注客户的成功，传播重要思想，并谨守道德准则。在他近百年的人生旅程中，商业从一个二流的行业（甚至于很多人认为那根本就算不上是一个行业）变成了全球经济的发动机。马文亲身经历了整个转变的过程，他预见并构想未来，认识并满足高层企业管理者的需求，帮助他们在这个飞速变化的世界中应对巨大挑战。

在投身咨询业的过程中，马文得到机会与很多率先削减企业层级的领导人合作共事并提供咨询意见，这些人包括通用汽车公司董事长阿尔弗雷德·斯隆、通用食品公司董事长查尔斯·莫蒂默、杜邦公司董事长克劳福德·格林沃尔特、通用电气公司首席执行官拉尔夫·科迪纳、荷兰皇家壳牌公司董事长约翰·劳登、IBM 公司董事长小托马斯·沃森，甚至还包括美国总统德怀特·艾森豪威尔。他在马文的帮助下大力精简了白宫的幕僚人员，并且给重要的属下以极大的自主权。[18] 当时，共和党人已经有 20 年没能入主白宫了。共和党全国委员会觉得有必要彻底检视白宫幕僚的职能，于是艾森豪威尔做出了前无古人的举动——他找了个管理咨询业的“局外人”来研究他和他的幕僚在接任后会碰到什么问题。艾森豪威尔之所以会决定把马文的麦肯锡小组请进白宫，是因为他经常征求意见的那些商界领袖对马文推崇有加。到了 20 世纪 50 年代，马文已经牢固建立起了自己的专业地位，他已经成了咨询业的终极标杆，并因为致力于满足客户需求而博得了毫无保留的信任与尊敬（见图 1-1）。

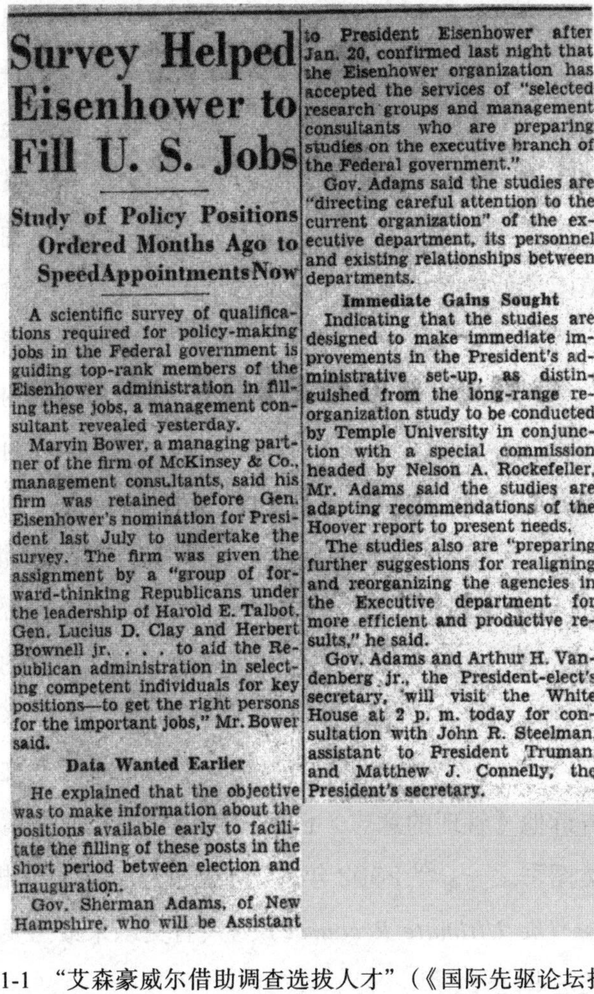

Survey Helped Eisenhower to Fill U. S. Jobs

Study of Policy Positions Ordered Months Ago to Speed Appointments Now

A scientific survey of qualifications required for policy-making jobs in the Federal government is guiding top-rank members of the Eisenhower administration in filling these jobs, a management consultant revealed yesterday.

Marvin Bower, a managing partner of the firm of McKinsey & Co., management consultants, said his firm was retained before Gen. Eisenhower's nomination for President last July to undertake the survey. The firm was given the assignment by a "group of forward-thinking Republicans under the leadership of Harold E. Talbot, Gen. Lucius D. Clay and Herbert Brownell jr. . . . to aid the Republican administration in selecting competent individuals for key positions—to get the right persons for the important jobs," Mr. Bower said.

Data Wanted Earlier

He explained that the objective was to make information about the positions available early to facilitate the filling of these posts in the short period between election and inauguration.

Gov. Sherman Adams, of New Hampshire, who will be Assistant to President Eisenhower after Jan. 20, confirmed last night that the Eisenhower organization has accepted the services of "selected research groups and management consultants who are preparing studies on the executive branch of the Federal government."

Gov. Adams said the studies are "directing careful attention to the current organization" of the executive department, its personnel and existing relationships between departments.

Immediate Gains Sought

Indicating that the studies are designed to make immediate improvements in the President's administrative set-up, as distinguished from the long-range reorganization study to be conducted by Temple University in conjunction with a special commission headed by Nelson A. Rockefeller, Mr. Adams said the studies are adapting recommendations of the Hoover report to present needs.

The studies also are "preparing further suggestions for realigning and reorganizing the agencies in the Executive department for more efficient and productive results," he said.

Gov. Adams and Arthur H. Vandenberg jr., the President-elect's secretary, will visit the White House at 2 p. m. today for consultation with John R. Steelman, assistant to President Truman, and Matthew J. Connelly, the President's secretary.

图 1-1 “艾森豪威尔借助调查选拔人才”（《国际先驱论坛报》，1953 年 1 月 12 日）

马文从来不会为了赚钱而赚钱。他对客户、对合伙人、对自己的价值观都始终不渝。他坚信一家优秀的服务机构靠的不仅是技能与经验，最重要的是其成员的所作所为。他超前于自己的时代，甚至也超越了我们的时代。1935 年，也就是加入公司两年后，他向麦肯锡公司递交了一份备忘录，指出一家公司不可以同时从事咨询和会计业务，因为这二者间必然会出现利益冲突。[19] 20 世纪 50 年代末到 60 年代，就在其他服务性企业纷纷上市而其合伙人都大捞一笔时，马文却将自己的股份按账面价值卖给他的合伙人，因此牺牲了一个使个人身价猛增的大好机会。他认为服务性企业一旦上市就要对股东负责，不可能做到始终把客户的利益放在首位。他认为为了企业的生存与发展，所有权必须分散。由于对高标准的执着，他成为四代麦肯锡领导人的榜样。他不仅与高层管理者建立一对一的工作关系，还利用自己高超的沟通技能与全世界的管理者进行沟通。

1966 年，马文撰写了自己的第一本著作《管理的意志》（*The Will to Manage*）。在该书中，他畅谈了如何将他的许多革命性创意付诸实践，以帮助管理层在巨变的环境中更好地进行领导。1975 年，该书的出版商麦格劳 - 希尔公司给马文去了一封信，告诉他《管理的意志》已经成为该社创社以来销量最大的商业类图书之一。[20] 2002 年，该书更被《商业：终极资源》（*Business:The Ultimate Resource*）列入有史以来最重要的 100 本商业类图书之一。[21]

马文始终如一地致力于提升商界以至整个世界的福利，他身体力行地参加了很多商业和社区服务工作。1955 年，他接受了经济学教育联合会主席的职务。马文认为美国的教育体系在经济学的教学方面存在严重不足，就连大学也好不了多少；而事实上，每一个人都应该对经济学有所了解。这个联合会成立于1949年，它通过各州的分会和依托大学建立的教育中心来提供优质的经济学教育。马文在这个位置上连任三届，影响颇为深远，在郭士纳接任后还总有人问他："马文还好吗？"[22]

马文还积极为哈佛商学院出谋划策，并担任哈佛商学院校友联谊会会长兼董事长。在长达50年的时间里，他与哈佛商学院的五任院长都保持着密切的联系。马文向唐纳德·戴维院长建议与法学院联合开设课程；当他在哈佛商学院的同学斯坦利·蒂尔担任院长后，马文就充当了非正式的顾问；在乔治·贝克院长任内，马文研究了学院的组织情况；在劳伦斯·福雷克担任院长期间，马文加入了顾问委员会；而对于约翰·麦克阿瑟院长而言，马文同样也是一个重要的顾问。除此之外，马文还积极参与凯斯理工学院和西储大学的合并工作，以及合并之后凯斯西储大学的校董会工作。

马文把提升美国各地的教育水准视为己任。身为布朗克斯维尔中学校董会成员，他认为有必要从局外人的角度对学校的一些成规提出质疑。[23]马文和海伦在布朗克斯维尔开办了一所专门教育青少年远离毒品的机构，可算得上是当今四处开花的抵制非法药物滥用教育（drug abuse resistance education，DARE）计划的前身。马文还鼓励人们努力回报他们所在的大小社区。他积极参与并支持"志愿咨询团"（volunteer consulting group）的工作，这是一个咨询顾问为非营利组织提供义务咨询的机构。最后当马文已经70多岁的时候，他还成为布朗克斯维尔归正宗教会的长老。[24]

马文和海伦有三个儿子：彼得，是他们还在波士顿时出生的；理查德，是马文加入麦肯锡事务所的第一年出生的；詹姆斯，是三年后出生的。在三个儿子的成长过程中，马文·鲍尔的大部分时间都花在了麦肯锡事务所。可能正是由于这个原因，当与家人团聚时，他对孩子们总是关爱有加。比如说，在每年制订全家的暑期休假计划时，马文总会问孩子们今年想要干什么。有一次吉姆（詹姆斯的爱称）说想去大峡谷旅行，结果他们就真去了，而且骑驴穿越了整个大峡谷。[25]在迪克（理查德的爱称）偷偷用搭线的方法启动了家里的凯迪拉克轿车后，马文看这孩子太热衷于冒险，也许还想起了自己年轻时远征布法罗遭遇不测的往事，结果把迪克关了两星期的禁闭。马文对家人真是全力支持，毫无保留：在彼得去了金宝汤公司以后，马文就再也没碰过别的牌子的汤。

马文有六个孙子孙女、九个曾孙曾孙女。他是孙子孙女眼中最棒的爷爷：每年圣诞节坐火车带着娃娃屋来看他们，喜欢和他们一起看《明斯特一家》，为他们的工作和生活鼓劲加油，还总是寄来他认为他们可能感兴趣的文章。

海伦于1985年去世，享年81岁。她去世后，马文在给家人的信中写道：

> 她尊重每一个人……如果你们能更好地了解海伦的品质，或许可以获得一些启示，你们因基因血缘或以她为榜样，可以从这些品质中受益匪浅。我收到如

> 此之多的吊唁信（可能有250封左右），这是对她的一种极大褒扬。其中很多信都具体描述了她的品质，你们曾经是这些品质的受益者，今后仍将是这些品质的受益者……就权且让我举一个例子吧。多年前在我担任经济学教育联合会主席期间，曾有一次与该联合会的会长一同偕夫人前往华盛顿。事后他给我写信说：
>
> “尊夫人海伦给我留下了极其深刻的印象，她实在是人中翘楚，能与之结识，我倍感荣幸。你想必还记得那次在华盛顿召开的年会。当时适值学生去白宫游行，海伦和路易斯也离开了下榻的酒店，加入游行队伍。当有人问及她们为何如此的时候，海伦说：‘我的儿子也在游行队伍中。’她对家人的呵护展现出至高的勇气和力量。在我看来，尊夫人可称得上是美国妇女的楷模。”[26]

马文接下来写道：“显然你们都感受到了她的慈爱，并以某种方式继承了她的优秀品质。很难想象还会有比她更好的榜样。我们的悲伤将永远无法完全平复，但是海伦一定希望我们能够接受这个事实，就如同她面对悲伤之时一样。”

1989年，马文再婚，娶了他在布朗克斯维尔的邻居和老朋友克利奥·斯图尔特。婚后他们搬到了佛罗里达的德尔雷海滩。2001年，马文98岁生日当天，克利奥去世了。她生前对马文的关怀无微不至，并且给他定了一个任务——写回忆录。

马文99岁生日临近之际，他的二儿子迪克给我打电话叮嘱不要劳神操办，一家人安安静静吃顿饭就行了。两天后，马文的秘书却打电话邀请了 21 个人参加马文为自己举办的 99 岁生日派对。派对的场面相当盛大，来宾包括吉姆 · 艾伦（博思艾伦咨询公司）的遗孀弗兰 · 艾伦，乔治 · 戴夫利的遗孀朱丽叶 · 戴夫利，本宁顿电动关节的发明者、经常在周日与马文共进早餐的伙伴杰克 · 本宁顿，马克 · 斯图尔特，马文的曾侄女苏姗娜 · 鲍尔和曾侄子比尔 · 鲍尔，来自麦肯锡的朋友，马文的儿子迪克及其妻子尼利。99 岁高龄的马文依然主宰着自己的生活，他要以自己的方式来庆祝这个生日。这也是他最后一个生日。

纵观马文漫长的一生，托马斯 · 爱迪生的一段话似乎正合适：

“我的创意太多而时间太少。我想只要活一百来岁也就够了。”

第2章

愿　景

人是一种能够解决问题、使用技能的社会动物。对人类而言，在摆脱了饥饿之后，有两种需求就变得极为重要。首先一种最深刻的需求就是运用技能（不论是哪方面的技能）完成具有挑战性的任务，并从中获得巨大快感——不管是打出一记好球，还是漂亮地解决一个问题。另一种需求就是与少数其他人建立起有意义的真诚的关系——爱和被爱，分享体验，互相尊重，同舟共济。

——赫伯特·西蒙，1965 年[1]

马文·鲍尔领导麦肯锡管理咨询公司，使之从一个仅有 18 人的小企业发展成为一个长盛不衰的大公司，到 1967 年马文卸任董事长兼总裁之职时，麦肯锡已拥有 500 多名咨询顾问，而到 1992 年马文退休时，麦肯锡已拥有 2500 名咨询顾问。[2] 与此同时，管理咨询业也已发展成为拥有众多咨询公司的独特行业，从业人数超过 50 万人，收入总额以 10 亿美元计，与当年只有屈指可数的少数先驱的时代真是不可同日而语。在这段时期，马文·鲍尔大胆直面某些权势人物，比如就哈佛商学院的使命与哈佛大学校长德里克·博克争论，就听取公司员工意见的必要性与高露洁总裁罗亚尔·利特尔交锋。马文的事业之所以能取得成功，他的公司之所以能赚大钱，都是因为他势不可当的领导意志，加上作为依托的商业价值观、高超的领导技能以及冷静超然的逻辑思维。

马文早在 1930～1933 年担任众达律师事务所律师期间，就已经显示出对他后来称之为“管理咨询”的领域所具有的远见与热情。1930 年，该事务所的主要业务是帮助那些饱受大萧条蹂躏的公司清盘。在替银行业客户办完发行工业债券的相关法律事务之后，事务所还要接手解决令人头痛的拖欠债务者的责任问题。银行家通过债券持有人和债权人委员会实际上掌握了大批企业的所有权，他们请众达帮助重组这些公司，或至少从残余部分中尽力取得一些价值。

这些工作更多是与企业管理而不是法律有关，它们超出了律师事务所通常的业务范围。当时年仅 27 岁的马文·鲍尔是第一批同时拥有哈佛大学商学学位和法学学位的人，所以律师事务所顺理成章地委派他来负责这些清盘工作。

马文的商学学位确实给自己和雇主都挣足了面子。在接下来的三年里，他担任了 11 个债券持有人委员会的秘书，其中包括汤普森工业公司（天合公司的前身）、米德兰钢铁制品公司、奥的斯公司及斯蒂庞克公司。[3]债券持有人委员会接管了这些拖欠债务公司的董事会，而马文的秘书职位给了他很大的权力。

在这个职位上，马文研究了这些公司的潜在盈利能力，向银行家和投资银行家提出资本重组的框架方案。他通常会先访问倒闭公司的首席执行官，然后与所有可能对企业的倒闭原因以及如何从灾难中恢复等问题有深入见解的员工谈话。马文后来觉得自己当年肤浅且幼稚，但实际上结果还是相当不错的。马文由此了解到，根本原因并不是这些倒闭公司的总裁愚蠢，事实上这 11 位总裁都聪明过人。问题在于他们没有获得足够的信息，因而无法做出正确的决策。

通过对 11 家倒闭公司的第一手调查，马文认定，这些首席执行官本该获悉的信息被屏蔽掉了，否则他们本来是可以挽救危局的。他坚信，如果公司高层能够获知符合实情的报告与数据，那么这 11 家公司中有 10 家本来是可以安然无恙地挺过大萧条的。

马文认为，这其中的罪魁祸首就是企业层级制度，致使员工根本不敢向上级报告真实情况。目睹首席执行官这种孤家寡人般的处境，马文对由此造成的灾难性后果深感愤怒，他为此曾多次与海伦彻夜长谈。这种经历也使马文更加坚信从一线员工（指那些在实地进行销售或在车间制造产品的人）那里获取信息的重要性。通常，首席执行官需要了解的关键情况在一线都能找到。

有此洞察之后，马文开始着手向首席执行官们介绍打破企业层级制度的必要性，只有这样才能便于企业内部知识的搜索与发掘，从而帮助首席执行官更有效地开展工作。马文发现，企业的首席执行官在事关基本政策或战略的问题上往往没有客观独立的顾问可以求助。如果是法律问题，他们可以找律师事务所；如果是要筹集资金，他们可以找投资银行；但如果是需要有关如何组织和经营公司的建议，他们就找不到高水准的专业公司了。

马文给这个企业所需要的专业领域起了个名字：管理咨询。（他后来说其实叫“关于管理的咨询”会更贴切。）[4]在1933年，只有两种商业顾问，即会计与工程事务所，以及个人专家。尽管此时管理咨询领域中最早的一批公司已经成立了，如1914年成立的埃德温·布兹公司（现在的博思艾伦咨询公司）、1926年成立的麦肯锡事务所、1918年成立的Stevenson，Jordan and Harrison公司（现已关闭），[5]但是它们的业务还很不成熟，它们把自己看作会计与管理工程事务所。[6]当时，仅有的专业的高层管理咨询服务都是由专家（大都是学者，如弗雷德里克·泰勒）个人而不是专门机构提供的。事实上，直到1950年博思艾伦咨询公司才在宣传材料上把名称改为“管理咨询”。20世纪50年代，阿瑟·利特尔开始把自己的工作称为“咨询”。[7]波士顿咨询集团成立于20世纪60年代，而贝恩公司、摩立特集团、CSC指数则迟至20世纪70年代方才成立。

马文·鲍尔与麦肯锡风云际会

正当马文寻机开创这一新行业时，哈佛商学院院长华莱士·布雷特·多纳姆建议他和詹姆斯·O.麦肯锡谈谈。麦肯锡读过马文在哈佛商学院时写的一篇论文，还曾经给多纳姆打电话询问过一些相关情况。1983年，海伦在与当时克利夫兰分所的合伙人史蒂夫·华莱克还有我聊天时，谈起了这次最终促使马文加入麦肯锡公司的会面：

> 当时马文和我就住在夏克尔广场的边儿上，那是一个没有电梯的三层小公寓，连热水都没有。那时他从商学院毕业已经有一年时间了，在他仰慕已久的克利夫兰众达律师事务所工作。
>
> 那是1931年，正处在大萧条期间，马文的工作主要是处理企业破产和重组事务。也不知怎么的，他给一家客户——一个服装厂写的论文，让马克（詹姆斯·O.麦肯锡的昵称）看到了。或许是通过马歇尔·菲尔德公司的关系吧，毕竟那是马克最大的客户。马克给马文写了封信，问他能否去芝加哥面试。
>
> 可我不愿意去芝加哥，我听说那里黑帮横行，天气比克利夫兰还糟，所以马文就把来信收了起来。我想他是写了封回信婉言谢绝了。
>
> 马文只是个初级律师，我也只是个新教师，收入都不高，日子过得紧巴巴的。没想到众达事务所还来了个通知，说下个月所有人都要减薪25%，应该是9月份吧。我们算了算，钱满打满算也就是刚够用。马文对法律事务也有点失去兴趣了，他想要给那些生意人提供帮助。
>
> 于是，我们就去了夏克尔广场拐角的一家小冰激凌店讨论该怎么办。我们当时没钱下馆子，我现在还记得店里那些铸铁的椅子和印花纸桌布。

这对马文和海伦来说都是个转折点，但是据海伦回忆，他们当时迟迟下不了决心。试想当初马文·鲍尔如果没有接受麦肯锡的邀请，那么今天的管理咨询界可能完全会是另一个样子。

两年后，马文又把马克的信翻了出来，说他想去芝加哥和马克见见面，看看他的事务所能开出什么样的条件。我不放心让马文一个人去，不只是因为芝加哥的黑帮，《克利夫兰老实人报》报道说那里爆发了黑死病，大街上都是死人。可是我们到那儿一看，哪有什么死人啊！

麻烦的是我们没有买两张车票的钱。我跟马文说我要是去不成，他也别想去。

我们的对策是两个人坐一个卧铺。那年头儿这么干可是有点出格儿，就是夫妻俩也不行。但是马文总是能把问题搞定。

到了芝加哥以后，马文安排我在火车站附近的一家旅馆住下，然后就去见马克了。他说一两个小时就回来。

两小时过去了，四小时过去了，六小时也过去了，他还没回来。我正要到街上去找他的尸首，他却满脸是笑地回来了。

"我们有工作了！"他大叫。

"是你拿到聘书了。"我说，"说说看，怎么样？"然后我们就又坐一个卧铺回了克利夫兰，这一回感觉好多了。

我们又到了夏克尔广场拐角的那家冰激凌店。马文真是思如泉涌，兴奋不已。他说在商界有开办这样一家专业性事务所的空间，它和众达律师事务所类似，专门给企业领导人就如何解决商业问题提供咨询，就像众达律师事务所就如何解决法律问题提供咨询一样。他说和马克合作，既能让他在哈佛商学院受到的训练有用武之地，又能让他的法学学位派上用场。

他还说对法律工作他既有喜欢的地方，也有不喜欢的地方。他还特别提到，马克跟他说："来和我们一起干吧，干你自己喜欢的工作。"马克开出的条件也就是一般，虽然不比马文当时的工资高，但至少没有降低。所以我们就同意了，就这样我们搬到了芝加哥。[8]

回想当年的情景，海伦不禁感慨："如果麦肯锡的年轻人知道那样一个重要的决定竟然是在一家小冰激凌店里做出的，真不知他们会有何感想。""真的不知道，"史蒂夫·华莱克回答说，"如果你让他们自己买飞机票来参加面试，也不请他们喝酒吃饭，只给他们一份香蕉船㊀，还有几个人肯来？"那一瞬间，我都怀疑海伦是否听到了史蒂夫的话，因为她闭着眼睛。随后她睁开双眼冲着我笑了。"香蕉船也没什么不好。"她说，"我到现在都喜欢坐火车而不是乘飞机旅行，只要公司是一家好公司，吃住怎么样都无关紧要。"

事实证明，海伦对于芝加哥的恐惧完全是没有必要的，因为虽然面试是在芝加哥，但是马文会被派到纽约分所。[9]一年以

㊀　一种冰激凌甜点。——译者注

后，他已经是纽约分所的负责人了。

马文1933年加入的麦肯锡事务所是由詹姆斯·O.麦肯锡创立的。麦肯锡曾任芝加哥大学会计学教授，他是一位领先的思想者，认识到了将会计与管理结合起来的重要性。麦肯锡事务所是1926年或者1927年（记录有冲突）在芝加哥创立的，1932年又设立了纽约分所。[10]麦肯锡把自己的事务所界定为"会计与管理工程事务所"，就如何将财务状况用作高效的管理工具和管理决策依据向客户提供建议。最开始追随麦肯锡打天下的是两位工业工程师，谁都没有接受过正规的管理培训。

1935年，麦肯锡为了实现他的一些创意决定暂时加入马歇尔·菲尔德公司，并且"暂时性地"把麦肯锡与一家叫作斯科韦尔惠灵顿的会计师事务所合并。按照马文的观点，那次合并并不成功：

> 任何服务性企业都无法承受合伙人之间同床异梦的考验，所有的合伙人都要与公司、与其他人同心同德，这样的企业才能壮大。这是麦肯锡-惠灵顿时期最重要的教训，为此我们付出了极高的代价。意见不一其实是一件好事，因为如果大家都能怀着善意来解决分歧，就会做出更好的决策。但如果连指导原则、根本目的、理念、政策、价值观和态度都无法从理性和感性上得到调和，那么多数派最好索性把持异议者赶走。[11]

之后没多久，麦肯锡突然在1937年下半年染肺炎病逝（见图2-1）。马文在回忆录中讲述了麦肯锡去世的经过：

James O. McKinsey Dead at 48; Head of Marshall Field & Co.

Director in Many Firms, Former Professor and Author of Business Texts

By The Associated Press

CHICAGO, Nov. 30.—James O. McKinsey, chairman of the board of Marshall Field & Co., died of pneumonia Tuesday. Mr. McKinsey, who was forty-eight years old, contracted a severe cold recently and entered a hospital a week ago.

Made Chairman of Board

Before he became chairman of the board and senior executive officer of Marshall Field & Co., in October, 1935, Mr. McKinsey had been management counsel for many of the largest corporations of the country. He was the author of several works on business administration and accounting and from 1926 to 1935 was professor of business policies at the University of Chicago.

He was the organizer of the management counsel firm of James O. McKinsey & Co., which he headed from 1925 until his assumption of the Marshall Field post ten years later. At Marshall Field's he succeeded James Simpson, who had resigned in 1932 to become chairman of the Commonwealth Edison Company. Under Mr. McKinsey's direction Marshall Field reported a net income of $1,280,907 for the nine months ended last September 30, as compared with a profit of $225,510 in the corresponding period in 1936. This 1937 net did not include normal Federal income taxes or a credit of $313,929 paid to Mr. McKinsey.

Mr. McKinsey had been chairman of the board of directors of the American Management Association. During his years on the faculty of the University of Chicago, he lectured frequently at Columbia University on accounting.

He was born in Gamma, Mo., June 4, 1889, the son of James Madison and Mary Elizabeth Logan McKinsey. He obtained his Pd.B. degree from the State Teachers College, at Warrensburg, Mo., in 1912; an LL.B. from the University of Arkansas a year later, and a Ph.B. from the University of Chicago in 1916. He also received a master's degree from Chicago in 1919, two years after he had joined its faculty.

In 1919 Mr. McKinsey became a certified public accountant. Besides heading Marshall Field, he was a director of the Chicago Corporation, the Kroger Grocery and Baking Company, Selected Shares Corporation and other companies. He also was a member of the board of trustees of the Armour Institute of Technology, a member of the board of managers of the Chicago Young Men's Christian Association, a director of the Central Y. M. C. A. College and a member of the transportation committee of the Chicago Association of Commerce.

Underwood & Underwood photo
James O. McKinsey

He was a member of the American Institute of Accountants and the National Association of Cost Accountants. Other memberships included Delta Sigma Pi, Phi Kappa Sigma and Delta Theta Phi fraternities, and the Chicago, Attic, Racquet, Saddle and Cycle and Chicago Golf Clubs, of Chicago, and the Rookery, of New York.

During the World War Mr. McKinsey served as a lieutenant in the ordnance department of the Army.

Mr. McKinsey's books included "Bookkeeping and Accounting," "Budgetary Control," "Managerial Accounting," "Business Administration" and "Accounting Principles." He also was the author of pamphlets published by the American Management Association.

In 1930 Mr. McKinsey married Alice Louise Anderson, of Sioux City, Iowa. They had twin sons, Robert and Richard McKinsey.

图 2-1 “詹姆斯 · O. 麦肯锡去世，享年 48 岁”（《国际先驱论坛报》，1937 年 12 月 1 日）

> 1937年10月，他巡视了马歇尔·菲尔德的多家工厂，累得精疲力竭，回来时得了重感冒，随后转成了肺炎。当时他那种类型的肺炎还没有专用的抗生素，十天后他就去世了，去世的时候是11月。大家都深感震惊，当然我也是如此，我心目中的英雄就此离去了。我对马克无比敬爱，转年1月我和海伦的第三个儿子出生了，我们给他起名叫詹姆斯·麦肯锡·鲍尔。这是双重损失，从个人的角度来讲，我最景仰的人去世了；从事业的角度来讲，我跟随这位导师的时间还不到两年，实在太短了。[12]

几乎就在麦肯锡去世的同时，公司最大咨询项目美国钢铁公司的调研也结束了。麦肯锡－惠灵顿公司一下子就陷入了没有利润的窘境。趁此机会，马文带着大家把麦肯锡公司从合并的新企业中赎买了回来（见图2-2）。

1926	1929	1933	1935	1937	1939	1947
詹姆斯·O.麦肯锡建立麦肯锡会计和管理工程事务所	汤姆·科尔尼加入，成为麦肯锡的第一位合伙人	马文·鲍尔离开众达加入麦肯锡担任咨询顾问	马文·鲍尔成为纽约分所经理 詹姆斯·O.麦肯锡“暂时离开”，出任马歇尔·菲尔德公司董事长 麦肯锡与斯科韦尔惠灵顿会计师事务所合并为麦肯锡－惠灵顿公司	马文写成《基本培训指南》，其中包括了对事务所目标和专业准则的阐述 詹姆斯·O.麦肯锡去世	马文·鲍尔、盖伊·克罗克特、迪克·弗莱彻和尤因·赖利从麦肯锡－惠灵顿公司和詹姆斯·O.麦肯锡的遗产中买下了麦肯锡公司（以及名称的使用权，但中西部地区除外） 该公司宣称其使命为“管理咨询”	马文·鲍尔和三位合伙人从麦肯锡－科尔尼公司手中买下了对麦肯锡公司这一名称专有和全部的权利，麦肯锡－科尔尼公司改称A.T.科尔尼公司

图2-2　马文·鲍尔收购麦肯锡公司进程表

马文同合伙人买下麦肯锡公司

1939年，以新咨询顾问身份加入麦肯锡仅仅六年的马文联合了三位合伙人——盖伊·克罗克特、迪克·弗莱彻和尤因·赖利，买下了这家当时有18个人的会计和管理工程事务所。当时的麦肯锡还是一个地方性企业（主要在美国东部），已经有了13年历史，但是在经济上问题重重，对麦肯锡这个名称也只有有限的使用权。马文由此起步执掌麦肯锡直到1967年，[13] 他一直积极维护并扩展对其愿景的认同，直到2003年去世。

当时年仅35岁的马文·鲍尔只是这个新合伙企业中资历极浅的成员，他是怎么说服那三位共同投资人[14]（其中两位已经年过花甲）[15] 放弃在成熟企业中的职业生涯，拿着自己的个人财产来冒险的呢？[16] 要知道他们要创建的不仅是一个企业，还是一个前所未有的行业——管理咨询。马文之所以能够说服他的合伙人加入这次冒险之旅，就在于他针对管理咨询业以及从事这一行业的企业阐述了一个清晰的愿景。马文吸取了麦肯锡的一些看法（例如让管理层看到事实、培训的重要意义、为显赫的客户服务的愿望），但又远远超越了麦肯锡的初始想法。马文的理念是建立在令人信服并可传授的经验、价值观和逻辑的基础之上的。从获得主宰权之日起直到1992年正式退休，马文时刻牢记着这个愿景，他总是身体力行，但又勇于听取他人意见，尝试新的创意。

马文离开麦肯锡已经有12年了，可以说，作为一家企业的创建者、一个行业的缔造者和一个领导者中的领导者，他的经历给众多行业提供了宝贵的经验，直到今天，这些经验依然如同在1939年一样没有过时。

第3章

行业与企业

我们对未来的乐观态度并不是无根据的，我们坚信社会需要这种服务，而我们有能力提供这种服务。我们看到了自己工作的价值，而且发现客户方的高层管理者也认识到了这种价值……尽管我们没有正式宣布自己的目标，但我们几乎总是在讨论这些远大的志向。确实，如果没有这样的雄心、信心和远见，恐怕我们根本不会有勇气去成就这番事业。

——马文·鲍尔，1957 年[1]

就这样，凭着高度的乐观精神，以及对发展管理咨询的目标行业和目标企业的清晰愿景，四位合伙人开始了他们的征程（见图 3-1）。

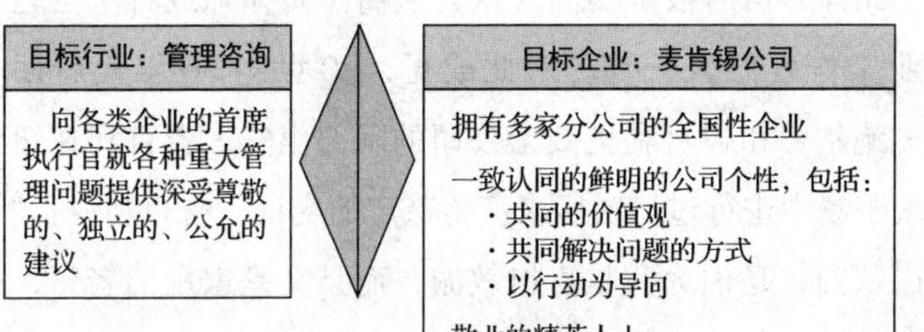

图 3-1　建立一个企业：鲍尔的目标愿景

行业：管理咨询

从一开始，马文和他的三位合伙人就有一个清晰的愿景：他们要缔造一个全新的行业，也就是后来所说的管理咨询业；从业者应该保持独立和公允的姿态，以良好的声誉吸引首席执行官来聘请他们提供服务。无论从哪个角度看，这都是一个革命性愿景。

当时，管理咨询实际上还是个闻所未闻的概念。鲁思·诺伊康，公司最初 15 名成员中某人的妻子，这样回忆当年这个新公司和新行业所面对的挑战：

> 你要知道，在 20 世纪三四十年代还从没有人听说过什么“管理咨询”。有很多年，人们都觉得这个东西好像有点歪门邪道的意思。他们会说：“哦，效率专家。”麦肯锡的人对此都深恶痛绝。[2]

此外，当时很多美国人认为从商比做律师或者医生之类的专业工作要低人一等。对此成见，20 世纪 50 年代后期，马文·鲍尔曾和吉百利史威士公司的阿德里安·吉百利在纽约的一次午餐中进行过一次后来流传甚广的交谈。吉百利说：“我之所以从商，是因为我是贵格教派，而且又是家里的老三，所以找不到什么正当职业。我和大多数探险家一样，都是在兄弟中排行第三。大哥参军，二哥从政，老三没处可去，只好到处去探险。可是现在探险也没有哪个王室肯出钱支持了，没办法我就只好做生意了。那些比较受人尊敬的行业都没我的份儿。”[3]

马文哈哈大笑，但却表达了异议："正正当当做生意也同样高尚。"

这些困难暂且不说，首席执行官们真会向外人敞开大门吗？在那个时代，很少有高级管理层会愿意与第三方讨论自己最关键的商业问题，除非是遇到灾难性商业事件，或者需要会计、工程或法律专家帮助的特殊问题。

然而，马文近乎狂热地相信美国的首席执行官们有着一种真实的尚未得到满足的需求，那就是对与政策和管理有关的建议的需求，而且他们会乐于接受外人的帮助，只要这些外人能够从他们的角度了解问题，并且具有很高的专业水准。

在众达和麦肯锡工作的前六年里（买下麦肯锡之前），马文通过许多自己的亲身经历，证实了一个独立公允地看待企业全局的外部专业咨询顾问所具有的价值和可赢得的敬意。马文经常说起当年他在众达遇到的一件事，来说明独立性的价值和力量，以及他从中学到的宝贵经验。当时，一家领先的地方投资银行的负责人请求众达协助完成他所期望的对伯利恒钢铁和扬斯敦钢铁的合并。他预计政府可能会提起反托拉斯诉讼，所以想请众达为其代理诉讼。众达的执行董事吉恩在研究了案情后，认为这起合并确实违反了反托拉斯法，所以婉言谢绝。那位投资银行家表示，这个案子的律师费可能会高达上百万美元，他也做好了打输官司的准备，如果众达不肯接的话，他会把案子交给克利夫兰的另一家著名律师事务所。但是吉恩仍不为所动。

马文说："此事在所里传开了，对我们这些即将被减薪（随后真就减薪了）的年轻律师来说印象尤其深刻，特别是后来，另外那家律师事务所接手后打了好长时间的官司，最终还是输了。这个消息像野火一样传遍了整个商界。如果说此前众达的独立性和专业水准还没有确立的话，那么这次凭着吉恩先生一个睿智而勇敢的决定便大功告成了。”[4]

马文还说，詹姆斯·O. 麦肯锡也是一个对客户采取公允、独立态度的典范。

> 在做客户项目时，马克总是对客户组织内人员的状况和观点保持敏感。他知道，人们并不是单纯从理性的角度来决定是否接受或者采用某个建议。而最让我受到感染的是马克在客户面前的那种独立性。他会说出自己看到的真实情况，哪怕这会影响到与客户之间关系的延续，而且我发现客户对他的坦诚非常赞赏。这种独立性对于我意义非凡，因为它很符合我的观点，即咨询公司也应该具有众达律师事务所坚持的那种独立性。我看到了这种独立性对律师事务所客户的重要性，我认为它对咨询公司的客户也同样重要。我早就觉得马克是一个独立的人，而他的行动果然没有让我失望。[5]

马文坚信，要与客户建立良好的关系，就必须直接和首席执行官合作。如果首席执行官不参与进来，那就说明这个问题根本没有什么重要性。如果客户不是首席执行官，那么一些重要的信息可能就无法传达给关键的决策人：“首席执行官是统筹企业全局的人。如果我们能够从他的视角出发，就可以统筹兼顾地解决问题。”在马文的咨询生涯中，他始终秉持这一理念，从不惮于坚持这个要求所带来的影响。1982 年的时候，从 1961 年起就加入了麦肯锡的约翰·斯图尔特说起了这样一件事：

> 通用汽车不喜欢咨询公司。他们不请咨询公司，他们觉得自己比咨询公司或别的什么公司都强多了。这只是一种机构自大症，其实那些人并不自大，但他们确实有机构自大症。后来他们有一点担心了，于是罗杰·史密斯就把马文约出来面谈。马文在对通用汽车的预先调查中约谈了 64 个人。他向罗杰·史密斯报告说，当他问到通用汽车针对进口车特别是日本车采取了怎样的战略时，64 个人中有 63 个人都声称通用汽车没有相应战略。那个唯一说有相应战略的人是罗杰·史密斯自己，而其他 63 个人对此并不清楚。罗杰对于这种沟通上的鸿沟感到很担心，就请马文着手就重组北美地区的业务开展工作。这可不是公司员工，不是海外业务，也不是研发工作，而是北美地区的业务……
>
> 北美地区的业务由总裁吉姆·麦克唐纳负责。所以当马文找到吉姆，跟他说要怎样开展这项工作的时候，吉姆说：“没问题，你们就直接向我负责吧。”马文说：“这可不行。我们只为首席执行官工作，而你只是总裁，我们将向罗杰·史密斯负责。”后来吉姆·麦克唐纳经常摇着头说：“不知道有多少人，听说自己以后直接向通用汽车的总裁负责后美得跟什么

> 似的，可这个人居然告诉我说他不向我负责，他是为首席执行官工作的。”但是这并没有削弱吉姆对马文的尊敬之情。马文以其真诚使得很多本会觉得受到冒犯的人都对他怀有敬意。
>
> 吉姆和马文的故事使我们在与通用汽车的上上下下打交道时容易了许多……他们并不拒绝接受帮助，所以我们的工作确实轻松了不少。他们是后来才告诉我们这件事的。[6]

这只是有关马文的众多事例之一，表明他多年以来始终坚守他和合伙人在1939年构想出来的开展管理咨询的基本前提条件。后来马文向我坦言：“如果得不到首席执行官的支持和参与，我根本就不会启动在通用汽车的工作。”[7]

刚到麦肯锡的时候，马文也目睹了一些因为未能解决战略问题而失败的例子。比如麦肯锡曾经作为一个第三方的分包商参与了美国钢铁公司的一个项目，当时麦肯锡动用了大队人马去解决战术性问题，结果未能解决好首席执行官层面关注的那些更为紧迫的问题。[8]

马文坚持麦肯锡应与首席执行官直接合作，他认为这样才更有可能使公司专注于解决真正的“重大问题”，这是他有关专业性公司愿景的一个重要观点。然而，正如他在1953年公司的年度总结讲话中指出的那样，这是一个富于挑战性的长期目标：

> 我1933年加入公司时，我们将大部分时间用于

帮助高级管理者解决重大的管理问题，而审计在我们的业务中只占了一小部分。实际上，在20世纪30年代中期，我们几乎所有的项目都是帮助银行、债券持有人委员会以及企业的董事们研究如何才能让企业营利。

正是在这期间，我们了解了行业趋势、竞争地位和其他外部经济因素的重要性。这些研究为我们后来形成“高层”方法打下了基础。

1939年欧洲爆发战争，随后美国也卷入了第二次世界大战，这些都给我们的业务打上了技术的烙印。因为在这期间，我们很自然地把精力用于解决所有类型所有层面的生产问题。

出于这些原因，以及其他一些原因，我们没有像以往那样坚决把时间主要用于解决重大的管理问题……要想把所有的工时都放在重大的问题上，我们还有很长的路要走。让我们用二十年，或者十年的时间来建立起声誉，使我们在收入方面处于优势地位，可以把不涉及重大问题的项目拒之门外。

我相信，这个目标只有作为我们公司个性总体发展的一个组成部分才有可能被实现。它要求我们拿出更多的信念、决心、勇气和技能来识别那些常规的、不重要的问题，并且告诉客户我们对这样的问题不感兴趣。[9]

马文不仅仅是说说而已。关于他如何断然采取措施，以维持公司的独立性和确保公司着重解决重大管理问题，还有很多的逸闻趣事。比如，他曾经拒绝与霍华德·休斯合作，因为在他看来休斯提出的问题对于他麾下企业来说并不算什么紧迫的问题，[10]而且他也不相信休斯会愿意解决在马文看来真正关键的问题。不过，他俩之间也不能说是没成一事。休斯当时正在寻找一位财务顾问，于是马文把他介绍给了自己在布朗大学学生联谊会的朋友马尔科姆·史密斯。后来马尔科姆为休斯公司工作了15年。

1963年，马文将芝加哥一位看似很成功的资深董事解雇了，尽管他经常能拿到美赞臣的项目。此举向全公司传递了一个强烈的信息，那就是解决重大商业问题是麦肯锡专业精神的核心。[11]事实上，那位资深董事之所以被解雇的一个重要原因就是他为美赞臣花费了太多的时间，而很多项目都达不到"重大问题"的标准。解雇的决定刚一做出，全公司的人就都知道了，而且也得知了背后的原因。这种举动有点不可思议吧？通常，服务性公司解雇员工的原因正好相反，是因为他们没能带来足够的业务或者收入。马文的举动告诉大家，维护麦肯锡公司的愿景和声誉就意味着要顶住诱惑，不能什么业务都接，什么钱都挣。

在传达自己的行业愿景时，马文用词颇为精确。他特别注意阐明为何要具备这样的精确性。在1953年的一次报告中他指出：

> 正所谓言如其人，我们所说的话将决定我们的形象。我们没有顾客（customer），我们只有客户

> （client）。我们不属于哪个行业（industry），我们自成一个专业（profession）。我们不是一个普通的企业，我们是一家专业公司。我们没有员工，我们只有拥有个人尊严的公司成员和同事。我们没有商业计划，我们只有远大志向。我们没有规则，我们只有价值观。我们只是管理咨询顾问，我们不是管理者、创办者、建造者，也不是猎头。1939 年，我们在专心务本方面取得重大进展，我们与当时还是单纯的会计师事务所的斯科韦尔惠灵顿公司脱离关系。从那时起我们就不再称自己为“管理工程师”了，我们率先使用了“管理咨询顾问”的称号。在 1939 年以来的这些年中，我们顶住了种种偏向和转业的诱惑，我们对公司个性方面的信念非常坚定、明确。[12]

多年以来，即使有一些可能有利可图的机会出现，马文·鲍尔也始终坚守着管理咨询这条道路。他认为任何偏向或转业都会使麦肯锡的声誉毁于一旦，使它无法继续为客户充当公允独立的顾问。

马克控制公司退休的董事长兼首席执行官、伊利诺伊州时任共和党主席加里·麦克杜格尔在 1963～1969 年间曾在麦肯锡任资深董事，他还记得 1965 年马文是如何拒绝了这样一个机会：

> 那一年我们的洛杉矶分公司接到了当年全国五大合并案中的两个……于是我们真就建立了一个评估收

> 购能力的计算机模型，就像其他那些资本投资一样，包括现金流啊什么的。那个模型很成功，基德尔·皮博迪公司愿意出5万美元来买。结果马文说不行，我们不是卖软件的，我们只为公司董事会提供战略咨询，我们不能把为服务客户而开发的软件又卖给别人，那会有冲突。[13]

作为一个目标行业，管理咨询的愿景是革命性的，所以管理咨询顾问们必须为自己赢得极高的声誉，这样这个行业才能得到人们的普遍认可与尊重。这个要求好像有点鸡生蛋还是蛋生鸡的问题——从理论上说，如果一个专业服务公司和企业的高层管理者密切合作，成功解决了重大管理问题，这当然会带来很好的声誉；但如果这个专业服务公司没有建立起很好的声誉，那它就不大可能有机会接近企业的高层管理者。

为了避免陷入这一窘境，马文在麦肯锡工作期间始终努力为麦肯锡树立声誉。[14]例如，他在1939年和1940年曾经几次撰文论述美国企业当时所面对的组织结构和财务问题，包括《给企业松绑》《为百货店松绑——关于百货店组织结构的务实理念》《超越经理人市场》以及《授信中的管理视点》。在1939年，他为专业机构做了十多次演讲，和许多潜在客户打高尔夫球，抓住各种可能的机会与企业高层管理者共进午餐，并且鼓励麦肯锡的其他人也这么做。

马文在麦肯锡的早期经验告诉他，一个优秀的咨询顾问不一定是个优秀的推销员，而即使对于最优秀的推销员来说，推销服务也绝非易事。詹姆斯·O.麦肯锡曾经雇用过一些优秀的推销员，他们都有成功推销实物产品的良好记录，但就是在推销专业服务时无能为力。但是，马文并不把这看成什么大不了的问题，因为他曾经目睹众达律师事务所的声誉所产生的吸引力。

1951年，马文在一次培训课上这样解释道：

> 从与新客户的接触开始，我们就必须诚恳地采用我们的专业方式。
>
> 我们的政策是不招揽客户或者为自己的服务打广告，这不是出于道德原因，而是因为那样与我们的专业方式不符。如果我们为自己的服务打广告或者招揽客户，就必然要暗暗许诺我们能够为客户做到什么。但是在一开始的时候我们根本就不知道自己究竟能做到什么，所以这种许诺是不符合我们很高的专业标准的。
>
> 此外，用专业方式来吸引客户还能够促使客户按我们的建议行事。如果我们是应客户请求提供帮助的（当然我们也要做些安排），他们就会觉得有责任对我们的工作予以协助，并且按我们的建议行事。向我们求助的客户与那种被拉来的客户在对我们的态度上确实有些心理方面的差异，后者往往会摆出一副“证明来看”的态度。[15]

简而言之，马文认为管理咨询是一种专业，而不是一种买卖。他相信，麦肯锡应该像医生和律师那样，通过把客户的利益置于首位，时时遵循道德准则，仅仅接受自己确信可以为客户创造价值的项目，始终对客户讲真话并保持独立性，从而最终赢得声誉和客户——但咨询业发展之初的从业者并非全都如此。1949～1988 年任麦肯锡资深董事的沃伦·坎农说，马文“之所以选择了这些原则，并不是认为这些原则乃神授天赐，而是因为他坚信这些原则。据我所知，他绝对是正确的，这些原则确实符合公司的长远利益”。[16]

企业：麦肯锡公司

在职业生涯的早期，马文曾经目睹很多知名机构的倒闭。他也目睹了众达律师事务所具有的力量，目睹了在大萧条灰暗的岁月里，这家优秀的专业服务机构是如何尊重自己的员工，如何给他们成长的机会，让他们创造出极佳的业绩。鲍尔知道，如果要让麦肯锡公司的人同样干劲十足，就不能采用层级制度——这种制度是大萧条时期很多企业倒闭的根源，也是影响重要信息上传至首席执行官的障碍。然而在 1939 年的时候，几乎所有的组织都是按照“指令和控制”关系构建的。马文认识到，要实现自己的专业化目标，就必须在公司内创造一种讲真话的氛围，让资历最浅的人也敢于向上级提出自己的不同意见，甚至让人们不敢不把真话说出来。根据这些要求，马文构想出这样一个专业服务机构：

- 分支遍及全国，设有多家地区分公司。

- 有一致认同的鲜明的公司个性，包括共同的价值观（如提出异议的权利和义务）、共同的解决问题的方式，和以行动为导向的理念。
- 有才干的、敬业的精英人士加入公司共创大业，他们要积极参与，体现公司的个性，并且有良好的收入。
- 对外部因素保持敏感 / 永不自满。
- 有不断更新的领导层，绝不使公司的生存发展依赖于某一代领导人。

业务遍及全国

立志使分支遍及全国是一个突破性的目标，当时还没有哪家专业服务公司开设地区分公司。之所以要使分支遍及全国，有两方面的原因。[17] 首先，在马文看来，在专业上赢得尊敬与投身于所在社区密不可分。因此，麦肯锡要投身于各重要社区，就必须设立地区分公司。其次，当时的目标客户（大公司）也都在扩展规模走向全国，如果麦肯锡就近设立分公司，当然就能更好地为它们服务。如果是立足一地服务全国市场，公司势必就要频频派出咨询服务小组前往客户所在地，浪费时间不说，咨询顾问也会疲于奔命。马文一直把人力资产看作实现其愿景的关键，他自然不会允许这种情况出现。事实上，马文决意要让分支遍布全国，正是他在 1939 年与麦肯锡的第一位合伙人、芝加哥分公司负责人汤姆·科尔尼分道扬镳的主要原因。汤姆认为公司应该以芝加哥为大本营，从那里派人到客户所在地，不论客户远在何方。尽管马文很敬重汤姆，但在这个问题上他不愿妥协。

鲜明的公司个性

在马文关于专业服务机构的愿景中，确定、构建并一致认同恰当的公司个性绝对是一块关键性的基石。1953 年他在一次员工大会上说：

> 对于一家专业服务公司而言，独特而诱人的个性是杰出声誉的关键。而且，除了人员之外，良好的声誉是一家专业服务公司最宝贵的盈利资产。[18]

马文指出，一家专业服务公司的“个性”就如同一个人的个性一样，可以说就是这家公司给那些来与之接触者或耳闻目睹者留下的总体印象。而公司给人留下什么样的总体印象，主要取决于这样两个重要因素：一是所有个人给他人留下的印象之和，二是指导所有个人在工作时如何处事行文和言谈沟通的公司目标、主要政策以及工作方式等。

接下来马文又说：

> 所以说我们公司个性的培养取决于这样几个方面：（1）我们挑选咨询和运营人员的技能；（2）我们设定目标、政策和工作方式的技能；（3）我们向所有人传达这些目标、政策和工作方式并且说服他们在日常行动中遵循这些目标、政策和工作方式所产生的

> 效果。我们知道，我们的人给客户留下的个人印象都是很好的，所以我们面对的主要任务就是沟通与领导。
>
> 想想看，如果我们每个人每天都遵循着相同的目标、政策和工作方式，那么我们的公司将会多么强大。日复一日，从东海岸到西海岸，我们所有人都齐心协力，每一个人都按相同的理念行文发言。由于我们客户的高级管理者和董事都是美国商界和政界最有影响力的人物，我们可以很快成为一股更为强大的改进管理的力量。
>
> 每一次召开年度员工大会的根本目的，都是为了推进迈向这个永无止境的完全统一的目标。所以今天我们齐聚一堂，来加强我们对于公司个性的信念，进一步统一我们的行动，使公司个性在日常工作中能够行之有效。[19]

在此后的岁月里，马文对统一的公司个性所具有的力量越来越坚信。1974年他写下的这段文字堪为佐证：

> 任何一群人，在一起共事若干年以后，都会形成一种理念、一种传统、一套共同的价值观。领导工作的最高成就之一就是塑造这样一套价值观，从而推动公司走向成功。从最现实的角度看，这种得到管理的价值体系的好处，就在于它能够指引我们这个广大帝国各个地方和各个层级的人的行动，从而产生很好的自控和自律的效果。我们这个行业所提供的只有服

务，而且我们的专业人员大都是新手，所以一种能够指导人们行动的强有力的文化就显得尤为重要。我们留给后人的就是那些一直引导着我们命运的思想。[20]

在马文的麦肯锡公司，公司个性主要体现在：

- 在专业价值观的基础上实行人人共同领导。尽管马文负责确定大政方针，并且不断强化那些对公司的成功至关重要的方面，努力促使外界把管理咨询看作对商业管理的一个有价值的补充，但马文并不“王权独断”。公司的所有人都有领导的权力。
- 拥有一套共同的解决问题的方式，能够迅速切中要害，提出有见地、有力量的解决方案。
- 拥有采取有意义的措施促使客户公司向着成功大步迈进的持久推动力（并对客户产生拉动力）。

马文下了很大的力气，让每一位新加入麦肯锡公司的咨询顾问都能认同公司的这种个性。克杜莱公司（CD&R，一家私募投资公司）的总裁兼首席执行官唐·高戈尔曾于1976～1985年在麦肯锡工作，他这样回忆第一次遇见马文时的情景：

1973年夏天我回法学院之前，受邀和马文共进午餐。他经常约新咨询顾问出去吃饭。马文给我们讲述了公司的理念。他说得非常清晰，让你甚至怀疑他是不是在拿着讲稿念，其实他从来都不用讲稿。他就那么一条一条地讲述他觉得有哪些因素使得麦肯锡公司如此与众不同，以及他为什么认为这些因素非常重要。

那是我第一次听这位创始人讲述有关公司一体运营的理念，始终把客户利益置于首位究竟意味着什么，为什么语言如此重要，我们如何描述自己与客户之间的关系，并告诉对方我们的咨询项目对他来说十分重要等等。他不喜欢一些咨询公司用粗俗的商务语言把客户称为顾客，他非常反感“我这活儿是给通用汽车干的”之类的说法。他认为这降低了专业公司与客户之间的关系的质量。

他还详细说明了团队精神在公司内部的重要性，以及为什么说麦肯锡的强大源于项目小组能够搞好团队协作。他确实向我阐明了在一家专业公司内工作的真谛。这太棒了。[21]

以专业价值观为基础的领导

专业价值观不同于个人价值观，两者在内容和目的上都截然不同。比如在法律行业的九大准则中，有五条是关于保密、建立信任、避免举止不当、把当事人的利益置于首位以及自身能力的，而其他四条则是关于建设行业以及使其免受竞争冲击的。但是马文·鲍尔的榜样却让我们看到，如果一个人能以对待个人价值观那样严格和正直的态度把商业价值观视为自己生活的准则，那他将具有怎样的力量。他相信商业价值观可以形成一种思维定式，指引人们去制定决策和采取举动。它们能够为确定企业目标，以及参与竞争和服务客户的方法提供限定条件，企业的长期收益就依赖于这些价值观。它们要求企业精心选择实现目标的手段，并在实现目标的过程中为各种决策起指引作用（见图 3-2）。

专业价值观不是财务目标。正如马文经常所说的那样，财务因素固然不能被忽视，但企业的目标不应该只是赚钱，否则就无法为自己的客户提供优质的服务，最终反而赚不到大钱。

马文将商业价值观和以价值观为基础的思维与信念融入他与首席执行官们的合作中，融入对商业问题的分析和解决中，融入创建自我更新的机构——麦肯锡公司的过程中。很多商界领袖都一再谈起他们如何从马文那里了解到了商业价值观对其领导工作的重要性。在百事公司担任了 14 年总裁兼首席运营官，后创建了百胜公司（肯德基、必胜客等快餐品牌的母公司）并担任董事长的安德劳·皮尔逊曾于 1954～1970 年间在麦肯锡工作。他说马文教给了他工作环境的重要性，后来他在百事和百胜也都非常注意工作环境。[22] 英国审计委员会原主席约翰·班纳姆爵士也盛赞马文教给他的知识影响到了他在创建和掌管该委员会时做出的几乎所有决策。[23] 前普华永道高级合伙人约瑟夫·康纳也表示，马文在 20 世纪 80 年代初给他们的建议，是使普华永道得以避免重蹈安达信公司覆辙的一个原因。[24]

THE NEW YORK TIMES, SUNDAY, JULY 23, 1967

Personality: Consultant Who Also Manages

Bower of McKinsey & Co. Gives Views on Giving Advice

By ROBERT E. BEDINGFIELD

Tommy Weber

Marvin Bower, managing director of McKinsey & Co., before abstract, "Forces at Work"

The consultant is the man who helps the businessman with all the problems he himself has avoided by becoming a consultant.

That is the classical definition.

Marvin Bower acknowledges there may be something to it, saying that not all consultants would make good executives. Mr. Bower is both consultant and executive, because he is managing director of McKinsey & Co., the big management consulting concern.

Mr. Bower has been getting a great deal of mileage in recent months from a book he wrote last winter on his particular specialty. Its title, "The Will To Manage," suggests half of Mr. Bower's philosophy of management:

The executive must be determined to make his enterprise succeed regardless of outside conditions.

•

The other half of Mr. Bower's basic thesis, as it emerged in his book, as well as in a recent interview, is that the enterprise itself must have a formal structure. This, he explained in great detail, allows everyone to do his own job to the best of his ability, without stopping all the time to consider whether he is stepping into someone else's territory.

Mr. Bower's hero is the executive in the widget business in 1929, with 8 per cent of the market, who finds the widget market down by three-fourths in 1932 and goes after 32 per cent of what's left—or a little more. The Economist of London, in a review of Mr. Bower's book, intimated sadly that too many British corporations were satisfied with chief executives who would just tell the stockholders: "Sorry, chaps, people just aren't buying widgets."

•

As befits one who tells others how to do their jobs, Mr. Bower has the manner of a man well pleased with the way he has done his own. He does not flinch from a share of the credit for the considerable success the McKinsey organization has enjoyed. Thrust, on behalf of his new book, into the apparently unaccustomed role of interviewee, he did not fight the impulse to play consultant to the interviewer.

Mr. Bower has headed McKinsey since 1950. He was born in Cincinnati in 1903, but grew up in Cleveland, where his family moved while he was a youngster. He went to public grade school and high school in Cleveland and was graduated from Brown University in 1925.

At graduation, he had no fixed idea of how he wanted to make a living. His father, who was deputy county recorder of Cuyahoga County, Ohio, persuaded him to study law.

His wife, the former Helen McLaughlin, whom he had married in 1927, had been a classmate in high school.

•

"She was willing to work my way through college, so when I had my law degree and decided in 1928 to become a corporation lawyer, I felt a knowledge of business was necessary. I entered Harvard Business School, from which I got my M.B.A. in 1930."

Mr. Bower began his career with the Cleveland firm of Jones, Day, Cockley & Reavis. It was a fortunate time to start out, he recalled, because of the considerable activity in corporate law as a result of the number of corporate reorganizations that developed with the Depression.

With his business school education, his employers recommended him as secretary of a number of bondholder protective committees they represented. "Being the secretary of a bondholders' committee, I had plenty of opportunity of talking with the top officers of a leading corporation in reorganization," Mr. Bower remarked. He added that he was in a good position to determine why a corporation had gotten into trouble, "and I was able to help them reorganize their capital."

"In doing so, I found many corporations were operating without advisers at their top management level on some most serious management problems. I realized that many top corporate executives needed someone on the outside in whom they could place their trust and with whom they could discuss problems which they couldn't talk over with their own people because of career problems."

By 1933, Mr. Bower said he was convinced there was a future for him as a consultant. He got an interview with the late James O. McKinsey and got a job as the third man with the McKinsey firm's New York office. His initial assignment was to come up with recommendations for the bondholders' committee of the former Savoy Plaza Hotel here.

"I was doing exactly what I thought should be done—working on the management problems of the hotel corporation rather than its legal problem," Mr. Bower said. He told how he made an exhaustive study of the hotel's operations, how the hotel could be restored to profitability and how much of a capital structure a reorganized hotel company could hope to sustain.

•

Mr. Bower's second assignment with the McKinsey firm required his returning to Cleveland to help with the merger of three steel companies—Republic, Corrigan McKinney, and Otis. In the summer of 1934, he got his third assignment, which was to help prepare a study for Marshall Field & Co.

"By then, I was Mr. McKinsey's first lieutenant," Mr. Bower recalled. The firm, in its study, recommended the liquidation by Marshall Field of its wholesale business and the sale of some of its mills as well. Marshall Field invited Mr. McKinsey to carry the program through as chairman.

In 1937, after Mr. McKinsey died, Mr. Bower was made manager of the McKinsey New York office. He has held the largest participation in the partnership since 1940. He is now 63 years old, but Mr. Bower says he has absolutely no plans for retirement.

"We have an architectural plan for succession of management here," he said. "It's all on our drawing board. From age 65 to 70 each partner must be re-elected at the end of each year for the next year and at 70 we are required to retire. But I don't plan to retire from business. I will be a consultant as long as I can."

•

Their three sons having long ago grown up and established homes of their own, Mr. Bower and his wife live by themselves in a comfortable home in Bronxville, N.Y.

The one art object that he owns is integrated into his business. It is an abstract painting he bought several years ago in a London flea market. What persuaded him to buy it was the fact that the artist had titled it "Forces at Work."

It hangs in his office and Mr. Bower says that when he looks at it, he doesn't see a lot of graceful strokes of the brush. Instead, it reminds him, he said, "that there are a great many forces at work within and without" the corporation he advises. And he sets forth each day to make those forces work for him instead of against him.

图 3-2 “人物：从事管理的咨询顾问”（《纽约时报》，1967 年 7 月 23 日）

当一家企业的所有决策者都能根据一系列基本原则做出商业决策——关于什么对该企业而言真正重要及该企业应如何行事的原则，那么这家企业就是一个不依赖于某位领导人的以价值观为基础的机构。

从早年起马文就坚信正直是必不可少的，在一家企业中，所有决策者都应当遵循建立在尊重基础上的商业价值观。从前面讲到的他家庭中的行为榜样身上我们可以看出这一点。他的商业价值观的具体形式和内容细节，则源自 20 世纪 30 年代初经济大萧条期间他与倒闭企业打交道的经历，以及当初他在众达律师事务所工作和在麦肯锡担任咨询顾问之初所学到的经验教训。

马文这种广受推崇和仿效的以价值观为基础的领导特性可以归结为六大要点，其中有些要点看似相互矛盾，但马文却能够在自己的领导工作中达到巧妙的平衡，从而把这些碎片拼接成一幅和谐连贯的引航图。如果世通、安然和其他一些倒闭的企业当初能以马文的价值观作为行动指南，那它们本来是不会毁于一旦的。马文及其追随者的成功源自以下这些以价值观为基础的领导特性。

1. 将客户的利益置于首位，把自我与工作相分离。艾森豪威尔在 1967 年写的一封关于领导才能的信中，将马文此前给他提出的建议评价为“我极为景仰的人给我的忠告”。艾森豪威尔写到，马文曾对他说：“你所在意的应该是你的工作，而不是你自己。”[25]这种能力使马文能够认识到自己的优点和缺点，做好那些对客户最有利的事情。比如，如果某位客户特别敏感，不肯正视事实，或者心高气傲，那马文就会承认自己不是最适合的人选，而会让艾弗里特·史密斯或者卡尔·霍夫曼（两位早年的合作伙伴）来处理与这位客户的关系。此外，马文从不向客户隐瞒实情：因为隐瞒实情是最不符合客户利益的行为。退休的美国运通董事长哈维·戈卢布曾于 1966～1973 年和 1977～1983 年两度在麦肯锡工作。他回忆起在麦肯锡的经历，表示如果有一件事必须时刻牢记于心的话，那就是必须好好为客户服务：

> 进公司后，有一次我和罗恩·丹尼尔一起出去吃午饭，当时他是纽约分公司一个部门的领导人。吃饭的时候我问他："罗恩，你说我要怎样才能在这里吃得开？"其实我的意思是说，工作中最重要的是什么。他回答说："长期为客户提供优质服务。"我说："得了，说真的，我应该怎样才能干得好？"然后他说了一番话，大致意思是："如果你听信别的什么，你就不可能成功。"他没跟我说如何提供优质服务，也没告诉我什么叫作"别的什么"，但是我相信他。他是跟谁学的？是跟马文、吉尔·克里（接替马文的下一任董事长兼总裁）以及其他早期的合伙人学的。要知道，很少有首席执行官能够创造出在自己离职后这么久依然有如此影响力的东西。阿尔弗雷德·斯隆算一个，托马斯·爱迪生算一个，然后也就没几个了。[26]

2. 始终如一又思想开放。马文·鲍尔一贯坚持自己所构想的价值观、文化和使命，坚持对他人的尊重。他知道自己是谁，自己相信什么，自己能做到什么或和做不到什么。在他漫长的一生中，每一个人所看到的马文·鲍尔都是一样的。他永远不会曲意逢迎，对管理界层出不穷的花样总是视若无睹。然而每一个了解他的人都说，他从来不会忽视真正的变化，他总能从中学到东西并且掌握它。曾于1931～1994年在基德尔·皮博迪公司（Kidder Peabody）工作，并在1957年至1986年担任董事长的阿尔·戈登说马文是一个"很善于通过倾听了解情况的人——他希望知晓所有的事实和观点，以便更好地了解情况。他的倾听不是为了看人家的话里有什么漏洞，而是为了通过倾听了解情况。"[27]而另一个人的说法则看似自相矛盾："他是一个非常保守却思想开放的人。他确实是这样。"[28]在20世纪50年代初的一次培训中，马文这样解释自己的理念："要想抓住我们所面对的机会，最重要的可能就是要让麦肯锡的所有成员都保持开放、宽容、灵活的态度。来自我们内部的变革阻力有时相当可气可恼。虽说我们理应避免仓促决策和轻举妄动，但我们在内部也必须培养起一种勇于尝试新事物和新方法的积极性。"[29]

3. 以事实为依据，从一线出发来解决问题。马文非常注重事实，在这方面是出了名的。他总是坚持要把各方面的基本事实（包括外部事实）统统汇总起来，以确定企业行为的背景；还要分析事实指向哪里，坚决依据事实追根溯源。他善于确保捕捉到恰当的事实，并且将概念与细节用一种相当具有说服力的、以行动为导向的方式编织在一起，在这些方面他堪称大师。他还发现，商业问题的解决经常牵涉到由外部推动的变革，而首先认识到变革必要性的往往是那些身处第一线的人，也只有身处第一线的人才能真正实现变革——比如那些与顾客直接打交道的销售人员、被复杂的设计或者过分的维修要求搞得焦头烂额的机器操作工。1992 年，在为麦肯锡公司就价值宣言的修订提供建议时，马文一开始就对公司一线的咨询顾问开展了访谈，以了解他们对于价值观及其他一些相关问题的看法。

4. 从全局背景的角度和后续行动的角度来看待问题和决策。尽管马文非常注重事实，但他也认为凭借孤立的事实并不能形成解决方案。解决方案的形成靠的是想象力和对事实背后来龙去脉的把握。马文在麦肯锡的 59 年中参加的每一次业务会议，无不以他询问某个问题与大背景之间的关系开始，接下来他就会问这种关系应如何体现在行动计划中。如果咨询顾问的分析和建议都被束之高阁，管理咨询的价值和声誉就都会受到损害。因此作为这个行业的缔造者，马文始终致力于确保客户采取相应的行动——这些行动应该与企业的使命相符，并且能够迅速在情感和财务方面取得回报。

5. 激励并要求所有人拿出自己的最佳状态。马文致力于让所有成员感觉公司和工作极其重要。对于其中的大多数人来说，这成了他们工作生涯中的头等大事。马文为此所做的贡献无人能及，他永不停息地使用各种方法努力营造这种环境，无论是随口的评论，还是培训会议上的宣讲，抑或是亲自撰写的备忘录。必要的时候，马文也会不留情面。比如，他认为片刻时间都是不可以浪费的，咨询顾问应该利用午餐时间会见和联络老客户或潜在客户。在纽约的麦肯锡咨询顾问都不敢和朋友一起去马文可能光顾的餐厅，不然要是被他碰上，搞不好他会提醒整个办公室的人午餐时间不是社交时间，而是公司人员有效利用时间的机会，然后还可能把你当作一个不善于管理时间的反面典型提出来。

6. 反复宣讲公司的价值观，确保每一个人都能理解、接受这些价值观并落实到行动上。马文不知疲倦、坚持不懈地倡导构成公司个性的价值观，但又不使这些信息变成陈词滥调，以致大家充耳不闻。沃伦·坎农说："他从来不会让我觉得唠叨或者无聊，因为他会抓住一个又一个事例，说明这些信息的力量，讲解我们应该如何开展工作，或指出我们所犯下的错误。不过大多数情况下他讲的都是某人干得不错，他从不放过庆祝成功的机会。每次有人以他认为恰当的方式谈成了一个项目，他知道了之后都会公之于众，并大加褒扬。如果有人为了客户的最大利益而不惜冒失去客户的风险，他知道了之后也会原原本本讲给大家听。"[30]

如果有人胆敢违背公司根本的价值观，马文会迅速果断地采取行动。1959 年的时候，他就给整个麦肯锡好好上了一课。退休的克利夫兰极顶公司（Acme Cleveland）董事长、克杜莱公司合伙人查克·埃姆斯曾于 1957～1972 年在麦肯锡工作，他回忆起当年的场景：

> 当时公司里业绩最好的咨询顾问是格里·安德林尔。他非常聪明，是个红人。当时他正在给斯特龙伯格·卡尔森公司（Stromberg Carlson）做一个有关最高管理层组织的项目。他建议进行组织变革，设立一个新的主管职位，并推荐自己出任这个职位。我想他并没有提出书面的要求，只是在和客户讨论的时候来了个毛遂自荐。当时那个客户是道斯·毕比，马文的一个好朋友，他给马文打电话时说到有这么一回事。马文就问格里那是不是真的，格里说是，于是马文就说："你在 30 分钟之内离开这里吧。你完了。要是需要，我可以叫物业来帮你把东西搬走，你走吧。"他就是那么说的。
>
> 格里在公司里就算不是数一数二，也是最聪明的几个人之一。他要是走了对公司真的是个损失，但马文根本不为所动。他的立场是要么你遵守这些原则，要么走人。马文决心告诉大家，格里的做法不符合我们公司的经营之道。那天好像是星期五，格里那天晚上还搞了个晚宴，我和妻子都去了。我说："格里，我听说了，真替你难过。"格里说："不，他是对的。我违反原则被抓住了，被开掉是理所当然的事。"[31]

很多人都记得这件事。1976～1988 年担任麦肯锡董事长兼总裁，至今仍与麦肯锡往来密切的哈佛公司成员罗恩·丹尼尔表示："我始终都记得，马文在公司用人之际竟然毫不犹豫地把一个顶尖人才给开掉了——他做出这个决定连五秒钟时间都没花。当我问他这是不是一个损失的时候，马文回答说，‘你要是不尽力去遵守原则，那还要原则干什么。’”[32]

艾弗里特 · 史密斯，一位早期的合伙人，这样描述听马文讲话的情景：“我常常坐在那儿一边听一边想，‘这个家伙，他又来那一套了！’他有一种魔力能让你乖乖地听话。他把那些老话再讲那么一遍，然后小伙子们就一个个浑身是劲儿，蹦着就出去了，我也一样。渐渐地我就相信了。我也说，‘他拥有愿景，我们来实现。’”[33]

马文的生活中充满了这种看似矛盾的现象，他获得了几乎所有认识他或者曾与他共事的人的尊敬和信任。1987 年加入麦肯锡的杰克 · 丹普西这样形容马文：

> 他非常聪明，非常有个人魅力。但我最敬重的是他的逻辑性，他非常具有说服力，丝毫不带任何感情色彩。还有他那种真诚，能让人完全消除戒心。他的直率中没有掺杂一点个人私利。他也绝不跟你装腔作势、咬文嚼字。再有就是他在沟通中那种令人难以置信的精确性，可是他说话又很平实，都是大白话……言简意赅，措辞准确。马文给人留下的最后印象是，他绝对是时时刻刻都在想着如何让我们做得更好。[34]

在今天，这种以正直为基础的商业价值观和遵循这些价值观的戒律比以往任何时候都更为重要。随着企业向跨越和连接不同文化和国度的方向不断发展，沟通的范围和速度都在不断变化，在这种情况下应遵循一套有意义的经久不衰的商业价值观，用它来指引企业在充满挑战和日益复杂的形势中保持正确方向，这样做的重要性和影响力都在上升。

正如约翰·杜威在 1908 年出版的《伦理学》(*Ethics*)（马文去世的时候，书架上还放着这本书）中所指出的那样，伦理和文化在语源学上是相互联系的："'伦理'（ethics）和'合乎伦理'（ethical）这两个词都来自希腊语单词 ethos，其本意为习俗、用法，尤其是只属于某些群体而与其他群体迥异的习俗、用法，后来这个词又被用来表示秉性、特点。"[35] 可见，一个企业的文化来自它的商业价值观。而且正如历史所表明的那样，企业的成败取决于它的文化。

共同解决问题的方式

公司的价值观维系着公司的个性，而其中最重要的一条价值观就是"始终将客户利益置于首位"。在制订共同解决问题的方式时，要将客户的最大利益铭记于心。

要向首席执行官提供最好的服务，就必须以高层的心态来看待关键的外部因素，同时在企业内部深入发掘那些通常情况下高层管理者无法获知的信息。这样一来，咨询顾问就可以找准重点针对的问题，并且主次分明地解决问题。

1941 年，马文在一次培训中说：

> 采取高层方式需要考虑外部因素，如行业趋势和

竞争地位等。如果我们想建立起重大管理问题解决专家的声誉，就必须能够分辨和评估各种经济、社会乃至政治趋势的影响。我们在提出有关政策和组织的建议时，必须要考虑到这些因素。

所以说，高层方式有以下几个基本特点：

1. 在下决心解决具体问题之前，首先要对整体情况进行诊断。

2. 要由我们来决定解决问题的先后顺序。要努力说服客户让我们按照轻重缓急来做事情。

3. 在解决问题的过程中，我们要采用综合的方式，并且要认识到：(a) 外部因素在内部问题的解决方案中往往相当重要；(b) 很少有问题能在企业或政府的某一个部门内得到解决。[36]

马文想要避免的是说对答案却答错问题的情况。他总是叮嘱手下的咨询服务小组找准问题，而不可头痛医头、脚痛医脚。他说："企业倒闭最常见的原因不是因为对正确的问题提出了错误的答案，而是因为对错误的问题提出了正确的答案。我见过太多的企业一次次做出看似最佳但却是建立在错误假设之上的决策，结果一点一点地把自己逼进了死路。"[37]

马文也经常提醒麦肯锡的人，作为咨询顾问，他们经常比客户内部人员更能找准问题。他声称，内部人员（相对于外部咨询顾问）有一定的优势，因为他了解自己企业的权力架构；但同时也有一定的劣势，因为他会将一些实际上只是假设的东西当作前提。[38]

麦肯锡要想帮助客户免遭倒闭的厄运，就必须找准问题——马文早年在众达律师事务所和麦肯锡都曾亲眼见过很多企业倒闭的情形。他相信这些企业倒闭是由高级管理层与现实严重脱节造成的——这些现实不仅包括来自一线的显示出现重大差错的信号，而且包括外部的变化和趋势。在强调外部因素的重要性时，马文经常讲到皮尔斯·阿罗公司的故事：

> 1934年，我加入公司大约一年，受命参加了皮尔斯·阿罗汽车公司的一个项目。那家公司已经破产关门了，债权人坚持要求我们做这个项目，以确定还要不要继续往里面投钱。
>
> 当时的皮尔斯·阿罗相当于现在的劳斯莱斯，它的设计出众，式样独特，深受好评。很快，我们就搞清楚了该公司倒闭的原因——汽车定价脱离了市场的接受能力，而价格较低的产品线推出太迟，已经无力回天了。我们的建议是马上清盘，但当地的银行（在布法罗）又注入了100万美元，结果全打了水漂，公司最后还是完蛋了。
>
> 对这个企业巨人痛苦死亡的近距离观察，在我的记忆中打下了深深的烙印。这一事件使我这个当时的管理学初学者明白了一个别人早已明白的道理：任何一家企业要想成功，都必须随时对环境做出有效反应。[39]

马文看到，外部变化速度的不断加快，给很多企业都带来了严重的挑战。在20世纪50年代，马文经常引用查尔斯·斯诺爵士所著的《两种文化与科学革命》(*The Two Cultures and the Scientific Revolution*)中的一段话:

> 在直到本世纪为止的整个人类历史中，社会变化的速度都很缓慢，缓慢到人在自己的一生中都注意不到有什么变化。以后不会仍然这样了。变化的速度已经到了我们的想象力无法跟上的地步。未来十年，社会变化将会空前之多，影响到的人口也将会空前之多。而到20世纪70年代，肯定还会出现更多的变化。[40]

对于因外部变化不断加速而造成的商业问题，必须采用综合方式加以解决。马文的综合理念主要来自詹姆斯·O.麦肯锡，他的《预算控制》(*Budgetary Control*)被誉为预算会计的开山之作——该书将会计作为一种整体性和综合性的企业管理辅助机制，也就是总体调查提纲。这是麦肯锡首创的一种咨询工具，用于在着手解决具体问题之前了解企业的整体情况。[41]林德尔·厄威克在所著的讲述管理先驱生活和工作的《管理功勋录》(*The Golden Book of Management*)中这样描述麦肯锡:

> 参透了这一总领全局的原则之后，他的思想水平就远远超越了同时代的大多数管理人士——他们接受的是工程学的训练，而他的法学和会计学教育使他能够将企业视为一个整体。有了这种对企业整体性的认

识，再加上他作为管理咨询顾问的实际经验，他对管理思想和实践都做出了独特的贡献。[42]

以行动为导向

马文所提倡的解决问题的方式，核心就是从正确的角度出发来解决正确的问题。然而，再好的解决方案若被束之高阁都会毫无价值。马文加入麦肯锡公司后没多久就碰到了这么一件事，让他在此后推动客户采取行动的努力中无时能忘。

> 那还是在1933年，我坐夜班火车从克利夫兰出发，第二天要到纽约报到。我在车上碰到了当时克利夫兰一家银行的副总裁艾姆斯·科尼，现在他是匹兹堡梅隆银行的副总裁，还是两家客户企业的董事。当时他问我要去哪儿，我就告诉他说我加入了一家管理工程事务所——那是当时对管理咨询的叫法。
>
> 艾姆斯的评论让我至今仍记忆犹新。他说："管理工程师的通病，就是他们写下装订精美的改进计划书之后就忙别的事情去了。我案头上就放着不下六份报告书，内容看起来都很不错，都是很好的建议，可就是没有人来执行。如果你的这家新公司能够让客户真正执行建议，那前景一定会非常光明。"
>
> 所以很自然地，第二天早上我报到之后，就开始研究我们将自己的建议付诸实施的情况，结果令我大失所望。我们公司在这方面并没有什么值得夸耀的地方，人家批评得一点儿没错。[43]

要让客户执行建议，就必须先让他认同这个建议。正是由此出发，与客户进行伙伴合作的观念形成了。如果咨询顾问的工作被认为是脱离了客户，那么不论建议有多么正确或可行，都会被看作问题重重或不够中肯。哈维·戈卢布还记得，当初作为麦肯锡的合伙人，他是如何在海湾石油的工作模式问题上站稳立场的：

> 我应邀参观匹兹堡的海湾石油公司。我见到了总裁，一个叫汤米·李的家伙，他想要针对海湾石油的四大主业之一开展一个战略项目。他说那项业务当时的主管再有一年左右就该退休下台了，会有人来接任。在战略既定的情况下，新主管就会准备充分，拥有未来的蓝图。我跟汤米说这么干不对……他应该先想好由谁接任，然后派此人参与项目小组工作，这样将来的战略就是他的，自然会得到贯彻执行。可汤米说他觉得那么干不对，他不想那么干。
>
> 我很失望，回了纽约。马文问我进展如何，我就把情况讲给他听。听完后他很干脆地对我说："你做得对。"然后他写了一份备忘录给全公司，解释了为什么不做海湾石油公司的那个项目是正确的。
>
> 大约三个月以后，我接到了汤米的电话。他说经过重新考虑，他们认为我是正确的。他问我现在是否愿意做那个项目，因为他们已经把接任的人定下来了，他可以作为项目经理和我一起工作。我说："当然，我们已经开始了。"我告诉了马文，马文说："太

> 棒了！”然后他又写了一份备忘录，开头的几句是：“想必你们还记得三个月前我提到的哈维和海湾公司的事情，现在我将后续情况报告如下。”[44]

马文始终强调要让客户采取实际行动。他在20世纪50年代的一次讲演中说道：

> 在未来的20年里，改善我们公司个性的最佳机会是要更好地促使客户把我们的建议落到实处。我们在促使客户采取实际行动方面还有很多要学的东西，而我们在培养谈判与说服的技巧和勇气方面差得更远。[45]

敬业的精英人才

马文早年在众达律师事务所的专业工作经历使他坚信，对于一家专业公司来说，最重要的资产莫过于良好的声誉和人员的素质与专业水准。当然，这两项资产是相辅相成的，因为良好的声誉在很大程度上取决于公司每个成员给他人留下的个人印象之和。

马文需要构建一个能够吸引并且留住优秀人才的企业，培养并发挥他们的专业技能，让他们为企业赢得良好的声誉。这样不仅可以提高企业外在的声誉，扩大客户基础，还可以增强麦肯锡公司不断吸引优秀人才的能力。

要吸引并且留住最优秀的人才，就需要创建一个让聪明人感到骄傲的企业，他们为这个企业的文化、所从事的工作及在商界的影响力感到骄傲，同时也要让他们成为一个正当合法的、受到尊敬的行业的一分子。马文认识到要大力投资于培训工作，要把自己的时间花在公司成员身上，从而使公司成员不会只顾眼前，而是真正为他们的后继者关心公司的长期生存和发展。咨询顾问应该有较好的收入，当然不会像企业家那么多，但是应该和律师或者医生大致相当，足以使他们过上很好的生活。此外，马文还需要创造一个干劲十足的最佳人才群体——不光个人素质要好，他们还必须能够以符合公司个性的方式高效地开展协作，并能与客户很好地进行合作。这就意味着要直接从学校招募人才，而不是招募已经有一些经验的所谓“专家”。根据他在法律行业中的见闻，马文认为想象力比经验更重要。

与公司价值观 / 文化的一致性

马文要招募的人应该能与上至首席执行官，下至一线工人都相处融洽，而且必须相信并坚守企业的价值观——这些价值观越是能够得到阐明和应用，就越是能够吸引到新的优秀员工和新的优质客户。

关于文化和人的关系问题，马文在1954年的一次演讲中指出：

> 如果资深合伙人和合伙人能够在工作中恰如其分地运用专业化的方式，就可以大幅降低人员的流失率，这具体体现在以下几个方面。

1. 看到“专业人士”漂亮地把工作做好，会让其他人信心大增。

2. 如果咨询顾问看到公司凭借良好的业绩取得扎扎实实的增长成就，他们就会对公司产生信心，也就不会轻易跳槽了。

3. 真正注重“专业方式”会给公司带来一种真正的“气氛”，可以起到提高士气的作用。

4. 拒绝不能谈妥的项目可以体现出公司的自信——这也有助于提高士气，留住咨询顾问。[46]

事实上，文化和价值体系对于留住人才，建立他们对麦肯锡乃至对这个相对较新但在早年尚无建树的行业的认同来说，都是至关重要的。约翰·斯图尔特曾经有这样一段经历：

在做一个 Harris Intertype 公司与 Itek 公司可能进行合并的项目时，我们和马文碰了下头，那时我刚刚加入麦肯锡才三四个星期。

我们首先把草稿过了一遍。我那时只是负责实际情况调查，根本谈不上什么经验。以前我经历过企业合并，可是并没搞过什么企业合并。然后马文就说 Itek 公司如何如何，我觉得他说得不对。我以前在层级制公司养成的习惯是，不出言反驳我不了解的人。可是人家也告诉过我，在麦肯锡你是怎么想的就要怎么说。我就在那儿听他用一个小时与其他小组成员重新推敲观点，寻找正确之处。

最后马文说：“没问题了吧？”我说：“鲍尔先

> 生……”他马上打断我：“叫我马文。”我惶恐地说道：“不，先生，我觉得有问题。”然后我就给他讲为什么我们应该得出一个不同的结论。马文说：“啊，谢谢你。”然后就把自己写下的东西删掉，换上我所说的内容。我当时想：不一样就是不一样啊。这一切真是历历在目，印象太深刻了。你算算看，那是 1961 年，41 年前的事情了，我还记得清清楚楚。因为他做到了他告诉我们应当做到的事情，给一名年轻的咨询顾问展示了这家公司的行为之道。这给人留下了很深的印象。[47]

弗雷德·格卢克曾于 1988～1994 年担任麦肯锡的董事长兼总裁，现在他仍在为麦肯锡出谋划策，他诉说了自己在 1967 年是如何领会了麦肯锡的价值观并被它深深吸引的：

> 当时我参与了欧文斯·康宁公司的战略项目。当时小组没能给客户创造适当的价值。有一天我正往外走的时候碰到了马文，他问我工作的进展情况，我就实话实说了。第二天早上 8 点钟我到公司的时候看到桌上有张字条，让我去见马文。我想：天啊，要被炒鱿鱼了。等我进了马文的办公室，他正和负责那个项目的合伙人罗德·卡内基通电话。他们正在讨论该怎么办，做出的决定是此前给客户所做的工作都不收费，而在接下来的几个月中修改我们正在开展的工作。我出来时就想，这才是我愿意成为其中一员的好公司。[48]

马克·斯图尔特，1952年加入麦肯锡，他觉得身为麦肯锡一员有很多独特之处：

> 第一件让我高兴的事是我没有上司，也没有下属。我曾经在军中服役六年，然后去了广告代理公司，接下来又在一家造纸公司担任高级管理职务，麦肯锡这份工作是最让我高兴的。没有上司，还有就是你有表达异议的义务。这些都是马文的原则，是他亲自制定的。如果你解读他的原则，你就会发现，他从自己的第一个项目开始就表达了异议，为这些原则奠定了基础。有胆量表达异议的人可是太少了。[49]

马文不仅尊重表达异议的权力，而且经常让人放手尝试一些他并不认同的东西，让他们从经验中学习。1963年加入麦肯锡，现已退休的前资深董事昆西·亨希克举出了一个很有力的例子：

> 罗德·卡内基，当时还是个新合伙人，和我一起提议向一家正在重组中的企业收取股票而不是服务费作为报酬。马文这个人很开明的，他说："要是我就不会这样做。我觉得咱们搞咨询的不应该这样做。我反对，可是如果你们觉得这样比较好，真想试试的话，那就试试看吧。"他真是太了不起了——这么个生性保守的人，却冒了这么多的风险。他的想法是就算你失望而归，也能学到点东西。而如果你要试我非不让你试，就告诉你说不行，那就没有这个效果。当

时的情况是可以控制的。结果确实不行，我们俩都得到了教训。不管你觉得自己有多聪明，总有一些事情是你办不到的，所以不要过高估计你创造奇迹的能力。[50]

很显然，麦肯锡公司这种没有层级的结构让员工感到非常新鲜，激发了他们的动力。从获得公司所有权那天起，马文就在大力宣扬要“招募具备我们所不具备的知识，比我们更优秀的人”。戴维·赫兹是运营研究领域的先驱之一，他回忆起1962 年被马文招至麾下的情形：

马文有一点点害怕技术，而我则是专门搞技术的。他意识到有必要开发一些问题解决工具。我们第一次碰面的时候，马文想弄明白这个所谓的运营研究究竟是怎么一回事。他是个好奇的人，我和他很合得来。他很想了解我到底知道些什么、怎么知道的，以及有些什么东西是他应该知道的，这些东西对于管理有什么帮助……[51]

培训与马文个人时间的运用

马文不仅致力于发掘比自己的人更优秀的人才，而且还对人才进行大力培养，除了提供正式的培训之外，他还利用自己的个人时间给他们提供帮助。

马文 1933 年加入麦肯锡的时候，公司只有一个正式的培训工具，那就是詹姆斯·O. 麦肯锡的总体调查提纲。不过马克很注重培训。事实上，当时大多数人与麦肯锡公司的第一次接触就是在培训课堂上。马文还记得正式开始工作前三个星期的总体调查提纲使用方法培训：

> 我好像还能看到、听到麦肯锡向我们讲解商业问题的复杂性和相关性，以及如何使用总体调查提纲来解决这些问题。我清楚地记得当时我是全神贯注，唯恐马克会把我叫起来让我当堂回答案例问题。虽然当时我还只是个新的咨询顾问，但却未被忽略。[52]

这些早期培训可不是空口说说而已，马文和很多老麦肯锡的人都是先使用这一工具来全面分析客户当前的状况与潜力，然后才着手确定手头问题的。

在设计内容更广泛的培训课程时，总体调查提纲依然起到了核心的作用。正如马文1941年在一次培训中所说的那样：

> 总体调查提纲依然是运用高层方式的首选工具。顺着总体调查提纲的思路，我们可以考虑到各种外部因素，而且我们不会在思考政策与组织问题之前开始程序方面的工作。[53]

从1949年直到1957年，月度培训课程的重点都是实现变革。马文坚持认为那是最关键的能力，彼得·德鲁克也经常参加，并且领导其中的一部分培训课程。据哈维·戈卢布（他在数年后成为麦肯锡的培训主管）说，公司的培训活动分为若干个阶段，可以把一个完全不知道如何进行咨询的人培养成合格的咨询顾问，并进而将他培养成咨询顾问的管理者乃至咨询顾问的领导者，这是重点之所在。但是培训的内容并不仅限于此——培训还需要反复灌输公司的价值观，不论你到公司的哪个地方，人们都会以相似的方式进行思考，渐渐地你也会接受这种思考方式。所以说如果你来自纽约分公司，你完全可以去日本的麦肯锡分公司做项目，那也是同样的公司，不会是日本式的分公司。那也是用同样的方式做事的同样的公司——不是机械地采用相同的方式，而是思维开阔地采用相同的方式，这正是麦肯锡的力量之所在。就像哈维所说的那样："培训课程不仅是培养技能，它还是一个文化传承的过程。麦肯锡的一个习惯是让公司的领导者来开展教学，我在美国运通也是这样做的。我们的培训课程至少是由公司高层领导启动的，而最初的课程则是由高级领导掌管的。"[54]

马文用来衡量培训是否成功的一个关键指标就是这个文化传承过程，或者叫作"组织社会化"。这个概念来自麻省理工学院的著名组织行为学家埃德加·沙因：

> 组织社会化就是"通晓内情"的过程，就是接受灌输与培训的过程，就是被教导对于组织来说什么最重要的过程……这个概念指的是新成员学习组织或群体认为新成员必须学习的价值体系、各种规范和行为模式的过程。必须经过这种学习，新成员才会被认为是组织中的一员。[55]

教学不只发生在正式的培训课堂上。马文随时都会给别人提供指导，他也鼓励别人这样做，就像下面这个故事讲到的那样，他非常愿意在自己人的身上花时间。1970～1998年曾在麦肯锡工作的Rekkof公司（前身为福克公司）董事长卡雷尔·鲍维还清楚地记得20年前的一件事，当时他在参加合伙人在荷兰的一次大会时生病住了院。那年马文已经年届八十了，但是每当有这种会议的时候，他肯定都会参加。鲍维看到马文竟然从100公里外的会场来到了他的病房，不禁大吃一惊。马文对他表示了亲切的问候并祝愿他早日康复，又问他谁在负责招聘，当时的情况怎么样。

> 马文待了一个半小时，他强调了招聘工作对于麦肯锡未来的重要性，并说这项工作不能交给资历浅的员工去办。了不起的是，他把招聘工作的十大戒律交代得清清楚楚。他问你有没有想过这个？你要做那个。那都是我们在今天认为是理应如此的事情，如招聘的重要性、拒绝不合适人选的重要性和拒绝他们的方式，以及决策时需要注意些什么，等等。第二天上午，有人送来了马文写的一张纸条，特别强调了前一天他讨论的要点，并且对一些地方进行了展开说明。[56]

鲍维意识到这次访问还另有深意：

> 他亲自展示了什么才是对人的关心，我亲身感受到了那种温暖和关怀——但是也要付出代价。那天我们讨论的都是正经事，不只是表示一下友好关切之意而已。那是有目的的，隐含的意思就是：没错我很关

> 心你，但是你要做出业绩。无论是在项目中，还是在知识或公司价值观方面，反正你要做出业绩。那目的性是很强很强的。[57]

职业生涯公司

要想在麦肯锡取得成功，就需要对公司及其个性有相当程度的投入和认同，并有立足公司发展职业生涯的心态。马文说这一取向源自詹姆斯·O. 麦肯锡。他认为麦肯锡显然有这样的想法，即为了最好地建设麦肯锡这样的公司，需要的是那些因为能有机会在公司发展终生职业生涯而干劲十足的人。[58]

马文接受了职业生涯公司的理念，随着时间的推移，公司的人事政策和方案得到不断强化，它自身的经济实力也使上述理念的功效不断增强。马文曾经怀着无比的骄傲说："我相信在我们这个领域中，没有哪家公司像我们这样真正致力于职业生涯的理念或致力于稳健地经营这个理念，它们都差得很远。"[59]可有意思的是，尽管如此，每六个新人中却只有一个会在麦肯锡工作五年或者更长的时间（麦肯锡有一个广为人知的"不晋升就出局"的政策）。有些合伙人估计，在现在新加入麦肯锡公司的年轻人中，有 80% 以上的人在六个月内会将麦肯锡看作一个发展职业生涯的公司。[60]在当今的商业环境中，各类企业都在争夺优秀人才，麦肯锡能有这样的员工投入程度实在是难能可贵。就像马文所强调的那样，投入是双向的。当员工加入麦肯锡的时候，希望他能取得成功；如果员工决定离开，也依然希望他们能和麦肯锡保持终生的联系。此外，这种投入程度很高的员工工作起来往往也更努力。而马文总是希望离开麦肯锡的人能够找到很好的新工作。[61]

良好的经济状况

良好的经济状况是创建职业生涯公司并使之长盛不衰的关键，但是马文·鲍尔在自己关于目标企业的愿景中从来没有明确提到过这个特点。之所以如此，马文是有他自己的考虑的。他认为自己可以依靠良好的声誉和杰出的人才；如果依赖的是财务目标，就会影响公司保持独立性的能力，也就无法为客户提供最有价值的服务。在这方面，马文终生贯彻了自己的信念。

1990 年，87 岁高龄的马文参加了一次麦肯锡资深董事大会。一位资深董事谈起了如何改善经济状况和麦肯锡的商业系统。马文向当时的董事长兼总裁弗雷德·格卢克说："虽然我不是资深董事，但是我可不可以说几句话？"[62] 弗雷德说："当然可以。"马文站起来说道："一个专业公司怎么可能有什么商业系统呢？我认为本公司合伙人之间不应该讨论如何改善经济状况的问题。我认为本公司合伙人应该讨论的唯一主题就是如何为客户提供更好的服务。如果我们能为客户提供更好的服务，我们就会有很好的收入。而如果我们把注意力放在收入上面，那么就既不会有客户，也不会有收入。"说完马文就坐下了。弗雷德·格卢克回忆说："……讨论就此打住了。因为他说得太对了。"[63] 1978～1995 年曾在麦肯锡工作，后任智能流技术公司

（SmartStream Technologies）董事长的洛德·诺曼·布莱克韦尔则回忆说："这件事深深地铭刻进了我的大脑。当时整个业界乃至麦肯锡的许多关注点和同行压力都集中在业务的经济状况和商业方面。当有关商业系统的讨论开始时，我虽然也觉得别扭，但是好像也没有资格提出反对。当马文站出来后，我为他叫了一声好。他一下子就让屋里那种压力烟消云散了，这使我勇气大增。"[64]

尽管马文渴望创造一个把为客户提供优质服务作为衡量成功的最根本、最重要标准的价值体系，但他这个人还是很实际的。当他和他的合伙人买下麦肯锡的时候，麦肯锡的经济状况并不好。曾与马文共同参与几个客户项目的前麦肯锡资深董事史蒂夫·华莱克回忆说，马文很注重经济的稳定性。他问马文为什么不把公司改名叫鲍尔公司，马文笑着说：

> 当初马克离开麦肯锡去马歇尔·菲尔德公司的时候（担任董事长），他把钱都带走了。我们的银行户头上连下个月发工资的钱都不够，房租也该交了。我不太记得当时我们的客户情况怎么样，但反正是不大好。
>
> 我的合伙人和我只好到处跑，告诉客户说没问题，继续用我们吧，虽然我们的顶梁柱走了。我当时作为公司的头儿一定要找到一些新的业务，虽然我的名字不叫麦肯锡。
>
> 那时候我就下定决心，一定不要让我的接班人费神去解释为什么这家公司不是以他的名字命名的。

> 所以我们还用马克的名字做招牌。我从未因此而后悔过。[65]

在那种捉襟见肘的情况下，马文不得不迅速采取措施来稳定公司的财务状况。与此同时他还要注意维护公司的独立性和其他重要的价值观。接手麦肯锡公司还不到一年的时间，马文就建立起了以价值为基础的收费方式，并且据此向客户收取服务费。这种方式与当时占主流的按日计酬方式相左，但是马文觉得这样按照客户所获得的价值计费才算公平。这样一来费用就会得到有效的管理，咨询顾问被要求把客户的钱当作自己的钱一样精打细算。

马文在众达律师事务所就发现以价值为基础的计费方式行之有效，他相信麦肯锡作为一家专业公司也应如此。1985 年，马文做了一番解释：

> 我们在 1939 年起步时采用的是按日计费方式。这是当时的会计和其他咨询公司通行的做法，你只要把天数乘以费率就是应收的金额了。1941 年前后，我跟大家说："这太荒唐了，我们要改一改。你不可能按照小时数来计算出价值。律师不是这么算钱的，我们也不能这么算（至少当时是这样的）。如果我们花了很多时间却没有创造价值，那怎么可以向人家收钱。"结果我们合伙人之间是好一番争论，要么改成按预先约定的总额收费，要么改成预估时间并按月收费，而不规定每日费率。采用按约定总额收费这种方

式的风险很大，因为我们不知道会碰到怎样的问题，但是经过一番争论，我们总算是取消了按日计费的方式。

有些合伙人担心客户不喜欢这种方式，可事实证明这种担心是多余的。这涉及咨询顾问的勇气，涉及合伙人对价值的信心及对自己的信心问题。这种方式来自法律界。

现在的法律界已经退步到按照小时而不是按天收费了，但是当年我在众达律师事务所执业时，我的导师吉恩就说："你为 Industrial Rayon 做了不少工作，这是总的工作时数，按年计费的话大约是 8 万美元。你要收多少？"我说："我们做了各种各样的工作，这些工作对他们都很有价值，我看是无法用时间来衡量的。"他说："言之有理。你就跟我说你想要收多少钱吧。"我说："9 万美元就成。"他说："错，得是 10 万美元。"然后他就开出了 10 万美元的账单，接着他说："如果他们来……提出异议，你就拿支笔把最下面的总数勾掉，跟他说你看多少合适，我们会合情合理地接受。如果你写个 2.5 万美元，我们以后就不给你们干了；可只要你写的是你真认为公平的数字，你写多少就是多少，我们绝无二话。因为我们希望客户对我们的收费感到满意，觉得我们值那个钱。"果然没几个人真的提出异议。[66]

马文始终坚持这种按价值收费的规则，他总是很注意让客户觉得费用合理。约翰·斯图尔特还记得马文和乔治·戴夫利

（哈佛校友，Harris Intertype 公司的董事长）进行的一次谈判，那次谈判清楚地体现了马文的这一理念：

> 乔治和马文之间的谈判大概是这样进行的："那么，马文，你能否在未来两三个月的时间内告诉我应不应该与 Itek 公司合并？""没问题，乔治。""那么你要收我多少钱呢，马文？""你看，我们要派几个人过来，还要派一个合伙人，这项工作很有价值，所以我想这个项目要 1 万美元。"乔治说："呵呵，马文，我觉得这个项目 5000 美元就够了。"马文说："这样吧，乔治，咱们各让一半，7500 美元。"当时我就想，这叫什么事儿啊。我在和陆军弹道导弹司令部谈判的时候也没有这么轻易地让步过，不过我可能也不敢叫那么高的价。[67]
>
> 马文采取一种很实际的方式来保证公司能够管好费用。他特意雇用那些具有成本意识的人，尤其是艾弗里特·史密斯，大家都很尊重他，他对每一笔费用都要求你说出个理由来。还有吉尔·克里，他有财务方面的背景，在 1956 年麦肯锡改制为私人持股公司时，他为麦肯锡的财务架构设计出了不少力。

此外，马文抓住每一个机会，提醒咨询顾问有责任为客户降低成本。唐·高戈尔说起了一次新人午餐会上的趣事，当时唐还是麦肯锡的一个暑期实习生。

> 马文说："大家都记住，当你和客户一起出去吃

> 饭的时候多点特价菜，这对你、对公司都好。”他又说：“记住，虽然我们是把专业服务费和相关杂费分开计算的，但客户看的是总的账单。当然，我们创造的价值越高，客户付出的总成本就越低。如果你是和客户一起吃饭，而且菜单上又有合适的特价菜可以点，那你就绝对不应该点什么名贵菜。”结果，当然是所有人都翻遍了菜单找最便宜的菜，哪怕是没有客户在场的时候。我看过的菜单没有几千份也有几百份了吧，但我每一次看菜单的时候都会想起马文，然后就去找特价菜，同时问自己：“马文会怎么说？”“就点特价菜，不要点什么多佛鲽鱼，太贵了。”[68]

以价值为基础的计费方式加上良好的费用控制被证明颇为成功，它使麦肯锡的成员有了合理的收入，而又没有为了追求收入而牺牲公司的自由和独立性。就像马文经常说的那样，虽然公司必须要有一定的经济基础才能生存，但是过分追求收入目标和接受无法给客户创造价值的项目却会造成严重的负面影响——具体而言，这会破坏公司的声誉，损及公司未来的员工，甚至断送公司的前途。其实不仅对管理咨询公司来说是如此，对于任何一家专业公司来说都是如此。

奥美广告公司的创始人之一大卫·奥格威也从麦肯锡那里获益匪浅：“马文·鲍尔……认为每一家公司都应该有一套书面的原则和目的。所以我也就起草了一份，然后送给马文请他提提意见。我在第一页写下了七个目的，其中的第一条就是“年年实现利润增长”。马文说扯淡，任何一家服务性企业如果把盈利看得比为客户服务更重要，那就活该倒闭。于是我就把利润放到第七条去了。”[69]

永不自满

马文曾经见到很多大企业因为自满，以及与不断变化的外部现实环境脱节而毁于一旦，他知道麦肯锡必须避免犯同样的错误。1960 年他写道：

> 我们这个行业不是一成不变的，我们要不断推动管理技术的进步，这是我们的利益所在。这样我们不仅可以确保自己提供优质服务的能力，还可以给自己带来兴奋感和满足感，并且激活我们的思维。我们是管理理论与管理实践之间的天然桥梁，我们要利用好这个独特的地位。[70]

不故步自封还意味着要放开胸襟，勇于面对批评。曾于 1993～1999 年执掌克利夫兰分公司，2001 年后执掌芝加哥分公司的资深董事克雷·多伊奇说：

> 有一次马文要到克利夫兰来拜访凯斯西保留地大学，他与该校渊源颇深，他们都很崇拜马文。他还说希望到办公室来看看。我就说：“马文……我想把所有合伙人都召集起来，大家一起吃个晚饭。我希望他们都能够像我这样直接倾听你的想法，你可以讲讲领导能力、工作热情的重要性、如何才能把公司搞得更

好、如何建设和领导一个分公司什么的。”于是我们就说定了。他说：“好，就这么办。”

刚好在他来的那天，《华尔街日报》刊载了一篇无中生有的负面报道，说什么随着我们公司的迅速成长与复杂化、国际化，我们可能会失去自己的价值观，出现官僚主义抬头，因联系削弱和离心倾向而损及公司的一体运营。我觉得他们字里行间还在暗示我们的商业化趋势和商业压力在加剧。

我到机场去接马文时，他很快就说起了应该如何看待这篇文章的问题。我当时还没有好好想过。然后我们进了一家很不错的餐厅，所有的合伙人都来了，正端着鸡尾酒相互交谈。晚会开始大约十分钟后，马文说：“先生们，请注意。我相信你们都已经看过了今天早上《华尔街日报》关于我们公司的那篇报道。说实话我们今天晚上是有正经事的。大家请就座吧，我们马上开始。”房间里顿时鸦雀无声，我们都坐下了。这就是我最佩服他的一点，他没有对那篇文章反唇相讥，而是很严肃地对待每条意见。他的大意是：先生们，对于这篇文章我们应该是有则改之，无则加勉。我们应该非常积极警醒，要防微杜渐地对待他们所描述的种种风险。所以我认为我们得讨论讨论，我们应当如何挺身而出指引方向，不仅要站出来抵制而且要带领大家摆脱层级制和商业化的倾向，秉持我们的价值观和一体运营的理念。

他的根本主张是，作为麦肯锡的合伙人，你的唯一义务就是要让公司变得更好。我们要使麦肯锡长盛

> 不衰，而不仅是维持运营。要做到长盛不衰，每一位合伙人都必须努力让公司变得更好。[71]

不断更新领导层

正像马文·鲍尔愿景中的许多组成部分一样，他对不断更新领导层的强调也来自他职业生涯早期正反两方面的经验。从正的方面来看，他深知为他人提供领导机会的好处，因为他自己当年在众达就得到过这样的机会，而詹姆斯·O. 麦肯锡也给过他这样的机会。从反的方面来看，他曾目睹很多企业因为没有足以担当大任的新领导层而惨遭失败——许多律师事务所在开办人去世之后也就消亡了。

通过这些经验，马文知道麦肯锡要生存和发展，就必须随时保持一支新的领导队伍。为此必须有一套相应的机制。《追求卓越》的作者之一，原沃特曼集团董事长鲍勃·沃特曼曾于 1964～1985 年在麦肯锡工作。他说：

> 马文具有非凡的远见，这可能和他的法律背景和经验有关系，因为他看到了很多合伙制企业是如何自取灭亡的。往往是一个或者一群合伙人取得了过多的控制权或者过多的财富，他们舍不得放手传承下去，于是年轻的一代，也就是企业的未来，会对此心怀不满。这是一种很常见的致命问题。马文非常明智，他在麦肯锡制定了一套组织制度，任何人，哪怕是马文本人，也不可能获得过多的控制权。公司每三年重新

> 选举一次董事长兼总裁（相当于我们的首席执行官），对一个人的任职届数做出了限制，同时也限制了任何一个人所能够拥有的股份数。这样就用制度保证了精英之治，即使是像资深董事这样看似高高在上的人，也别想优哉游哉地吃闲饭。这种企业文化注重的是业绩而不是看谁得宠。马文、吉尔·克里和其他一些人建立了这一切，他们付出了不小的代价。我一直牢记罗恩·丹尼尔所说的话，他要求我们的根本战略与我们进行自我管理的方式紧密联系。这话在我们很多人听起来有点没味道，但它与马文的思想一脉相承，是绝对正确的。[72]

公司要想为客户创造适当的价值，它就必须变成一个领导加工厂，保证接受咨询的企业能够培养出自己将来所需的新一代领导者。所以马文很自然地把对领导者的培养与支持看作企业运营中最重要的任务之一。1960 年他写道：

> 领导技能是很个人化的，而且很少见，所以讨论起来颇有些难度。当然，真正的领导者都非常谦卑，不会自称为领导者。而且领导能力与职权不同，它是无法授予他人的，而上级往往不愿意向下级指出，他们的问题在于没能展示出一种他们可能并不具备或者可能无法培养的个人技能。出于这些微妙的原因，领导能力（对于所有企业来说都是最重要的资源）往往得不到足够的关注，除非现任最高领导人为此发起了有组织的行动。[73]

根据马文的经验，领导能力培养的任务虽然艰巨，但是如果能够从恰当的精英人才入手，就会容易很多。他相信杰出的管理者是从好苗子培养起来的。这些好苗子必须得到机会在一个健康的工作环境中成长。

马文进一步指出，另一个关键因素就是要把企业经营好，让好苗子处处涌现。他相信经营得好的企业不用特别着力就能自然产生出优秀的管理者——着力培养只会增加优秀管理者产生的数目，并且加快他们成长的速度。管理人才的成长动力主要来自：

1. 感受到监督和执行职责的真正分量。

2. 良好的领导与指导，包括直接上级对他们的辅导。

3. 经营良好的企业氛围，这种氛围本身就能够鼓励管理人才的成长与发展。[74]

马文总是不遗余力地为个人提供领导机会，不管是领导分公司或咨询业务，还是领导众所瞩目的大会或分公司内的简单项目。他在这个方面总是敢于冒险：他愿意把宝押在合适的人身上，并且积极为符合公司愿景的活动提供支持。比如当罗德·卡内基需要回澳大利亚时，吉尔·克里想要马文批准罗德在澳大利亚开设第一家麦肯锡分公司，马文一口就答应了，而当时罗德还只是一个任职三年的咨询顾问。1962 年，安迪·皮尔逊想要成立一个营销组，马文鼓励他放手去做。安迪和新成立的营销组与通用食品展开了合作，先是创造出直接产品盈利性的概念，后来又开发出现在无所不在的通用产品代码系统。

马文当初虽然怀有疑虑，但是仍然很支持他们的工作，他觉得这就是把旧的工业方法移花接木到消费类产品上去。结果这个系统大获成功，到四十年后仍在使用。在这两个事例中，马文原本都是持怀疑态度的，但是一旦批准之后，他对罗德和安迪都积极支持，不仅做他们精神上的坚强后盾，还鼓励最优秀的人才加入他们的工作。

马文总是亲自致力于新一代领导人的培养，不管是麦肯锡自己的领导人，还是社区或其他组织的领导人。唐·高戈尔说，马文在这个方面非常执着：

> 我离开麦肯锡之后去了一家叫作基德尔·皮博迪的投资银行。马文听说我要搬到布朗克斯维尔……马文就是马文，他给我打电话说："唐，我听说你要搬到布朗克斯维尔去，那咱们就说说布朗克斯维尔吧。"（马文曾经在那儿住了五十多年。）于是我们就一起吃午饭，当然是特价菜大餐。"我给你讲讲布朗克斯维尔吧。"然后他就给我介绍了一番。他说："我给你说说我认为你和乔治娅应该在布朗克斯维尔发挥作用的领域。"他才不问"你对社区服务感兴趣吗？""你对哪些方面感兴趣？"他的假设是：你当然要参与社区生活，而且你当然要在最重要的那些领域中出一分力。什么兴趣不兴趣的，我来告诉你什么最重要，你照做就是了。你怎么可能对马文说不呢？
>
> 他说："你或者乔治娅应该参加学校管理委员会，但是不必操之过急，可以先等几年，把社区的情况摸

> 熟了以后再说。”于是在我们搬到布朗克斯维尔五年以后，乔治娅进入学校管理委员会工作了六年，其中有三年担任布朗克斯维尔学校管理委员会的理事长。马文说的没错，学校是布朗克斯维尔的轴心。
>
> 马文说，对布朗克斯维尔的未来最重要的是，镇上的各个领导群体都要吸收年轻一代，让他们了解什么是社区服务和公益精神，因为这些都是需要代代传承的。马文并不是觉得自己很有公益心所以别人也就应该向他看齐。他对公益事业如何支持着我们，而我们又应该如何支持公益事业确有一套想法。我觉得我之所以能够在布朗克斯维尔这样的社区取得一点成绩，主要是因为人们都认真对待马文所讲的那番道理。他们把年轻十岁的下一代吸收进来，参与学校、教堂和联合基金等等事务，所以这里两代人之间共同的活动比其他许多地方都要多。马文肯定是注意到了这一点，而且他也鼓励我们参与。[75]

在1955年的一次演讲中，马文简洁地说明了他对于何为优秀领导能力的看法：

> 如果我们的领导者把领导能力与控制的需要混为一谈，那么协作与真正的领导能力将不复存在……经营好企业就意味着要培养管理者……学会如何经营好企业所带来的好处可不仅是使你能够承担艰难的工作并获得高薪，也不仅仅是得到一个有利于管理者成长的氛围，这种好处还包括企业自身的成长——在竞争

地位、规模和利润方面的成长。[76]

马文深知如果老一代领导人不退下来挪出位子，新的领导层就无法成长起来。如果老的领导层恋栈不退，那企业就不会遵循新的领导层的指引。所以1967年快到64岁的时候，马文不顾其他合伙人的反对毅然从董事长兼总裁的职位上退下来，那些合伙人都认为不可能再找到马文这么合适的人了，所以希望马文能够继续连任。退下来以后，马文积极支持吉尔·克里的领导工作，支持对担任麦肯锡董事长兼总裁的年龄和任期做出限制，以及对一个人持有股份的时间做出限制，从而帮助确保其他人也能够担任领导职务。只有为继任者创造机会，马文才能证明他的合伙人的担心是多余的。

马文经常说起当年林肯的一个小故事。有一个年轻人问林肯成为律师的最佳途径是什么，林肯表示只要具有“坚定的决心”，就取得了一半的成功。可以说马文也具有这种坚定的决心，他要创立一种独特的服务，并以卓越的人才为基础来创建一个专业性企业。20世纪50年代晚期，马文指出：

> 专业性工作有一个巨大的优势，就是使人能够突破常规的束缚而自由地工作。只要能够履行自己对客户和公司的职责，我们的咨询顾问就可以自由行动、独立思考，并且有机会开展自己感兴趣的专业活动。这和通常的企业和政府职位形成了鲜明对照，在他们那里大多数人的任务和权限都是预先规定死了的。

> 随着我们不断扩大公司的规模，我们必须特别做出努力来保证我们的咨询顾问依然享有专业人士的这种基本自由。我们不会用“控制”来取代行动自由，这种自由是建立在咨询顾问对客户和公司的高度责任感之上的。
>
> 为此最好的办法就是确保每一位咨询顾问始终具有这种高度的责任感。我们期望我们的咨询顾问给自己规定比公司的要求更高的业绩标准、自律精神和负责态度，这是我们的一种传统。我们绝不能用公司纪律来取代自我约束。[77]

马文·鲍尔确立了明确的价值观，在自己漫长的专业生涯中贯彻始终，并在合伙人的帮助下挑战当时的世俗成见，创造了一个新的行业和一个新的企业。马文当年的愿景最终成就并延续了管理咨询这一新的行业和麦肯锡公司这一新的企业，对此马克·斯图尔特是这样总结的：

> 这些指导原则都是要使我们与众不同，提升我们所提供服务的质量和我们的声誉，使我们取得成功。这些价值观都是为了赢得客户的信任，使我们的咨询顾问充满激情地全力以赴。缺乏客户的信任，你就不会有像样的客户；没有员工的投入，企业就不会持续发展。[78]

马克·斯图尔特还说明了马文和麦肯锡早期的合伙人是如何在一种投入和信任的气氛中并肩工作的。

> 马文就是喷气发动机，他是整个公司的动力。他推动这架飞机，使之始终迅速向前。有时候速度飞快，但并不总是如此。他知道什么时候该放慢速度，尤其是当其他人都在忙着公司上市时。
>
> 艾弗里特·史密斯[79]就是减速的副翼，他总是有不同意见，能把速度减慢下来。马文可是真行，连这么一个能从他想做的每件事中挑出毛病的人也能容下。马文把这看作一种在实际采取行动前暴露出所有问题的方式，这种理念非常有洞察力。
>
> 亚历克斯·史密斯，我所认识的最体面的人之一，就是防止整架飞机坠落的陀螺仪。真的，因为马文太冲了，很多人都受不了他。吉尔是幻想家，是领航员。还有奇普·赖利，他是麦肯锡的良心。他就是控制塔台，是飞机的良心。他总能确保我们正确地对待他人。[80]

哈佛商学院退休教授，《营销近视症》(*Marketing Myopia*)[81]的作者西奥多·莱维特说，马文为现在业已成熟的管理咨询业设定了标杆：

> 我总听到人们提起马文·鲍尔，大家把他视为今天管理咨询业的缔造者。他设定了标准，不是通过阐述标准，而是通过执行标准——他在选拔人才和与这些人才共事时，都执行着这些标准。每个人都能够强烈地感受到他的领导作用——他在很大程度上靠的是以身作则。[82]

第 4 章

关键时刻的领导力与影响力

我发现在这个世界上，“我们身处何地”远不如“我们要去往何方”那么重要。要抵达天堂的渡口，有时候我们必须顺风航行，有时候则要逆风行船——但我们必须勇往直前，绝不能随波逐流，也不能下锚歇息。

——奥利弗·温德尔·霍姆斯，1894 年

马文是一个行动家，也是以身作则的领导榜样，所以他会在麦肯锡工作 59 年，[1] 以确保自己关于咨询业和麦肯锡的愿景能够结出果实。对马文而言，这是一个非同寻常而且有时还充满争论的时期，无论是作为麦肯锡的实际领导者（1939～1967 年），还是充当麦肯锡行为和决策的非经常的但却影响强烈的因素。

马文在位期间，他制定、倡导、影响、采纳了成千上万符合他最初愿景的决策，同时也适应了这个不断变化的世界。从一开始他就知道公司应该有怎样的价值观，他的所有决策都是与这个愿景相一致的。本章将着重介绍他在 60 年中所做出的九大决策（见图 4-1）。其中有很多决策在商界中都是破天荒头一遭的事情，它们与马文这个人是密不可分的：它们不仅充分体现了马文的性格特点，还生动地展示了他的行业与机构理念。

1939~1945	1953	1955	1956	1959	1960~1967	1967	1969
企业形象统一的全国性公司	第二次世界大战后招募MBA	建立麦肯锡管理研究基金会并推出哥伦比亚系列讲座	公司化改制	以统一的企业形象走向全球	按账面价值向合伙人出售股票 任用女性管理咨询项目	坚持世代交替	反对与DLJ合资

图 4-1　马文·鲍尔展现领导力与影响力的关键时刻

企业形象统一的全国性公司，1939～1945 年

马文对于企业形象统一的要求并不是一时的心血来潮。他努力创造体现公司各个方面的统一形象，并且要求其他所有人都遵循这种形象，他这样做是有充分理由的。办公场所的外观、员工和合伙人的穿着、麦肯锡工作成果（报告书和其他文件）的装帧、遣词造句的方式、咨询顾问的薪酬制度、为客户提供服务的方式等，全都要注意。公司一体运营是一个全新的理念。沃伦·坎农认为这是麦肯锡成长过程中最重要的一个方面：

> 如果你在洛杉矶分公司，你从根本上是受雇于麦肯锡。如果你在墨西哥分公司，你也是麦肯锡的一员，你的录用标准和德国分公司的录用标准是一样的。我简直无法想象如果没有这样一种体制，麦肯锡该怎样发展。如果没有这种一体运营的导向，我们就无法像现在这样为客户提供服务，培养我们自己的人才。[2]

首先，马文知道，为了体现管理咨询这个新行业的价值，就必须突出一种专业的形象，从而逐渐增强客户的信心，并吸引最优秀最聪明的人才加入公司。咨询不能被看作一种让赋闲在家的人和退休的销售经理干的业余工作，相反它应该被看作是一个很有价值的专业服务企业。所以他们面对的是客户而不是顾客，他们从事的是一种专业而不是一种行当。

其次，为了有效满足全国性企业客户的需要，麦肯锡也必须走向全国，在各地开设分公司。统一的企业形象就成了把这些自治的分公司联合起来的一种关键机制，它也避免了形成一种指令与控制式的层级结构，而这种结构正是马文所极力反对的。

再次，为了使公司所有的个人和小组都能够以一致的方式为客户提供服务，马文大力推行各种标准流程和政策，并为咨询顾问提供相关培训。马文把各种政策称为“指南”，因为他相信这些指南在大多数情况下都是有用的，但是也必须要为特殊情况留出一定的判断余地。大量的时间被用于制定各种指南（组织指南、管理信息控制指南、制造指南、公司政策指南等）和进行培训。

最后，马文还希望为麦肯锡创造一个真正的品牌形象。对于一家并不提供传统意义上的实体商品的专业服务机构来说，这可不是件容易的事。马文认为“在创造一个鲜明的企业形象时，实体表现形式是非常重要的”。如果客户拿到一大堆报告，他应该只要一看封面就能分辨出哪一本是麦肯锡的。尽管每个工作成果所包含的内容千差万别，但是给客户的所有书面的东西，无论是书信、报告还是备忘录，无论作者是谁，外观都应该是一样的。至于麦肯锡的最终工作成果，即在客户企业实施所提出的建议，麦肯锡的形象则来自成功的执行和可量化的积极成果。

单独看起来，马文所坚持的每一件“小事”好像都是小题大做。马文这个企业形象设计者天性保守，但是对于每一项要求他都有自己一套合理的说法，而这些规则加在一起就为管理咨询业和麦肯锡构建了一个鲜明的专业形象。

在向昆西·亨希克说明着装规范的合理性时，马文说：

> 如果你的客户有勇气沿着事实指引的道路向前走下去，而你要帮助他，那你就要想尽一切办法来避免让他分散注意力。如果你有一个革命性创意，那在讲述这个创意的时候千万不要穿得太过于有革命性，否则人家很可能不以为然——必须让那些首席执行官对我们有信心。试想你乘飞机旅行，却看到驾驶员穿着短裤系着火红的头巾，你会对他有信心吗？如果他穿着肩章上有四道杠的制服，你肯定会比较信任他，对不对？说到底，如果你想让人对你有信心，要树立起自己的形象，那么着装规范就至关重要。你要尽可能地看起来不扎眼。[3]

对于这个着装规范（真正是从头规定到脚）的执行，马文是很认真的，整个公司也都一直非常注意。谁要是违反了这个规范，都不可能逃过他的眼睛，对此昆西记忆犹新：

> 每当我们在电梯里碰到马文的时候总是有点心惊胆战。像什么某人与马文同乘电梯结果被发现手帕不合规格或者穿了件蓝衬衫或者袜子不是深色之类的故事层出不穷，马文可是会马上不讲情面地给你指出来。[4]

咨询顾问不仅要通过着装体现出一种专业形象，而且要与商界的主流服饰合拍，至少不能反差太大。在马文看来，任何可能会把客户注意力从手头的问题（解决重大的商业问题）上岔开的服饰都应该加以避免。所以他的主张就是，如果大家都戴帽子，你也戴。这样你就不会因为没有戴帽子而分散大家的注意力。至于黑色长袜、蓝色套装、白色衬衫等，道理也是一样。（注意，与马文同时代的托马斯·沃森也持相同观点：IBM的员工必须与其顾客穿着相同的服饰以显示尊重和平等。）[5]

这种关于帽子、袜子的逸事很多，其中有一些颇为搞笑。1953～1991年在麦肯锡工作过的罗杰·莫里森相信他当年之所以能够被录用，帽子功不可没：

> 通常马文会乘坐6点11分的火车回布朗克斯维尔，当时还有45分钟。我被领了进去，他看着我说："说说你的背景。"我就告诉他我从海军退役，夏天时曾在夏日旅馆担任会计，同时兼职管过几个小企业，但说不上有什么经验。你都可以看得出来他的兴趣迅

速消退。然后他又问了我几个学业方面的问题，学过些什么科目，教授是谁，但看起来好像并不怎么感兴趣。然后他站起身来说他的时间不多，但如果我还想再聊聊，可以跟他一起去火车站。我们出门的时候，卡彭特夫人把我的帽子递给了我。她在麦肯锡当了很多年的接待员。马文的眼睛一下子就亮了起来。因为我听说过麦肯锡的人都戴帽子。如果我没记错的话，那是我前一天才从法林减价商店花五美元买的。接下来的路上，马文的谈话明显变得活跃多了，上车的时候他非常高兴。后来我就接到了聘书，我一直相信法林减价商店的作用不在我的哈佛商学院文凭和我的其他成就之下。[6]

当然，每个人都知道马文对于帽子衣着都是很在意的，但他们还是能够就此开开玩笑的，只要别开到自己头上就好。1968～1973 年担任董事长兼总裁的李·沃尔顿回忆起他是如何在 1952 年初次与马文会面后成为办公室里的笑柄的：

马文邀我出去吃午饭，我们一起去了同业公会大楼，那里有一个很好的商务餐厅。我记得那天很冷，下雪，所以我们都穿上了大衣。我新买了一顶帽子，因为沃伦·坎农（芝加哥分公司行政主管）告诉我说我需要帽子。我那顶帽子在当时是很时髦的，帽檐窄窄的，顶部凹下来一块，帽带的蝴蝶结打在后面，有一根小小的黄色羽毛从蝴蝶结上方伸出来。那是顶灰色的帽子，有黑色缎带和黄色小羽毛。我颇为那顶新帽子感到骄傲。我们吃饭的时候把大衣和帽子寄存在衣帽间。饭后我把帽子和大衣取回来，先把帽子戴上，好穿大衣。我穿大衣的时候左穿右穿总也穿不上，马文就过来帮忙。突然我听到马文故意很大声地耳语说："你的帽子号牌还挂在上面呢。"于是我就把帽子摘下来，看了看说："没有，马文。那只是根羽毛。"他只应了声："哦。"

我又把帽子戴上，我们一路聊天走回办公室。我感谢他请我吃午饭，然后就朝自己的办公室走去。路过沃伦·坎农办公室的时候我进去给他讲了号牌羽毛的故事，我告诉他马文错把羽毛当成号牌，可把我笑坏了。沃伦说："那他怎么说？"我说："没说啥，他什么也没说，就说了声哦。"沃伦说："老天，他就只说了声哦？"我说："是呀。"他就说："李，你得把那根羽毛拿掉。"我说："别，我才不拿掉呢。过去几个星期我为了让自己和麦肯锡合拍也没少下本钱，可这根羽毛，我就是不拿掉。全新的帽子，很时兴的，人人都戴这种帽子，都有羽毛的。我喜欢这根羽毛。"他说："不，不，你不懂。你真的要把那根羽毛拿下来。马文肯定是不喜欢它。"我说："别，干嘛啊。"他说："真的，没办法，我很抱歉。""那我就把那破羽毛拔掉算了，"我说，"也没什么大不了的。虽然有悖我的原则，没办法，拔就拔吧。""那可不行，"他说，"不能那么直接拔掉就算了。"我说："不行？不是你告诉我说要拿掉的吗？"他说："没错，但是怎么拿，是有讲究的。"我说："啊？"他说："对。每天晚上回家以后你用剪刀把那根黄羽毛剪掉一点点。用一个星期左右的时间把它剪完。这样才可以。”我居然也就信以为真了。[7]

若干年以后，戴帽子不时兴了，马文也就不戴了。据说纽约分公司的一位咨询顾问注意到了这一点，就问分公司经理马文不戴帽子表明什么。分公司经理说那表明现在马文认为大家都不戴帽子了，戴帽子会分散别人的注意力。不过为了谨慎起见，分公司经理告诉那位咨询顾问还是再等几个星期，别急着摘帽子。过了几个星期，看来马文确实是不戴帽子了，整个公司的人才纷纷效仿，把“分散别人注意力”的帽子从着装模式中去掉了。2002 年，马文回忆起 40 多年前的那段日子，说：“肯尼迪带起了一股新的风尚，首席执行官们都不戴帽子了。”[8]

马文有关适当的专业着装的观念对麦肯锡人的影响太深了，以至于代代相传。1994 年，作为自己的纽约咨询合伙公司的老总，我也亲身体验到了。

那次我和一个新的咨询顾问飞往加拿大去参加在高露洁公司召开的客户会议。当时是 1 月中旬，我注意到他竟然没有穿袜子。[9]我就看着他说：“你到了多伦多先去买双袜子，然后再去见客户。”他的脸一下子就红了。他是麦肯锡前资深董事弗莱德·希尔比的儿子，他解释说他早上进了出租车以后才发现自己穿的是一双有菱形格子的袜子。他父亲早就骂过他，不许他穿有菱形格子的袜子去见客户，所以他就把袜子脱了。我哈哈大笑，心想马文的影响力真是无所不在，就连我本人也在很认真地考虑要不要破坏马文所立下的规矩。于是我就给他讲了这条规定的由来。当年马文带着一个咨询顾问去杜邦公司开会。在会上，马文注意到克劳福德·格林沃尔特的眼神总是往下移动，去看那个咨询顾问脚上的菱形格袜子。看来这种袜子会分散人的注意力。有鉴于此，麦肯锡禁止穿菱形格袜子的规定就在 1966 年诞生了——一点不开玩笑。为此马文还专门写了一份蓝色备忘录（马文担任麦肯锡董事长兼总裁期间，蓝色备忘录是他专用的发给全公司的备忘录），向所有看这份备忘录的人说明其中的道理。他还在周六举办了一个培训，专门用来讲解什么样的袜子可以接受，什么样的不可接受。当然，讲完这个典故以后，我告诉弗莱德现在已经是 1994 年了，那条规定早就过时了，他可以把自己的菱形格袜子再穿上。

然而，直到 1994 年，马文还在为他人的外表操心。当时的麦肯锡董事长兼总裁弗雷德·格卢克休假回来，蓄了一脸的红胡子。马文就说："弗雷德，胡子很帅嘛。你的客户中有多少是留大胡子的？"结果当天晚上弗雷德就把胡子刮了。[10]

马文对于公司形象的关注并不仅限于着装方面，他还决心把这种品牌形象延伸到给客户的工作成果上去（通常为报告、书信和备忘录）。正如 1960～1988 年担任麦肯锡行政合伙人的沃伦·坎农所说的那样：

> 马文非常注重书面文档的外观。对此我很清楚，因为就是我根据他的要求起草了麦肯锡的写作指南。他在这方面非常苛刻。我们有正式报告、非正式报

> 告、备忘录报告、建议书、建议备忘录，等等。其中每一种都有一整套完整合理的规则。麦肯锡的每个分公司，无论在什么地方，打字机都必须使用同一种字体。我们有定制的打字机卷轴，所以我们的文件打出来既不是单倍行距也不是双倍行距，而是一倍半行距。当你换行的时候，它会自动跳过一行半的高度，而不是一行或者两行。首行缩格规定有具体数字。数字编号段落、字母编号段落、齐头式段落，全都有规定。所有这一切都是为了形成一个完全统一而又特色鲜明的形象，这样不论是谁，不论在何处，只要你打开一份报告就知道它是不是麦肯锡的。我们为企业报告的外观制定了标准，目的就是为了让不同分公司不同的人能够写出统一的报告。[11]

除了写作指南之外，马文还采取了其他一些很具体的、在当时看来很不同寻常的步骤来确保这种统一性。他决定投资将报告制作从秘书以及咨询的职能中分离出来。马文说这样的投资能够带来两方面好处：

> 从质量的角度看……
>
> 我们的报告书就像是我们的签名。当我们从客户那里离开以后，报告书会留在客户那里。当他们从一个旧抽屉或者书架上拿出报告书时，我不希望他们拿出来的是旧报告书，我希望他们拿出来的是麦肯锡的报告书，是一段记忆，让他们感觉值得看一看和想一想。我想让他们一看到报告书就知道我们是多么注重

自己工作的质量。这就是我们的签名。

此外，它还具有战略意义……

伊顿公司的一位高层管理者在搬办公室时从书架上抽出一本十年前的报告书，随手翻了翻，然后给我打电话说那个项目小组在十年前干得真是漂亮。接下来我们一起吃了顿午餐，然后麦肯锡就又接到了新的业务。[12]

马文在创造统一的公司形象和用语方面所取得的成功推动了各地分公司的开设，从而使公司能够走向全国，更好地为全国的客户提供服务。1939 年马文和合伙人一起买下麦肯锡的时候，只在两处有分公司——纽约和波士顿。随着美国逐渐卷入第二次世界大战，麦肯锡接下来几年都在全神贯注地从事与战争有关的工作，比如帮助亨氏公司和富美实公司改造制造设施以便为美国军队服务。因此，一直到 1944 年麦肯锡才开设了第三家分公司——旧金山分公司。

阿尔夫·维罗林，麦肯锡旧金山分公司的第一任经理，说起了导致他被派往旧金山的那件事：

当时公司里的一些人已经有过在西海岸地区提供咨询服务的经验。1943 年前后的一次合伙人会议决定要在西海岸地区开设一家分公司。马文说："不如咱们也请个人来咨询咨询，替我们研究在西海岸开设分公司的必要性与可行性。"我们当时请的咨询顾问是斯坦福大学研究生院的院长休·杰克逊，最终的结论是西海岸地区需要一家高级管理咨询公司。当时在那里我们没有什么竞争对手，只有一家乔治·S. 梅公司，我们根本不把它看作管理咨询公司。

开办一家麦肯锡分公司意味着我们有机会抢先进入这个市场并获得先机。但另一方面，(调查报告指出) 西海岸的很多企业仍然掌握在其创始人或者创始人的儿子手中，他们普遍认为自己既然有能力开办企业并达到相当的规模，就不需要外来的咨询顾问帮忙。所以说，要在西海岸开发客户咨询项目，就需要开展大量的业务拓展工作。报告还提到了洛杉矶和旧金山之间的对立情绪。合伙人还是决定在旧金山设立一家西海岸分公司，我也勉强同意到那边去组建新的分公司。

富美实公司是一个桥梁 (对我们在旧金山的人而言)。马文造访西海岸时做了几次演讲，富美实公司那个交游甚广的总裁保罗·戴维斯对麦肯锡大加赞赏，所以很快我们就有了一批新客户，分公司来了个开门红。我们从那里提供服务的质量要比从东海岸提供服务好得多。[13]

1947 年，在科尔尼与麦肯锡的联营终止后，麦肯锡这个名称就完全归我们公司了，芝加哥分公司也开张了。芝加哥可是一块肥肉，正如马文所言：

我早就想打进芝加哥了，因为芝加哥是一个非常重要的中心城市。如果我们要成为一家全国性的公

> 司，就必须进军芝加哥。可是我迟迟没有动手，也不知道到底等了有多久，两年、三年还是四年，就是为了维护公司内部的和谐。[14]

接下来麦肯锡又开设了更多的分公司：1949 年，洛杉矶分公司；1951 年，华盛顿特区分公司；1963 年，克利夫兰分公司。随着新的分公司的设立，马文指出，麦肯锡之所以能够在迈向全国方面如此成功，很大程度上要归功于纽约分公司，是它将深受一体运营文化熏陶的有经验的专业人员作为种子播撒向四面八方：

> 在整个这段时期，无论是谁担任经理，纽约分公司在其他各个分公司初创或者需要加强时总是会派人支援。这个重任责无旁贷地落到了纽约分公司身上，因为在 1939 年，除了小小的波士顿办公室之外，我们再没有其他的人才来源了，除非我们到外面招人，但是这又违背了我们自己培养领导人的政策。
>
> 然而，这种责无旁贷很快就变成了一种战略。纽约分公司的经理和其他合伙人意识到，自己有责任帮助开设新的分公司和强化所有的分公司。作为这个输送过程的参与者，作为这项工作的观察者，我可以证明，他们不是把这看作履行义务，而是把它当成一个机会来把握。
>
> 因此，纽约分公司成了向新的分公司输出领导人和有经验的咨询顾问的主要来源。它之所以能够扮演好这个角色，不仅是因为它原本就是我们规模最大、

基础最好的分公司，还因为它努力招募、训练、培养了大量的领导人才，它是把这作为一项战略来抓。而这项战略之所以能够行得通，又是因为它占了地利，处于一个具有巨大潜力的管理中心。

在麦肯锡走向全美的过程中……有一点始终是大家公认的，那就是纽约分公司为输出大批咨询顾问（他们当中的很多人都是我们能力最强的领导人才）付出了巨大的代价，这个代价就是纽约分公司的成长速度放缓。随着其他分公司逐渐成熟并开始培养自己的领导人才，它们也为这个输送过程做出了贡献，而且它们的贡献在日益扩大。

但更值得敬佩的是，在做出了这样大的贡献之后，纽约分公司的领导人不抱怨、不居功。他们和麦肯锡各地的领导人一样认识到，如果我们要成为一个强大、统一的全国性公司，就必须承担这样的经济和人员成本，从我们最大最强的分公司输出领导者和潜在领导者。

纽约分公司做出了榜样，其他办公室也竞相效仿，使我们一体运营的政策成为现实，并且充满生机。这就是麦肯锡成为一个一体化的全国性公司，而不是一盘散沙式的分公司或人员组合的原因。

尽管我们的一体运营政策有很多方面，像是对其他分公司给予支持和建设性态度的方式有多种多样，但是真正的考验在于：（1）一个分公司的领导愿不愿意为了全公司的整体利益，向另一家分公司输送业绩优秀的领导者或极具潜力的咨询顾问；（2）公司成员

> 愿不愿意做出牺牲调往其他地方，其他人愿不愿意填补他们留下的空缺。[15]

因此，随着分公司数量的增长，一体运营政策的重要性和价值也日益提高。人员不光有输出，也有借调。比如说，芝加哥分公司刚开始的时候有一段日子很不好过，但其他分公司不仅借咨询顾问给他们，还向他们提供了一些有经验的关键性辅助人员。在 1955 年，有三分之一的工作都是由那些借调过来的人员完成的。为此还需要一种新的会计制度以适应这种资源借调。马文曾经说到，这项政策对于麦肯锡服务能力的迅速平稳成长意义非凡：

> 这项政策的形成有其自然的历史根源，那就是在 1939 年以前合伙人之间观点各异，在此以后大家建立起了密切的关系。我们共同奋斗来克服损失和建设优秀的公司，因此从 1939 年开始我们几乎是本能地把所有的咨询顾问都看作整个公司的成员而不是某个分公司的成员。我们希望有一个真正统一的公司——“一体运营的公司”，而不是一堆各自为政的分公司或人员组合。为了保证这种统一与团结，我们在做决策的时候总是尽力避免把某一个分公司的利益或者盈利置于整个公司的利益和盈利之上。这样从公司的整体出发来思考问题，坚持公司一体运营的理念，遵循公司整体的思路、标准和政策，我们就可以让全世界的客户享受由同样优秀的咨询顾问提供的同样优质的服

务。这样的服务对于那些经营地域广阔的全国性和国际性客户来说具有特别的价值。

我们的公司一体运营政策对保持整个公司的统一具有重要和持久的影响力。如果没有这项政策，我们就不可能如此高效迅速地成长为一家全国性的公司。因为只有当咨询顾问或者收益都被看作公司整体的一部分，分公司才会愿意为公司的整体扩张而向新的分公司输送优秀人才。[16]

招募 MBA，1953 年

1953 年，马文做出了他漫长职业生涯中最具有创新意义的决策：招募刚出校门的年轻 MBA，而不是像以往那样聘用有经验的人。马文这样做是冒了一定风险的，因为客户可能不愿接受看起来和他们儿孙辈一样年龄的咨询顾问的建议。不过马文心中有数，这些聪明的咨询顾问受过商业分析的专门教育，同时又具有年轻人的想象力，他们提出的建议远比那些全凭经验而不是分析的所谓“专家”（比如有 30 年从业经验的推销员）提出的建议有价值得多。此外，招募没有经验的年轻人也有助于向他们灌输麦肯锡的价值观和特色。当时麦肯锡有 84 名咨询顾问，其中有 31 名曾经就读于哈佛商学院，但没有一个是从学校直接招来的。

马文早就想要彻底颠覆当时咨询业主要使用经验型“专家”的现状，而代之以分析型的解决高层管理问题的好手：

> 1933 年我加入麦肯锡的时候，强烈感觉到我们不应该招募成熟的高级管理者。詹姆斯·O. 麦肯锡就很喜欢招这种人。当然，这也是我从法律界学来的。所有的律师事务所都是自己培养队伍，它们从法学院直接招人，然后进行培训。虽然它们得培养那些从未在任何律师事务所工作过的律师，但大多数事务所对此都颇为欢迎。詹姆斯·O. 麦肯锡曾经招聘过一个离职的副总裁，他想既然这个人曾经当过副总裁，那客户可能更容易接受他。他追求的是让客户易于接受，而我则更喜欢初生牛犊，因为这样我能看着他们成长和发展。在法律界我也曾经是这样的一个年轻后生。成长总是要花一些时间的。[17]

招募 MBA 的政策

尽管公司早年也招募过不少 MBA，但是明确的政策直到 1953 年才出台。当时第二次世界大战已经结束，资源紧缺的时期也已经过去，大批退伍老兵纷纷从商学院毕业。与此同时，麦肯锡也开始着重解决高级管理层所面临的问题。企业在战后蓬勃发展，高级管理层的工作重心也从过去的职能问题（生产布局、销售队伍的效率、成本削减）转向组织、事业部化和授权等方面的问题。与此同时，麦肯锡的声誉日盛。

当时担任人事总监的弗兰克·坎尼建议把从哈佛招募新人定为一项正式制度。这一步可谓合情合理，因为马文与哈佛商学院的关系非同一般，他不仅与其保持着经常的联系，而且对其最新情况了如指掌。不过这项决定也有很大的风险。这个转变是一步步实现的——首先是招募有经验的 MBA，然后逐步招募经验很少或者没有经验的 MBA。当时刚刚就任行政主管的沃伦·坎农说：

> 我要解决的第一件事就是停止招募那些有一定可用经验，但可能能力平平、文凭不硬的人。当时公司里这种人很多，因为在第二次世界大战期间你只能招到这种人。原因很简单，年轻人都打仗去了。不过马文所做的最具革命性的事情可能就是招募年轻人。
>
> 招募没有经验的员工真是一种很不寻常的做法，因为大家都觉得客户肯定不会拿那些嘴上无毛的年轻咨询顾问当回事。正是马文首先着手并强烈要求招募年轻人，正是马文让年轻人参加项目工作……巨变是在我们开始转而从顶尖商学院招募没有经验或者经验很少的最优秀的人才时发生的。这种变化持续了较长一段时间，因为一开始他们的人数与公司的总人数比起来实在太少了。我的意思是说，公司的特性不是一下子就能变得过来的。[18]

约翰·麦康伯是 1953 年招募的首批 MBA 之一，他在麦肯锡一直工作到 1973 年，后曾担任塞拉尼斯公司的董事长和美国进出口银行的总裁。他说：

> 他招募的都是像我和罗杰·莫里森这样的人，我们都当过兵，小时候都是乖孩子。很显然，我们在成

长过程中都做过一些自己觉得有趣的事情，比如暑期打工，所以并不是一无所知。但是我们也谈不上有什么行业经验。他下定决心，首先招了我们俩，然后一批批招得越来越多。

……以后就再也不招有经验的人了……凡是在某一行中具有丰富经验的人，在我们这里总是搞得一塌糊涂。为什么他们总出问题呢？因为他们在具有可塑性的阶段没有经过马文的亲手培训，没有接受我们这些基本的、简单的观念。他们是带着自己过去的那一套加入公司的，而马文吸收的是那些具有未来潜力的人。这里面的差别可就大了。假设罗杰·莫里森已经成为世界上最棒的首席财务官，可要是他再回麦肯锡去做财务专家，那他肯定比现在这样差远了——现在的他可是能力非凡，因为他在那些基本、简单的观念上得到过马文及马文身边的人的亲传。事情就这么神。

他让我跟他一起去做德士古公司的项目，主要涉及德士古的研发部门。首先，我对石油生意一无所知，尽管小时候曾在暑期打工时做过钻井工，而且凑巧和当时掌管德士古的格斯·朗的关系还不错。“啊，这么说你还是懂一点嘛，小鬼。”其次，那是研发，我对研发可真的是一窍不通。没关系，咱们里边有人懂。结果呢，那个项目出奇的成功，我们帮助德士古想出了一个全新的研发思路。

我们的建议就是停止把研发当作对润滑油各种性质的检查，转而开始研究如何以较低的成本开采石油和矿物，着手开展电子地震学的研究。当然，要继续为顾客做这项非常重要的工作，但你现在做的只是顾客服务。如果你真的希望进行开发，从而促进该公司在新领域的发展，那么我们就应该设法改进勘探和生产……打开新的领域，降低成本和风险。[19]

罗杰·莫里森是1953年麦肯锡招募的另外一个MBA。他在麦肯锡工作到1991年，在1972年至1985年间还曾担任伦敦分公司经理。莫里森指出，在顶尖商学院里磨炼成熟的分析技巧对于从事高层管理咨询极为重要：

麦肯锡里有很多人都上过哈佛商学院。当时的哈佛基本上就是一个精修学院，给那些在大学期间没有接受过任何实际培训的人提供一些从商的职业培训。时任公司人事总监的弗兰克·坎尼看上了那么两三个人，他就邀请我们几个去面试……

我的本科是在明尼苏达上的，那里的人都是好样的，那边最聪明的人都不从商……而是行医……或者做其他的行当。我选择商科的唯一原因是我发现我们班学工程和物理的高手多得是。我要拼命用功，才能拿到一个像样的分数。

而在商学院，包括哈佛商学院，要拿像样的分数就是小菜一碟了……我上哈佛就是为了当咨询顾问，因为我对任何事情的兴趣都超不过六个月。我喜欢面对新人、新问题和新环境。我觉得唯一能满足这些要求的工作就是咨询了。在咨询业寻找工作机会时，我把几家大的咨询公司都研究了一遍——博思艾伦、ADL、克瑞赛普（Cresap）、麦克考密克与佩吉特（McCormick & Paget，当时觉得它更好）以及麦肯锡。当然了，博思艾伦和 ADL 对于没有经验的人根本就不屑一顾。克瑞赛普还算开通一些，好歹录用了几个没有工作经验的人。显然麦肯锡的机会就更好一些了，它的基本专业精神、基本政策和实力比其他几家都要强。[20]

在莫里森看来，麦肯锡有这样几个优点：

首先，马文支持从哈佛招人。其次，要参与咨询项目，显然就需要善于分析。而在当时，用于研究企业的工业企业分析法正是哈佛的核心课程。这一点太理想了。现在有很多来自工业界的咨询顾问都知道如何分析一个行业的经济状况、竞争地位等。他们马上就发现 MBA 是一批新的可用之才，确实对我们想要努力告诉人们的东西有所了解。[21]

但是莫里森又说，这并不意味着 MBA 就不需要任何培训了：

在转变的过程中我们很快就清楚地发现需要很多种不同的技能。过去我们有一本手册，马文负责对手册进行修订更新。那是一本咨询技能手册——如何分析问题、如何观察各种组织……现在回过头去看觉得有点简单化，但是那本手册是以常识为基础的。他认

> 定那本手册是咨询顾问的圣经。今天你再看那本手册会觉得根本没必要，但是在那个时候，你是要创建一个新的领域，那本手册非常重要……（当时）咨询业在人们心目中根本没什么地位。[22]

艾弗里特·史密斯还记得第一次与罗杰·莫里森做项目的情形，当时他是惊恐万分：

> 跟你说，罗杰·莫里森的第一个任务就是和我一起做项目。我当时那个紧张啊。客户是克莱斯勒，那帮人可不好糊弄。我对罗杰非常不放心。我让他到克莱斯勒的成本核算与控制部门去负责整个的标准成本问题，那个担子可不轻。当时罗杰才26岁，一开始那段日子真是不好过。后来我就越来越高兴了，因为我发现这小子脑子还挺灵的。有一天我和负责财务的副总裁谈话，他说："我想跟你谈谈莫里森。"我就想：得，肯定是捅娄子了。结果他想告诉我的是，他认为罗杰是他平生所见过的最棒的小子。虽然他嘴上说人家是小子，但其实还是很佩服罗杰的。我这才在椅子上坐实在了，接下来的十几分钟谈话都很轻松愉快。[23]

尽管初期的选拔都很成功，但招募新毕业的MBA所带来的挑战并没有在1953年结束。亨利·斯特拉格曾于1962～1991年在麦肯锡工作，他还记得在他早期的一个项目中就曾经有客户提出咨询顾问小组成员的年龄太轻：

那个项目挺有意思，当时还归英国皇家所有的 ICI 做出了一个惊人的决策，让一个外人进入了董事会，那个人的名字是保罗·钱伯斯。说这事惊人不仅因为他对于那家公司来说是一个外人，还因为他不是这个行业里的人。这在那个时代是大忌讳。如果你没有在一家公司待满 30 年并经受种种考验，你根本就没资格进董事会。所以他能进董事会就显得很不寻常。

跟这个保罗·钱伯斯有关的另一件有趣的事情是，当马文给他介绍小组成员的时候——这是谁谁谁，他具有哪方面的经验什么的。保罗冲着马文说："鲍尔先生，这支队伍很年轻啊。我们是一家很重要的公司，这个项目本身也很重要。你确定要让这些十来岁的孩子来做这个项目？和他们打交道的可都是在这个行业里干了二三十年的业界领袖和主管。"马文回答说："保罗，你要知道，如果你翻翻人类思想史和创造发明史，你就会发现，极少有年龄超过 35 岁的人能发明出什么真正重要的东西。"我相信他这番话并不那么确切，他是一竿子打倒了米开朗基罗、爱因斯坦，还有好多人。[24]

斯特拉格则指出，来了这么多的年轻咨询顾问，幸好有马文那套着装规范：

我猜测马文对于（咨询顾问年纪太轻）这个问题一定是有答案了，因为提出这个问题的人肯定不在少

> 数。所以要让他们都穿黑色高帮袜子、黑西服，戴帽子。我想这也是他答案的一部分。他可不想让年轻人穿T恤衫、运动鞋来上班。[25]

最终，这一招募理念对公司产生了巨大的影响。麦肯锡不再搜罗具有15到20年经验的人，而是依靠更年轻、受过更好培训、更富有想象力的年轻人，而想象力是马文所特别强调的。约翰·斯图尔特认为，这一转变符合并且强化了公司的价值观和在竞争中的特色：

> 马文真有一套。他说这些年轻人是经过培训才成为专业人士的，言外之意就是那些雇用有经验者的公司是不可能把那些人重新培训成专业人士的。如今麦肯锡的一个与众不同之处就是我们拥有最聪明最优秀的人才，这是别人所远不能及的。[26]

公司着重招募商学院毕业生的政策对其在1952年至1959年间的全国性扩张产生了重大的影响。罗恩·丹尼尔回忆说：

> 我们在美国各地开设分公司……我们充分利用了美国和世界经济快速增长的大好时机……现在看来，麦肯锡在那个时代最具深远影响的一步就是发现聪明的年轻人可以胜任这项工作。这个发现的重大意义在于它打开了一个全新的人才库，为公司的发展创造了条件。[27]

麦肯锡的政策也在与时俱进。比如说，几年后商学院改变了政策，要求申请人必须具有一定的工作经验，而不能大学一毕业就来报考，于是麦肯锡也修改了自己的政策，招募本科生做分析员。等这些分析员积累了几年经验以后，公司就送他们去商学院攻读 MBA，可以在毕业后回麦肯锡做咨询顾问。1993 年，随着客户需求的变化，麦肯锡正式开始从最好的大学招募具有高等专业学位的人（如哲学博士、文学硕士、法律博士、罗德学者和富布莱特学者等）。

马文坚信，具有良好分析能力和想象力的人，只要掌握了解决问题的标准，就可以在实际工作中学到工作的具体内容，为客户创造较高的价值。1998 年马文在一次合伙人大会上指出：

> 爱因斯坦说想象力比知识更重要。今天我们所面临的问题已经不能用问题产生时的思维方式来解决了。爱因斯坦说得太对了。咨询顾问一定要善于想象。如果不善于想象，分析也就没有了用处。我担心的是我们分析的时间有余而想象的时间不足。离开了想象力，我们就无法成就大事。[28]

不晋升就出局

很多从麦肯锡起步的人后来都去了别处，所以难怪会有“不晋升就出局”这么个概念。当时这个情况特别突出，因为有些人是在第二次世界大战期间招募的，他们其实不够出色。随着 MBA 进入公司，更井然有序的流程逐渐建立起来。马文意识到在十个人中有九个不会在麦肯锡找到属于自己的事业，于是他就根据这一实际情况制定了一些相关政策，尽可能地帮助人们成长，减少痛苦，让麦肯锡能够不断进步。

当时美国有不少机构，包括律师事务所、会计师事务所、大学和军队，都实行着某种形式的达不到晋升要求就必须离开的政策。马文把这一理念正规化，并且消除了其中的随意性，确保所有的晋升或出局决定都建立在通过标准的评估与反馈机制获取的信息的基础上。这种机制普遍适用于整个麦肯锡，从而为真正的精英之治铺平了道路。

创立麦肯锡管理研究基金会并推出哥伦比亚系列讲座，1955 年

20 世纪 50 年代末期，企业界正处于转型之中。一些大公司崭露头角，正在努力处理事业部化 / 组织问题，并立志实现国际化。与此同时，商学院也进入了快速发展期，人员鱼龙混杂，为了研究资金而争斗不休。到了这个时候，咨询业的污名已经差不多洗刷干净了，人们不再认为只是“有问题的”公司才需要咨询服务，而麦肯锡也在为美国一些首屈一指的企业提供服务。随着咨询顾问小组内年轻 MBA 的数量越来越多，麦肯锡与顶尖商学院建立起了密切的关系，它们正是麦肯锡招募新人的源头。

此时，麦肯锡在商界进一步扩展影响力和超越客户项目具

体工作的时机已经成熟。马文看出麦肯锡处于一个独特地位，正好可以把企业领导、学术人士和企业咨询专家联合起来，实现理论与实践的结合。他在 1955 年创立麦肯锡管理研究基金会的目的就在于此。这个创意是奇普·赖利提出的，基金会主要有两个使命：对研究活动提供资助和为高级管理者提供一个论坛。基金会在马文的指导下完美地运作，获得了巨大的成功，它促使当时的商界要人发表大量演讲并辑录成书出版。基金会的资金来自麦肯锡合伙人的薪酬：每人捐赠 5%。说是捐赠，其实是人人都要出一份。

奇普·赖利提出创立这个基金会的理由非常充分。首先，他相信麦肯锡的高级合伙人有义务为自己所在的这个领域尽一份专业上的责任。其次，他认为他自己和其他高级合伙人都会有兴趣参与并从中获得满足感。最后，他感觉从商业的角度来看这也很划算，可以给麦肯锡增光添彩，从而使合伙人的时间投入获得数倍的回报。作为一个服务性公司，麦肯锡（就像律师事务所和会计师事务所一样）并不算是商界的“自己人”，那么提供一个交流思想和开展讨论的论坛，可以大大拉近麦肯锡与企业高级管理者的关系。奇普的想法得到了大多数合伙人的热烈支持，其中马文·鲍尔可能是最有力的拥护者。

麦肯锡管理研究基金会将麦肯锡公司从一个实践者提升成为一个为商业相关研究提供支持的机构。当时除了海军研究办公室之外，就再没有谁为管理研究提供资助了。在这个领域，就连福特基金会和卡内基基金会也没有什么大的动作，于是麦肯锡的基金会就成了最大的私人资金来源。基金会提供了一些小额拨款（1 万到 2 万美元），用于管理研究设计大赛、与管理科学研究院合作的管理类书籍奖励计划以及麦肯锡论文奖励计划等。在筛选拨款项目的时候有两条标准：课题必须对一般管理具有重要意义，而且必须有麦肯锡公司的成员亲自参与。

麦肯锡的声誉，加上它作为管理研究赞助者的新角色，强化了麦肯锡与商学院教师的关系，并带来了不少联合取得的重大成果。[29] 比如尤因·赖利和哥伦比亚大学的埃利·金斯伯格合著的《在大型组织内实现变革》就是变革管理方面最早期的著作之一。

高级管理者研讨活动的开展（麦肯锡 / 哥伦比亚大学系列讲座）也毫不逊色。当时哥伦比亚大学商学院院长考特尼·布朗是研讨活动中的一个关键人物。很多美国企业领导人都会接连三次在星期三晚上到哥伦比亚大学的 Lowe 图书馆向 800 名听众发表演讲，介绍自己公司的管理理念。然后会有 60 名被挑选出来的听众和演讲者一起共进晚餐。这个系列讲座后来被基金会辑录成书，以麦肯锡的名义发行。

讲座涵盖了很多重要课题，主讲人也都分量十足。第一讲，扩张中企业的管理，主讲人是拉尔夫·科迪纳，他在通用电气担任首席执行官期间实现了事业部化。接下来的数年间来做过讲座的包括：IBM 的小托马斯·沃森（企业及其信念）、杜邦的克劳福德·格林沃尔特（营销在大型工业企业中的作用）、通用汽车的弗雷德里克·唐纳（全球性工业企业的挑战与机遇）、美国钢铁的罗杰·布劳（自由人与公司）以及大通银行的大卫·洛克菲勒（银行业中的创造性管理）。[30] 在系列讲座的 10 年间，Lowe 图书馆的会堂座无虚席，讲座集每年的销量达到 3 万至 5 万册，在商务类书籍中这是前所未有的。

通过这个基金会，麦肯锡与一代商业领袖及其思想，与前沿的研究和知识，都建立了密不可分的联系。随后基金会又和欧洲工商管理学院（INSEAD）合作，加强了麦肯锡与欧洲企业界的联系。这些都对麦肯锡的声誉起到了积极的作用，在马文看来，声誉是除了人员之外麦肯锡最为宝贵的资产。尽管如今基金会已经远不如当年那么活跃，但是一些项目仍在进行，如《哈佛商业评论》的麦肯锡论文奖励计划。

马文·鲍尔坚信每个人都有责任为社会做出自己的贡献，这一信念促使他接受并实施了奇普·赖利关于创立基金会的设想。在 1992 年的退休致辞中，马文再次重申了麦肯锡未来领导人所肩负的责任：

> 毫无疑问，我们是最有机会采用多种方法的组织。我们可以接受各种理论，并将其施行于世界各地。再没有其他任何机构能够有机会开发出一套新的管理机制。所以，我希望麦肯锡能够做好准备，在世界各地我们都有为社会尽一份心力的机会——就从我们的公司内部开始。它已经开始了，我希望你们能够继续下去。[31]

公司化改制，1956年

虽然马文的愿景不断化为现实，但是一些新的考虑和需求也会不断出现。到了1956年，随着合伙人的数量以及合伙制所带来的责任和义务不断增加，马文不得不重新审视合伙制模式的恰当性与可行性。

尽管马文希望麦肯锡能够维持合伙制，但是几经争论之后他还是得出结论，改制为公司对麦肯锡更为有利。只有改制为公司，才可以享受退休基金的税务减免，减少个人所承担的责任，并且为今后的成长与扩张提供资金。向来以注重实际而著称的资深董事艾弗里特·史密斯回忆起当时争论的情况：

> 跟你说实话，其实改制为公司是因为我成为合伙人才引起来的。当时我拿到了合伙协议书……发现我们对未来未做安排……当时我们还是合伙企业，而合伙企业的课税标准和公司是不一样的。于是第二天我就去找克罗克特先生（发起合伙人之一，同时也是买下麦肯锡后的第一任董事长兼总裁）。我念了一遍合伙协议书，然后问他："老天，难道你们就没有想过要改制为公司？"克罗克特先生的态度非常好："想过想过，我们也考虑过。"我后来发现我们曾聘请了一位咨询顾问来研究我们到底是维持合伙制好还是改为公司制好。他说根本没必要改成公司制。我真的认为他其实是探听了鲍尔的意思，然后才决定该怎么说的。

鲍尔希望维持合伙制，他对合伙制感到非常自豪。其实我们也都是，因为我们拥有的每一分钱都有风险。如果麦肯锡出了什么状况，我们都要蒙受损失，可见我们都非常勇敢。我花了两年的时间……动之以情，晓之以理。鲍尔终究还是参加了研究，只有这样才能迫使他面对这个问题。于是我就跟他顶牛，他是彻彻底底地不同意我的意见，但最后他总算说了句值得认真考虑。

如果你仔细研究一下就会发现，我们必须随时保证三个月的运营资金。所谓的三个月是指每个人都要拿出相当于他三个月服务费的钱来作为运营资金。如果收费是每个月 10 万美元，那么我们就需要 30 万美元的运营资金。那可不是闹着玩儿的……如果我们要发展，比如说，每个月不是 10 万美元而是 30 万美元，那么我们就需要差不多 100 万美元的资金。我们没那么多钱。那么怎么才能弄到钱呢？我能想到的唯一方法就是改制，这样我们追加投资的钱就不需要纳个人所得税了。当我刚加入麦肯锡的时候，我们一年可能只有 400 万美元的营业额。如果你想要发展，做到一年 1 亿美元，你可以算算看需要多少钱。你要准备出三个月的钱，钱从哪儿来？我们都是穷小子，包括马文。[32]

马文拒不接受公司制，因为他相信那会冲淡他所钟爱的合伙理念。他认为合伙制对于麦肯锡有巨大的好处，它可以培养一种对企业强烈的投入感；同时也能够限制任何个人或者群体所获得的所有权份额，从而避免产生多个权力集团，并且能够形成一种伙伴式的管理风格；此外，合伙制还有利于所有权向下一代麦肯锡领导人转移。就是因为合伙制的这些好处，马文才对现实的财务考虑视而不见。但是随着马文逐渐明白公司制的各种好处，如便于筹措发展资金、可以为成员提供利润分享和退休计划，再加上他又想起了吉尔·克里在论文中所论述的组织的法定结构与运营结构的区别，他意识到把合伙人作为单独的股东进行公司化改制并不一定会妨碍所有权的分散，反而可能有利于所有权的分散。至此他才改变了态度，转而支持改制。用马文自己的话说：

> 我对于公司制的态度是，除非我们能够维持一种合伙的理念，像处理合伙份额那样处理公司股份，否则绝不能改为公司。在很多次讨论中，盖伊·克罗克特和我都持怀疑态度，担心它可能造成企业性质和管理风格的改变。但幸运的是吉尔·克里，特别是艾弗里特·史密斯，依然热情不减。
>
> 最终，盖伊和我都被说服了，所有合伙人都会坚决维护企业的专业性质和伙伴式管理风格，有此决心，我们就没什么可担心的了。我们改变态度的另外一个原因是公司制和融资可以消除大额合伙人赔偿所带来的障碍，促进向新加入的合伙人转移所有权，并在增长势头持续的情况下使出售股份者获取资本收益。当时的合伙人都认为这是确保公司长期成功所必须迈出的一步。

> 公司化改制给麦肯锡的管理带来了极大改善，而且所有预期的好处也都一一兑现了。将合伙人包括在内的利润分享计划成为可能。合伙人赔偿准备金也建立起来了。我们的股东个人从此不再为企业遭到的索赔承担责任，这与在合伙制下是不同的。最后，我们获得了国际化大发展所需的资金，第二年我们就开始走向世界了。事实证明资金积累是公司化改制的最大好处。公司在美国稳步成长，可没想到在欧洲也很快出现爆炸式发展，但我们依然能在不追加资本的情况下提供财务支持。我觉得公司化改制非常成功。[33]

事实上麦肯锡的运营结构基本没有发生改变，包括合伙人的选举方式、他们选择客户的方式以及对他们进行考核的方式。核心政策依然有效——合伙人一人一票；任何人对公司的所有权不得超过 5%；标准化的持续业绩评估。至于薪酬倒是略有改动。从大多数初级合伙人的角度来看，这些改动，尤其是利润分享计划，强烈表明了确保公司在下一代领导人手中持续发展是麦肯锡的一个工作重点。李·沃尔顿在公司化改制决策出台的时候还是一个初级合伙人，他对当时老一代合伙人对他们这一代的照顾心存感激：

> 那些老合伙人同意将麦肯锡改制为公司，以建立一个利润分享退休信托和一个补充性的退休金计划，因为此前合伙人都没有退休准备金，只有一些用自己的薪酬储蓄和投资所得。所以他们实际上是在为将来

> 的合伙人贡献大量的财富，而他们自己参与这个计划的受益期却极短，因为他们已经接近退休年龄了。这种牺牲将公司紧密地团结在一起。所以说现在的合伙人都应该感激这些前辈。[34]

回首当初公司化改制的决策，马文想得更多的可能不是合伙人数量增加所带来的财务和税务问题，但他毕竟是一个理性务实的人。所以经过几次激烈的长时间辩论，他已经意识到合伙制下所有合伙人承担的法律责任，尽管在正常运营过程中不大可能有什么大问题，但是如果优秀人才对此望而生畏，因此不肯加入或者希望离开，那就是个大问题了。

马文知道追求成长是必要的，但不能是单纯为了追求成长本身，也不应该以公司的声誉为代价，而是要创造合适的“空间”和环境来吸引并留住最优秀的人才。这种成长要求共同领导而不是个人领导。麦肯锡一向的规矩就是一人一票，所以在马文最终点了头之后，公司化改制得以进行并维持至今。1971年，随着东京分公司的设立，公司制经受了一次考验。麦肯锡的管理层不肯为了迁就日本方面的政治要求而改变法律结构。结果分公司的开办拖延了六个月，但最终还是被接受了。麦肯锡是首家在日本开办的具有此种所有制结构的服务性公司。事实上，公司化改制后麦肯锡获得了长足的发展（见图 4-2）。

随着公司化改制和招募 MBA 政策的施行，麦肯锡进入了一个新的发展时期，从 1950 年到 1959 年，公司规模扩张了一倍多，MBA 在咨询顾问中所占的比例也从 20% 上升至 80% 以上，并使咨询顾问的年龄中值下降了将近十岁。

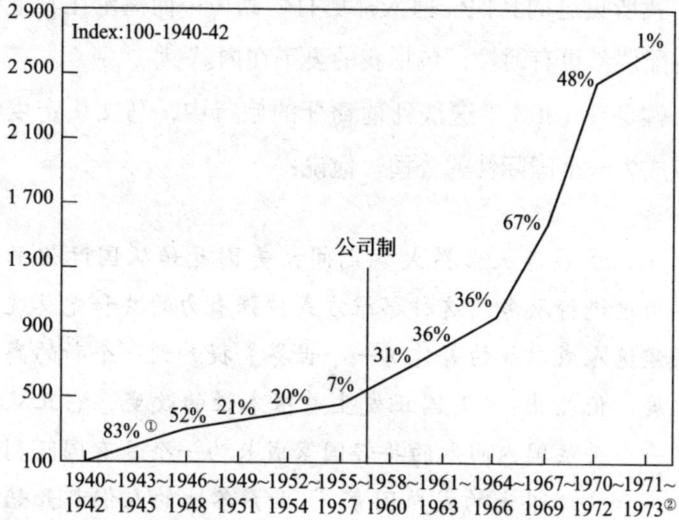

①表示与前三年相比的增长百分比。
②表示与前三年重叠。
资料来源：约翰·诺伊康《麦肯锡回忆录：个人视角》（1975年版）。

图 4-2　麦肯锡 1940～1973 年增长情况（咨询顾问人数）[35]

以统一的企业形象走向全球，1959 年

1953 年，马文和妻子海伦第一次到北美洲以外的地方休假。大多数人都会把休假看作暂时摆脱工作、无忧无虑地休息的好机会，但马文绝对是个另类。他把每一次休假都用来反思麦肯锡的发展，思索未来的挑战。诚如吉姆·巴伦（敏锐品牌时任董事长、总裁兼首席执行官，曾于 1965～1996 年在麦肯

锡工作，并于 1979～1993 年执掌亚特兰大分公司）所言：“马文比我所见过的其他任何人都更有韧劲……而海伦比其他任何人的配偶都更有耐性，包括我的妻子在内。”[36]

就是在 1953 年这次到葡萄牙的旅行中，马文认定麦肯锡应该成为一个国际性的公司。他说：

> 在第二次世界大战期间，美国开始从国际化的角度进行思考。这种思维方式被强有力的共和党总统候选人威尔基的著作《一个世界》提升到一个新的高度。他指出：“美国正发生着根本性的改变，它正从一个关注国内问题的年轻国家成长为一个具有国际利益和全球眼光的成熟国家。”世界各地的人们都开始认识到，全人类的福祉是互为依靠的。我们的客户需要学会全球化思维，而为了给他们提供更好的服务，我们就必须思考并了解美国以外的世界……我想如果我们能从客户的角度来看待这件事情，那么很多美国企业都会想要我们帮助他们进入欧洲市场。我想如果我们想要成为一家领先的公司，那么我们就必须在这个方面对客户有所帮助……我想就像我们已经成为一家全国性的公司一样，我们还必须成为一家国际性的公司。[37]

在马文此次旅行的年代，企业界中全球扩张的趋势正暗潮涌动，美国企业纷纷在欧洲设立子公司，甚或直接购买欧洲公司。因此很自然地，客户也就开始看重麦肯锡能够为其海外利益提供咨询服务这一点了。

尽管马文极力主张麦肯锡进行全球扩张，但是来自一些合伙人群体的阻力也很强。他知道要想达成共识，就必须认真倾听反对意见。为了扮演好公断者这个必不可少的角色，马文有意识地决定将公开鼓吹的工作交给吉尔·克里，他和马文一样认为开设海外分公司对麦肯锡至关重要。

从马文和吉尔提出进行全球扩张到麦肯锡在伦敦开设第一家欧洲分公司，其间经历了六年的时间。这可能是麦肯锡历史上时间最为漫长的一场争论。这并不是因为马文耐性好，也不是因为他优柔寡断，而实在是由于兹事体大且风险重重。在这六年的时间里，吉尔抓住每一个机会用备忘录、建议书和计划书来进行鼓吹，美国客户也一直要求麦肯锡将服务扩展到欧洲去。与此同时，合伙人们反复讨论这一举动是否明智，测试在为欧洲提供服务时确保统一的公司形象所需的各种政策和流程。

争论

关于是否要进行全球扩张的争论是围绕一系列引人注目的利弊得失问题展开的。所谓利，包括能够有效回应麦肯锡已有的日益全球化的客户对海外服务不断增长的需求，同时积极适应因通信、运输等因素不断推动全球化经济发展而变化的时代。所谓弊，就在于麦肯锡在美国的业务正如日中天且利润丰厚，何苦要从这个不断成长、非常成功的市场上调出资源去开设什么海外分公司，还不如用这些资源在国内开设新的分公司（如底特律、亚特兰大）。此外，欧洲企业在咨询费方面斤斤计较，更何况那些家族企业恐怕一时也难以接受已经成了麦肯锡看家法宝的高层工作方法。马文曾回忆起当时合伙人的反对之声，并表示麦肯锡欧洲模式的成功正是那次漫长争论的结果：

> 事实上，如果不是几乎所有人都倾向于进军海外，我们就不可能取得成功。我们进行了研究。从这些争论中我们获得了很多有益的东西。如果没有争论，我们就无法获得这些好处。
>
> 比如说，艾弗里特·史密斯不断提出他认为我们不应该搞国际化的各种理由。他说我们不能在欧洲另搞一套与美国不同的工作方式。经过好几个月的研究，我们制定了相关政策，以确保我们在欧洲的工作方式、用人标准、收费水平都应该和在美国的保持一致，如果做不到就撤回来。另一套方案就是先从小企业开始，做一些小的项目，然后逐渐向上发展。所以观点的差异导致我们采取了一个极难实施的战略，但我们却最终成功实施了这个战略。[38]

客户的要求

在1954年的一次管理会议上，吉尔·克里提出：“从目前的情况来看，每个人都需要尽力了解我们的美国客户在海外运营中所遇到的问题。我们需要在一段较短的时间内摸清自己在这个领域内的未来前景。”[39] 为此麦肯锡聘请了欧洲商业方面的专家查尔斯·李与克里一起研究并制订麦肯锡的扩张计划。克里还给《哈佛商业评论》写了一篇题为“扩张中的世界企业”的文章。[40]这是一篇开创性的文章，刊载在一份影响巨大的刊物上，引起了很多潜在客户的兴趣。

就在那一年，随着全球化风云乍起，一些美国客户开始要求麦肯锡走向海外，一些咨询项目也在欧洲开展起来，其中包括ITT公司的全球组织结构项目、亨氏的英国战略项目、富美实公司的全球扩张项目，以及IBM世界贸易公司的组织结构项目。

这些早期的项目给麦肯锡的咨询顾问打下了很好的基础，不仅开阔了他们的思路，而且让他们学会了以更加国际化的眼光看待问题。1952～1996年间在麦肯锡工作的约翰·斯图尔特说：

> IBM世界贸易公司的项目让我们知道了什么叫大型跨国公司。后来我们得知，我们设计出的地区组织结构对于IBM夺取欧洲计算机市场贡献很大。有一天晚上，小汤姆·沃森在饭桌上告诉我该项目奠定了IBM世界贸易公司的基础，并且发挥了很多作用。[41]

1956年春，吉尔向合伙人发出了又一份关于机会与迅速采取行动的必要性的备忘录：

> 在当前情势下，美国的管理咨询公司正同时面临着机遇与挑战。机会在于，它们可以像在美国那样，到国际上去为企业提供服务，帮助它们取得成功，从

> 而获得丰厚的回报。挑战在于，这就意味着要付出更多的时间和精力，按照美国所扮演的新的世界角色，将管理咨询的诀窍和方法带到其他国家……
>
> 外国企业也需要并且希望得到美国管理咨询顾问的帮助。美国的海外企业也同样有这种需求和愿望。最后，随着国外业务的日益复杂与广泛，要想正确了解当今美国企业所面临的问题，就必须付出足够的时间和知识来解决它们的国外业务管理问题，这些问题是决定企业成败的全局中的重要环节。[42]

那一年的晚些时候，与一家欧洲企业的合作为麦肯锡打开了几扇大门。约翰·劳登（荷兰皇家壳牌集团 1952～1965 年的执行董事之一，1965～1976 年任董事长）通过德士古的董事长格斯·朗得知了麦肯锡和马文·鲍尔的情况。

于是劳登和马文通过电话会谈决定在委内瑞拉开展一个项目，内容主要是组织结构，这实际上是对麦肯锡的一次考验。1951～1983 年在麦肯锡工作，曾任英国分公司首任经理的休·帕克和 1956～1973 年在麦肯锡工作的李·沃尔顿远赴南美。马文作为督导项目的董事也去了一次，逗留了两三个星期。沃伦·坎农回忆说，那个项目的效果非常好，一时间麦肯锡在美国以外也声名鹊起。

> 那一次我们大获成功，约翰·劳登又请麦肯锡到伦敦做了一个有关全世界组织结构的项目，从此就一发不可收拾了。马文起到了关键性的作用，荷兰皇家

壳牌集团是他介绍来的，是他为荷兰皇家壳牌集团组建了项目小组。他指导了项目，开发了客户，为公司的成功奠定了基础，然后又领军进入英国。[43]

在壳牌项目进行的过程中，客户要求麦肯锡向海外扩张的呼声不断上升，而其他一些因素也使合伙人改弦更张。尤其是 1957 年《商业周刊》的一篇文章指出，麦肯锡是一家拥有可观的海外业务的美国公司，但它仍在从美国的分公司外派咨询顾问开展海外业务，而相比之下博思艾伦已经开设了多家欧洲分公司。[44] 管理咨询可是个竞争激烈的行业，这篇文章当然使大家对落后于博思艾伦更感担忧。

《商业周刊》的文章发表后没多久，麦肯锡就与壳牌在初步成功的基础上扩大了合作。

伦敦分公司

1958 年初，吉尔·克里发出一份备忘录，建议开设伦敦分公司，其理由如下：

1. 尽管我们从 1953 年 4 月以来一直审慎地采取稳扎稳打的策略，但是欧洲市场的机会不容小觑。随着 1958 年 1 月 1 日欧洲共同市场的建立，很多美国和欧洲企业都不得不重新审视自己的基本运营情况。

2. 从 1957 年 1 月以来，我们已经为 23 个美国国内外的客户提供了完全是有关国际性问题的服务，为此麦肯锡向 19 个国家派出了人员。

3. 一些麦肯锡成员已经对海外业务产生了兴趣。休·帕克具备担任伦敦分公司常驻经理的能力，而且他已经在伦敦定居。目前我们在伦敦和海牙均有咨询顾问定居。

4. 查尔斯·李所发表的七篇文章和大约同等数量的演讲提升了我们海外业务的声誉。[45]

结果，合伙人对国际性扩张的支持度上升。当麦肯锡开始在欧洲扩张时，其手法与二十多年前在美国的全国性扩张手法如出一辙。正像当初麦肯锡总是从纽约分公司抽调精兵强将到各地开设分公司一样，这一次麦肯锡也将一些最优质的国内资源投向了欧洲——对于麦肯锡的美国业务来说这是个难以做出的牺牲。此外，麦肯锡也同样遵循马文有关国内扩张的愿景，将统一形象和一体运营的理念带到了欧洲。这就意味着，工资和收费水平也都和在美国时大体持平。[46]正如李·沃尔顿（他是在欧洲的首批咨询顾问之一，后曾于1968～1973年担任麦肯锡的董事长兼总裁）所指出的那样，这是一个极具挑战性的目标："我们经常需要说明为什么我们的收费与当地竞争对手相比有高达10倍的差距。"[47]

在接下来的一次管理层会议中，这个提议得到了讨论，合伙人终于投票决定实施国际性扩张，此时距离这一理念的首次提出已经有六年时间了。马文说在那次会议上：

> 有人提议还要再研究研究，我说我们对这个问题已经研究得够久了，现在就对吉尔的提案进行举手表决吧。[48]

共识达成后，马文和麦肯锡迅速采取行动：

> 第二天我们就宣布要成为一个国际性公司，并将在法律、税务和实物准备完成后立即开设伦敦分公司。[49]

壳牌项目给麦肯锡带来了不小的知名度，促进麦肯锡于1959年成功开设首家海外分公司。1959年1月15日，约翰·劳登向全世界声明壳牌曾经采纳麦肯锡的建议。他还在英国久负盛名的《董事》期刊上发表了一篇关于壳牌新组织结构的重要文章。劳登在文中写道："一家领先的美国管理咨询公司，麦肯锡公司，应执行董事之邀协助他们开展了这个项目。"[50]

尽管有了这样的知名度，进军伦敦仍然不是件容易的事情，正如伦敦分公司的首任经理休·帕克所说的那样：

> 公司问李·沃尔顿和我愿不愿意去伦敦开设分公司。我们当然愿意啦。有人说："拿着，25 000 美元。"那是给我们的初始运营资金。那是麦肯锡开设的第一个海外分公司。很快我们又在日内瓦开设了分公司，接下来是巴黎和杜塞尔多夫。
>
> 吉尔对建立财务控制发挥了重要作用。他负责和律师打交道，主要是在伦敦开办业务的行政事务。李和我就出去找业务，苦啊……有时候就那么一个人在詹姆斯大街上坐着。马文差不多每天都要打电话过来，看他能帮上什么忙。
>
> 我们有几个麻烦事必须要处理。第一是没有人知道我们。第二是我们是美国人。虽然当时已经是 20

> 世纪50年代末了，但是英国人还是对美国人不大友好。倒也不是公开反美，而是一种厌烦的情绪。第三就是英国式的管理咨询。当时英国已经有了管理咨询，而且一些管理咨询顾问已经开办了四家相当成熟的公司（联合产业咨询公司、人力管理公司、生产设计公司，以及厄威克和奥尔合伙公司）。它们都是很值得尊敬的公司，但它们所进行的显然不是马文当年所创立的那种麦肯锡式的管理咨询，人们也搞不懂我们搞的算是哪门子管理咨询。
>
> 我们认为我们可能应当首先从美国客户的英国分支机构那里获得一些业务，如亨氏或者梅西（Massey）公司。我们确实拿到了一些ITT和胡佛英国公司的项目，但真正使我们一举成名的是ICI公司的项目，他们是英国最大的工业公司。幸亏有保罗·钱伯斯（现在已经被封为爵士），他们给我们带来很大的知名度。我猜在英国没几个人知道我们为壳牌工作过，但是他们肯定知道我们给ICI提供了咨询。
>
> 这个项目是马文谈下来的。马文这个人特别有说服力，他一看就是个正直的人。我想就是因为这一点，人们才信任他并且容易接受他。[51]

拿下了ICI这个欧洲商业巨头的项目后，伦敦分公司扩编为八个人。约翰·麦康伯曾经在1961～1964年及1967年担任欧洲大陆分公司的经理，后来历任塞拉尼斯公司的董事长和美国进出口银行的总裁。对于1959年的欧洲他是这样描述的：

> 我们都忘记了，欧洲曾经彻底地毁于战火。当我第一次去英国的时候，荷兰皇家壳牌公司门前炸弹炸过的地方仍然是一片瓦砾。都 1959 年了，还没有清理干净。直到 1961 年巴黎的面包价格还受到管制。所以说这里的环境截然不同，没我们那么富裕，也没那么先进。[52]

罗杰·莫里森曾于 1973～1983 年执掌伦敦分公司。他还记得在战后的英国，壳牌和 ICI 的项目是如何接二连三地带来了好多个客户的：

> 我们得到了英国商界中好几位权威人士的推崇和支持，主要是因为我们曾受壳牌和 ICI 的聘请提供服务。一时之间请麦肯锡来帮忙简直成了一种时尚。没过多久，维克斯（Vickers）公司把我们请了去，当时维克斯的旗下有英国宇航公司、造船厂和英格兰的炼钢厂。因为我们在维克斯干得不错，英国邮政又把我们请了去。还有劳斯莱斯的航空部门请了我们，之后，汽车部门又请我们去；还有联合饼干公司也请我们去。这下子麦肯锡可是家喻户晓了。最后连英国广播公司和英格兰银行也都决定聘请我们。[53]

经过 1969 年英格兰银行这个项目之后，伦敦分公司总算是可以自信地说：“我们被接纳了。”奥尔肯·科比萨罗爵士当时也在伦敦分公司，他还清晰地记得那个突破性的时刻：

> 奥布赖恩勋爵要我去给英格兰银行做一个项目。我说："从 1694 年到现在，将近 300 年了，就算是对财务大臣你们也一直守口如瓶，而现在你们居然要让私人咨询顾问，而且还是美国人，来接触这些连政府都不了解的信息？"[54]

在伦敦成立分公司，凭借美国的商业专家打入英国市场，这本身就是一个了不起的成就。用李·沃尔顿的话说："这是麦肯锡走向真正国际化的第一步，是公司历史上最重要的几件大事之一。"[55]到 1966 年底，英国分公司已经成了仅次于纽约分公司的第二大分公司了（见图 4-3）。

麦肯锡在欧洲的发展和进军欧洲大陆

到 1961 年，麦肯锡已经进入在欧洲进一步扩展的时期。马文·鲍尔提出了一个计划，要求采用步步为营的方式，首先在日内瓦设立一个分公司，从那里为美国公司在当地的分支机构提供服务（如杜邦、通用食品等）。马文的计划得到了合伙人的支持。

但是很快事实就表明麦肯锡低估了这次扩张的力度。伦敦分公司的情况重演了，欧洲企业对麦肯锡趋之若鹜，热度比美国企业的海外分支有过之而无不及。此外，由于欧洲这个成长平台的魅力日益显现，麦肯锡的竞争对手也争相涌进这个市场开设新的分公司。马克·斯图尔特回忆说，实际上根本没有按照计划一步一步来，而是爆炸性地成长：

Bank of England Plans Operational Changes

Efficiency Experts Advise 'Old Lady' to Grow Slimmer

By JOSEPH COLLINS
Special to The New York Times

LONDON, Feb. 3 — The Bank of England, the leading symbol of London's financial power, will shortly make changes in its operations on the advice of American efficiency experts.

McKinsey & Co., management consultants, have had a team at the bank for nearly a year. Last night it was officially announced that their suggested reforms would be made.

They are neither radical nor revolutionary changes. The bank's messengers will still wear tall silk hats in carrying polite suggestions from the Governor that have the force of law in the close-knit financial community here.

Experts To Stay a Bit

A spokesman for the bank said today that the recommendations of the McKinsey experts, dealing in good part with planning methods, had mostly been accepted. The McKinsey men will stay until the end of this month so that the changes can be made in consultation with them.

The Old Lady of Threadneedle Street, as the bank has been affectionately known to generations of City bankers will, among other things, get a little slimmer.

A statement from the bank on the proposed changes said: "Economies in manpower are likely to flow from some of the recomemndations, but none of them appears to imply sudden or drastic cuts in the present level of staffing." The bank has 4,500 employes; the 2,500 who work for the bank's printing plant were excluded from the investigation.

One of the most important of the recommendations was the establishment of an Internal Policy Committee under the chairmanship of the Governor, Sir Leslie O'Brien, "to concentrate on long-term issues of policy and to promote the studies that these long-term issues require."

At present there are several ad hoc committees doing high-level thinking for the future on such matters as the role of monetary policy.

Another change will be the formation of a new department that will bring together the work on computer developments, methods study, work measurement and job evalua tion The bank has two large computer installations.

The bank also agreed to the McKinsey ideas for an improved system of bugetary and cost control and for changes in methods of management training, career planning and appraisal of performance.

International Team

The McKinsey team of five contained two Americans and three Britons. Its leaders were Dr. A. C. Copisarow, a Briton, and Roger Morrison, an American. The operation was carried out by McKinsey's British affiliate company.

The assigning of an American company for the job caused no flurry in the Financial District. McKinsey's had already done a similar appraisal for one of Britain's biggest joint stock banks, the National Westminster.

Although the bank of England was nationalized in 1946, in administrative matters it is independent of the Government. In fact, the Treasury officially does not know the salaries of the bank's executive directors.

Pictorial Parade

The Bank of England, known for generations as the Old Lady of Threadneedle Street, may get a more sprightly image after adopting changes suggested by U.S. experts.

图 4-3　"英格兰银行规划运营变革"(《纽约时报》1970 年 2 月 4 日)

当时的情况十分有趣。我们本来是计划通过约翰·麦康伯领导下的日内瓦分公司来学习各种职能和语言方面的技能。然后到 1967 年前后，等我们有了三四十人的队伍，在意大利、瑞士、法国、德国

> 有了一些经受了考验的客户之后，再开办一家新的分公司。但是约翰·劳登真够意思，他把我们介绍给荷兰王子伯恩哈德（而王子又给我们介绍了KLM和SHV。SHV的名气不是很大，但其实是荷兰一家很大的石油公司）——于是突然之间我们在荷兰有了两个客户却没有分公司。好办，在阿姆斯特丹再开一个就是了。这可让日内瓦那帮人惊慌失措，他们当中有四人到杜塞尔多夫去开设分公司，还有五人跟着约翰·麦康伯去了巴黎。我们进军欧洲的指导方针原本是要为美国客户在欧洲的分支机构提供服务，但到现在这部分业务仅占我们全年营业总额的3%。所以说，我们是基于错误的理由做出了正确的决定。[56]

约翰·麦康伯（当初就是他开办了巴黎分公司）说当时的情况很有挑战性，很令人兴奋，也有很大的回报：

> 当我们去欧洲的时候，世界上还没有其他哪家公司有建立这样一家完全由公司成员所拥有的专业公司的念头，也没有哪家公司把管理咨询当作一种专业服务来提供的。我去欧洲的时候，人人都打广告，可我们不打广告。其实当时根本就不知道欧洲的企业是如何运营的，不知道决策流程是怎么样的，也不了解人们的行为方式和价值体系，只有从学校里得来的一点肤浅认识。这就好像根本不知道深浅就往河里跳。所以我对那些持谨慎态度的人没有半点瞧不起。毕竟这是一个很重大的决策，会有一定的财务风险，但真正

的风险在于，一是要和一群很讨厌的人打交道，二是我们不具备相关的知识。

（在法国）一开始的时候，我们不大能够被接受。后来经过一系列事件，我们算是拉上了关系。戴高乐帮了不少的忙。他真是棒极了。他才华横溢、敏锐深刻、客观超然，关于他性格的那些说法都是真的。而且他还很勇敢，非常勇敢。在那种环境中（和顶尖的工业家一起）工作简直太棒了。当时巴黎正在到处闹塑料炸弹案，阿尔及利亚的时局也很让人头疼。但我们却获得了很好的评价，短短几年时间内情况就突然改观，请麦肯锡帮忙不但是可以被接受的，而且，哈，你要是能请动麦肯锡，那可真是风光无限啊。这都是因为我们和法国商界的领导层走到了一路。

在瑞士也是这样，我们成功地打入了权势集团。这不是一次协同行动。我们不说自己要打入权势集团，我们只是要结识一些人……而且也确实结识了一些人。就这样自然而然地，我们在瑞士、德国和阿姆斯特丹都取得了非常出色的成绩。

当我们在欧洲登陆的时候，欧洲正在等着我们。当时我们还不知道，但是很快大家就明白欧洲人所急需的正是马文要求我们做的那种工作，那种真正影响到企业发展方向的战略性的高层管理工作。同样，那也会影响到我们在其中开展业务的国家的方向。这是毫无疑问的，至少在早期是这样。麦肯锡对于欧洲生产力的重建所发挥的作用与任何机构相比都不逊色。这一点毫无疑问。事实上我相信我们对于汽车业、银行业、航空业和石油业的帮助都是别人所不可比拟的。这些行业全都因此获益良多。

我们的欧洲客户名单能吓你一跳。他们也知道我们并不总是正确的，有时候也会做些蠢事，但是他们对我们的动机从来没有过哪怕是一星半点的怀疑。我们不是为了钱，我们就是实心实意地想要帮助他们。此外还有一点就是，很显然我们这些人都很有趣、很聪明、有吸引力，而且有说服力……还能出一些好点子。但是我觉得真正无往不利的还是他们对我们的动机的确信。我们的动机真的就是为了帮助他们。

我觉得我们在欧洲的所有工作，不管是在德国、法国还是阿姆斯特丹，我们都在努力帮助客户研究他们希望做些什么。在 Zwanenberg-Organon 公司（荷兰一家著名企业，在全球范围从事制药和食品生产），问题是："我们是制药企业还是专门化工企业？我们是干什么的？我们需要做些什么？这些选择各有什么利弊？"因为几乎所有这些企业对自己正在努力做的事情都存在着争论。就拿那个 Rhone-Poulenc 公司来说吧，整个就是在发神经。"我们是化工企业吗？是制药企业吗？是精细化工企业吗？我们与政府是什么关系？"全都是这样的问题，拿心理学家的话来说就是头脑不清。真是头脑不清！

当时我们的人都非常善于说服别人，他们也本应如此。这不仅是因为他们聪明过人、能言善辩，而且还因为他们做足了准备工作。你把事情做成功了，你就会看到成果，这是咨询工作之所以有意思的原因。

> 而且咨询工作确实威力巨大，麦克斯·戈尔登改变了整个荷兰的工业基础，我认为在法国的团队也取得了同样的成绩，还有德国的约翰·麦克唐纳，表现都极为出色。当然我们有很多不那么具有影响力的客户，但是也有很多从另一个角度来看极有影响力的客户，因为他们的工作与公共政策直接相关。战后他们也是百废待兴。
>
> 马文每年都会出来视察，我们会进行工作总结。我觉得他看到当时的情况后是大吃一惊，非常非常吃惊，因为公司能有如此的影响范围和影响力。我觉得马文感到非常骄傲，印象深刻，但是最让他感到骄傲的还是阿姆斯特丹和巴黎、德国团队的影响力——在早期，他们甚至能够影响到一般大众的生活。这对我们都是一个很大的鼓舞。[57]

约翰·麦康伯说，虽然马文永远不会直接说出“我为你们感到骄傲”，但是对于这些合伙人和团队能够将自己出众的能力带出国门，融入外国文化体系，帮助战后的欧洲重建经济基础，他的自豪之情溢于言表。

一言以蔽之，麦肯锡的全球扩张大获成功，但却与合伙人当初的设想大相径庭。令所有人都出乎意料的是，机会不是来自美国公司的全球业务，而是来自领先的欧洲公司。结果，麦肯锡发现自己在欧洲主要是从位于各国的分公司为欧洲公司提供服务，而不是像一开始设想的那样通过少数几个地区分公司来为美国公司在欧洲的分支机构服务。这个马文当初所说的“战略投机”最终变成了管理咨询史上屈指可数的伟大成就之一。

任用女性管理咨询项目，1968 年

到了 1964 年，马文不戴帽子了，麦肯锡在美国已经有了六个分公司，在欧洲有两个，哈佛商学院走出了第一位女性毕业生，[58]麦肯锡也招募了第一位女性咨询顾问。在这个表面看起来比较保守的公司中，一个巨大的转变正在悄悄发生。四年后麦肯锡决定由一位女性来管理一个咨询项目，哈维·戈卢布正是此事的促成者，他回忆说：

> 有一位女咨询顾问，名叫玛丽·法尔维（1967～1975 年在麦肯锡工作）。她获得了康奈尔大学的经济学学位和哈佛商学院的 MBA 学位……是我所见过的最聪明的人之一。那时还没有女合伙人，只是刚刚开始录用女性。玛丽和我一起为北美保险公司做个项目，现在北美保险公司已经成了信诺保险公司的一部分。马上就要进入项目的第二个阶段了，我决定让玛丽来主持这个阶段的工作。那时迪克·纽切尔是麦肯锡负责与北美保险公司之间关系的资深董事。我向他和马文汇报下阶段打算的时候，他问我打算让谁来主持，我就说玛丽。他沉吟了一会儿，问：“要不要和客户商量一下？”我说：“不。”他问为什么，我说：“如果你去问他们，他们就会把这当成个值得考虑的

问题。可他们并不能判断谁是最好的项目经理——我能；这是我的职责所在，与他们无关。”马文笑了，问我接下来打算怎么做。我说：“我已经做好了，马文。我已经下去告诉他们从星期一开始他们会有一位新的项目经理，她是我所见过最聪明的人，你们都会喜欢她的。”马文噢了一声，这事就算是过去了。

那是人们如何看待公司成员的一个转折点，也是对这样一个非常正统的公司进行调整的一个转折点。马文和迪克的反应都很简单。他们自己或许不会这么做，但是他们能够很好地适应变化。虽然他们对于这些变化可能连想都没有想过。这就是马文一手创建的麦肯锡。在这里迪克·纽切尔这样的人会愿意立即抛弃长久固有的习惯。[59]

玛丽·法尔维对自己早年在麦肯锡经历的印象是：

从我在培训课上听到马文讲话开始，我就对他充满了敬畏。当时我和一位咨询顾问正走在大厅里，马文从对面走过来。他先跟那位咨询顾问（不知道叫什么名字）打了声招呼，没等马文跟我说话我就抢先开口：“你好，马文。”他说：“你好，玛丽。”我有一种被接受的感觉。他知道我是一个麦肯锡咨询顾问，而且他还知道我的名字。[60]

玛丽明白，她不仅仅是需要在麦肯锡的大厅里被人接受。

在我主持项目的时候，形势很微妙。前两年里客户向一些系统投入了大量资金，可是却没有收到预期效果。我们告诉他们停止投资吧，没用的。客户的管理层里面没有女性，但是他们却接受了我这个顾问。那感觉真太好了。[61]

关于是否接受专业女性进入领导岗位这个问题，马文很少发表意见。或许他也曾经担心女性项目经理（当时这种做法还未被接受）会分散对手头问题的注意力，就好像不戴帽子或者穿菱形格袜子一样，但是对他而言为客户提供最优质服务这一条才是压倒一切的。随着马文对于女性咨询顾问的认识逐步加深，他开始把女性咨询顾问看作一项优势。1999 年他说：

每个小组里面都要有女性。完全由男性组成的小组经常会钻牛角尖。有了女性加入以后，你就有可能从问题中钻出来。女性的直觉确实比男性要强。我以前也曾经发现，如果你在一个完全由男性组成的小组中加进去一位女性，整个小组都会变得更富想象力，能够产生更多更好的创意，也能够更好地体察客户的心理。[62]

麦肯锡的第一位女性合伙人琳达·莱文森说，在女性顾问刚刚出现的时候：

男人们有点不知所措，不知道在公司里应该怎样与女人打交道。而女人们则小心翼翼，唯恐做错什么。马文把麦肯锡培养成了一个只重能力、不分性别的精英集团。马文让女性也有机会取得成功，他用和男人一样的标准来要求我们，让我们感到自己也可以达到这些标准。马文对于专业化的定义给我们留下了难以磨灭的印象：

- 实话实说。
- 严守正直。
- 超越客户的期望。

马文所确立的价值观把麦肯锡变成了一个非常不同寻常的地方！[63]

不公开上市：向合伙人出售股份，1966 年

从 20 世纪 60 年代末到 70 年代初，一些服务性的公司纷纷公开上市，其中包括了阿瑟·利特尔公司和博思艾伦公司，克瑞赛普、麦克考密克与佩吉特也被卖给了花旗公司。身处这样一种风潮之中，眼看着这些上市公司的合伙人赚到了大钱，虽然麦肯锡的合伙人对公开上市并不热衷，但是确实需要对此做出一个明确的决定。

马文认为麦肯锡不宜公开上市，因为上市后就要对股东负责，满足市场大师的期望，由此产生的经济业绩方面的压力会削弱麦肯锡的独立性。他还认为，上市会促使人们为了收入季报好看而接受不恰当的客户委托，从而损害麦肯锡的声誉，破坏其长期发展能力。马文与其他公司的同行反复讨论过这个选择，他后来回忆说：

我们三个人曾经在一次管理咨询顾问的会议上展开了辩论（见图4-4）。理查德·佩吉特代表他的公司，詹姆斯·泰勒是博思艾伦公司的头儿，然后就是我。我们对于外部人持股的利弊争执不下。我的意见是最好所有股份都由内部人持有，这样比较灵活，我们可以不必担心遵守政府法规的问题。最重要的是，我们可以按照自己的意愿来经营而不需要考虑外部股东的收益。我们可以并且确实着眼长远。比如说，如果我们想要在中国开展业务，我们就可以拿出大笔的资金，我们不需要迎合外部股东对利润的追求。事实上，博思艾伦已经向公众出售了15%的股份，因而他们就必须要遵守很多我们所不必遵守的规定。他们的灵活性受到了影响，后来出于某些原因，他们还是对这部分股份进行了回购。他们向一家银行借了一笔钱，把股份从公众手里又买了回来，就这么白折腾了一次。克瑞赛普和麦克考密克与佩吉特也曾把股份卖给了花旗公司，后来也都赎了回来。

我们从来没有把公开上市作为一个议题正式讨论过。如果说有这种要求的话，那也是微乎其微。1966年，花旗公司曾经向麦肯锡试探过，那还是在他们收购克瑞赛普的股份之前。1967年以后我不再担任董事长兼总裁了，他们又找李·沃尔顿，他也是一口回绝，甚至都没有询问其他合伙人的意见。他告诉花旗公司说这种收购其实对他们不利，后来他们发现事实果然如此。[64]

Consultants Differ on Ownership

The New York Times/Carl T. Gossett

Marvin Bower, right, a director of McKinsey & Co., and Richard M. Paget, center, president of Cresap, McCormick & Paget, who had a spirited debate concerning management consultants, talking with James W. Taylor, president of Booz, Allen & Hamilton.

By LEONARD SLOANE

Two leaders of the management-consulting fraternity yesterday, argued — genteelly, of course — as to whether private firms or those owned publicly or by institutions represented the future of their profession.

Marvin Bower, a director of McKinsey & Co., Inc., told the North American Conference of Management Consultants that "the posture of independence is greatest when the firms are owned by individuals associated with it rather than by outsiders."

However, speaking to the same 300 consultants attending the all-day conference at the Plaza Hotel, Richard M. Paget, president of Cresap, McCormick & Paget, said, "The fact of private ownership is no guarantee against malfeasance, as some of us here have seen. Nor is public ownership necessarily conducive to malfeasance."

Yesterday's debate was a continuation of the battle that has erupted in recent years over the ownership of consulting firms. During this period, such giants as Booz, Allen & Hamilton and Arthur D. Little have gone public, while Cresap, McCormick; Fry Consultants and William

Continued on Page 46, Column 4

图 4-4　咨询顾问们对于所有权问题意见不一（《纽约时报》1972 年 1 月 26 日）

虽然当时麦肯锡并没有上市的愿望，但是马文担心总有一天这个问题会再度被提出来：

> 我相信，早晚有一天会有合伙人想要把股份出售给公众或某个银行或公司。这样就可以把以前的合伙人所建立的良好商誉兑现成钱。如果真的出了这种事（这是违反我们的政策的，我希望永远也不要出现），

> 我们当中不少人在九泉之下也是无法安息的。那种行为只能说是为了满足某些合伙人的贪欲，彻底违背了我们麦肯锡代代相传、一代更比一代强的根本方针，也违背了我们建设一个能够长盛不衰的公司的初衷。[65]

尽管马文与同行进行了辩论，但还是有很多人并不认为服务性公司与公众公司是那么的水火不相容，他们后来为此付出了惨痛的代价。一本内部书刊《博思艾伦：为客户服务的70年，1914～1984年》是这样描述那一时期的：

> 随着20世纪60年代接近尾声，大家谈的都是如何赚钱，上市就是一种可以把咨询公司的资产变现的方法。繁荣时期使得几乎每个人都非常乐观。企业状况良好，市场也如日中天……1969年12月20日的《商业周刊》就透露了一些博思艾伦“内部致富的故事”，当时博思艾伦正准备向公众出售50万股普通股。1969年的净营业额高达5500万美元，比1956年翻了一番。净收入更是让人欣喜，从1964年的150万美元增长至350万美元以上。按照每股30美元的建议价格计算，艾伦和鲍恩各自的身家都超过了700万美元，另外八位主管董事分别为160万至450万美元不等。
>
> 公开上市自有其道理（除了个人财富）：这样一来博思艾伦可以更容易地收购其他公司，包括主管董事在内的股东也可以更容易地将自己的股份变现，而且就像吉姆·艾伦所说的那样“符合时代精神”。

但事实证明这个如意算盘打错了。博思艾伦上市时恰逢股市的高峰期，随后就一路下滑。“上市没给我们带来什么好处，”艾伦说，“也不是做大公司的好方法。正确的方法应该是聚集人才，而不是收购公司。”[66]

几年后，博思回购了股份，努力将自己重新定位为一个客观的局外人。1967～1984 年担任花旗公司总裁的沃尔特·里斯顿也发现克瑞赛普并不如他们所期望的那样利润丰厚。[67]

马文·鲍尔没有跟风让麦肯锡上市，他放弃了让自己暴富的机会。在 20 世纪 60 年代初，就曾风传华宝开价 1500 万美元要购买马文的股份。[68] 这一决定有力地证明了马文坚守着他为自己个人以及麦肯锡所确立的价值观。他坚信，如果管理咨询顾问要向股东负责的话，就不可避免地会降低向客户提供的服务的质量。如果他们自己也是一家上市公司的话，就不可能成为另一家上市公司的首选顾问。

时任佳能研发总监的约翰·福比斯曾于 1971～1983 年在麦肯锡工作过，他注意到了这次在财富与声誉和价值观之间进行的权衡取舍：

我在 70 年代早期加入麦肯锡的时候，就知道自己永远不会像投资银行家那样富有，但是也能过上很不错的生活。我们也知道上市与麦肯锡自身的理念是不相容的，因为我们有自己的价值观。麦肯锡是一个以正直为基石的机构。马文不肯把麦肯锡上市就好像

> 乔治·华盛顿拒绝国王的封号一样，因为那违背了基本的原则。[69]

马文没有把麦肯锡引向一个能让自己“富可敌国”的方向，而是几乎背道而驰地坚持着自己凭借远见卓识而制定的政策。他按账面价值将自己所拥有的股份回售给合伙人，从而巩固了麦肯锡作为一个长盛不衰的专业管理咨询公司的地位，使之能有良好的财务基础结构，可以为其他企业提供独立公正的建议。

这一举动得到了当时其他合伙人的欢迎，也赢得了后来的合伙人的尊敬。时任 Whitehead Mann 集团董事长的彼得·富瓦曾于1968～1973年和1974～1996年两度在麦肯锡工作，他感受到了大家的这种情绪：

> 马文所做的最伟大的一件事就是把自己的股份分给大家。如果你研究一下其他类似创业企业的衰亡，你往往会发现那些创始人越发暴露的贪欲。但是我们的创始人马文·鲍尔就不一样。他这些年在麦肯锡的工作保证了他所留下来的理念依然有效。他把自己在股份中的财富传给了公司，而不是尽可能捞干最后一点现金利益，这给我树立了一个伟大的榜样，而其他人就没有他这种风范。[70]

正如亨利·斯特吉所指出的那样，很少有人会为了企业的未来而放弃自己的财富：

> 始终让我觉得非常不可思议的是，他定下了任

> 何合伙人不得持有公司 5% 以上股份的规矩。这意味着他必须以极低的价格把自己的股份回售给公司。当时他手上有多少股份呢？大约五六成吧。今天这种事情根本就是无法想象。“是这样的，为了保证公司的长期发展，任何合伙人所持有的股份均不得超出 5%。我本人将把我的股份以极低的价格回售给公司。”谁还会这样做呢？[71]

而马文却依然是那么谦逊，他把自己回售股份的决定看作他关于创建一个长盛不衰的公司的愿景的自然要求。只有所有的合伙人都这样做，公司才能长盛不衰：

> 很多人都说如果我继续留在岗位上，或者把公司卖给别人，或者把按常规方案被全部买下的股份卖个高价，我就可以赚到更多的钱。我在做决定时并没有想到这些，我想的是要建立一个能够在我身后继续发展的公司。那才是我的雄心壮志，所以我并不觉得自己的决定有多么慷慨。[72]

坚持世代交替，1967 年

马文认为老领导人必须给新领导人让位，这样企业才能拥有未来。1967 年 10 月，马文 · 鲍尔在 64 岁之际从公司董事长兼总裁的职位上退了下来。他在这个职位上正式任职的时间有 17 年，实际工作时间长达 28 年，很多人都希望他能够继续担当这个角色，大家对于没有马文掌舵的未来怀着忧心和不确定感。休·帕克捕捉到了当时大家的心情：

> 每个人都知道接下来要发生什么，他早就告诉过我们了。我们一次又一次地讨论没有人能够替代马文的问题。把马文换掉就好像让人换老婆一样，真的很难办。很多人都和马文·鲍尔关系密不可分。[73]

马克·斯图尔特回忆说，没有人认为能够找到合适的人来代替马文：

> 马文·鲍尔定下了规矩，董事长兼总裁应该在65岁的时候退休。现在马文·鲍尔自己也快要65岁了，他明确表示自己要退休。但是其他合伙人，我想是绝大多数，都希望他能够留下来。他们觉得马文做得太出色了，他们当中无人能及，但马文坚持要退。[74]

马克·斯图尔特还记得当时的转变是这样发生的：

> 当时有一篇关于如何组建一个团队来经营企业的很有意思的文章。于是马文决定也要建立这么一个高级管理团队。他为自己的职位挑选了三个候选人——艾弗里特·史密斯、吉尔伯特·克里和理查德·纽切尔。这个高级管理团队运作了几年的时间。然后我想是在我参加的第二次资深董事会议上，马文问：“大家对高级管理团队的工作是否满意？”我举起手来说：“不满意。如果这间屋子里除了高级管理团队成员自

己以外还有谁对他们感到满意的话，请举手。”没有人举手。

由于我提出了异议，于是我便被任命为一个研究当时形势的委员会的头儿。我们发现高级管理团队作用不佳的原因就在于马文太优秀了。我们从周五早上开始开合伙人会议，一直开到周六中午。到了周一早上我们拿出了一份蓝皮书，大意是：“我们决定如下，这就是负责这件事情的人，以及截止日期。”等等。我们建立高级管理团队的时候，他们三个人都害怕被人说是在为个人利益搞政治活动，于是就都不做事情。所以有那么大约一年半或者两年的时间，什么都没决定下来，什么都没得到执行。所以我们的委员会建议马文再执掌公司九个月。同时我们还提出了一个董事长兼总裁的选举程序。这个程序一直沿用至今，没有做过大的改动，只是略加修饰润色。选举结果是吉尔伯特·克里当选。[75]

1968 年，在杰拉尔丁·海因兹为《国际管理》撰写的一篇题为“放手让年轻人领导”的文章中，马文揭示了他关于世代交替的理念：

“如果一个人有足够的想象力、主动性和愿望来做一名好的首席执行官，那么他就必须要做好自己的退休打算。你不一定要停止工作，”马文说，他每周仍要工作 65 小时，还要到世界各地考察，“但是你要做好计划，不再承担管理工作。”

“我认为退休后的首席执行官甚至也不应该继续在董事会任

职。我这么说可能会得罪很多人。”鲍尔说到做到，退休后他就退出了麦肯锡中相当于董事会的管理委员会。

“在今天这种商业环境中，超过 65 岁的首席执行官很可能会在不知不觉中脱离了现实。他可能会根据自己业已过时的经验做出决策。他往往不知道自己的思想已经趋于封闭了。别人也不会告诉他。

目前我正在和一位打算干到 70 岁的客户做斗争。现在他才 65 岁。这事真让人头疼，因为他总能够轻易地找出一大堆自己应该干下去的理由。他一直都干得很出色，董事会方面也没有让他退休的压力。他已经培养了一位非常优秀的接班人。但是为了那个人、为了公司，他都应该退休。我想他会的。

首席执行官应该干满 10 年时间，至少也要干上 7 年。但是如果首席执行官在位的时间太长，那么他的继任者就没有机会在企业中留下自己的印记。

即使继任者的能力不如原来的首席执行官，他也依然有可能干得更好，因为他会有一些新的创意。对于企业来说，变化是一件好事。变化的很大一部分价值就在于它重新梳理了各种现有的关系。我亲眼见过一些公司完蛋。在过去五年里，有四家管理咨询公司解体、遭到收购或者分拆……都是因为前任的巨大影响力挥之不去。”鲍尔承认退休的决定可能是很痛苦的，但是他认为首席执行官应该面对这种不可避免的决定，越早越好。“我从 1955 年就开始考虑退休的问题，因为这需要很长一段时间。”

直到 70 岁的时候，鲍尔仍保有资深董事的职务，也就是像他所说的那样“可以留在麦肯锡的地盘上”。但是从 65 岁以后，他的资深董事职务就必须经过每年选举当选才能续任。这也是马文所设计的政策保障。

“通常情况下，退休问题只能按照年龄一刀切。如果你要通过主观判断来决定，那么就必然是让董事们来决定一个人必须在何时退休。这下问题就来了。超过 65 岁以后，就没有日历年龄可供参照了。在心理上日历年龄中的下一个关口就是 70 岁。所以董事们面临这样一个问题，那就是要在一位朋友 65 岁到 70 岁之间的时候告诉他说你不行了，干不动了，该下去了。

到了退休的那一刻，很多高级管理者都茫然不知所措。他们一直都是每周工作七八十个小时，现在工作到了最后一天，实在不知道该做什么了。我的答案是，他们在几年前就应该想到这个问题了。这就是设定精确的退休日期的一个好处。

如果要建设充满生机活力的经济，那就不要让老年人来给企业当家。”[76]

杰弗里·索南费尔德在 1998 年出版的《英雄谢幕》一书中将马文的退休作为一个体面的、积极引退的例子：

> 这些大使型领导者（马文·鲍尔、小托马斯·沃森和阿尔伯特·戈登）在退休之际都对自己在公司的职业生涯表示极为满意，他们用自豪和快乐的心情迎接自己的退休。他们与公司保持着密切的联系，但

> 他们的身份不再是领导者。他们所在的往往是比较大的公司，财务表现比较稳健。他们的成就可能不在将军型、国王型的领导者之下，但是他们都非常谦逊。[77]

尽管马文在1967年便功成身退，但终其一生他都始终被看作咨询业的祖师爷。14年后的1981年，通用电气董事长雷金纳德·琼斯在和罗恩·丹尼尔打高尔夫球的时候还在问罗恩："你老板对你怎么样？"其实罗恩早在1976年就已接任麦肯锡的董事长兼总裁了。[78]

1988年在接受英国广播公司采访的时候，记者问马文从麦肯锡的董事长兼总裁的位子上退下来之后为什么还要工作，马文回答说：

"说实话，我是能赖一天就赖一天。因为我喜欢这工作，我喜欢在这方面做点事情。所以只要他们不赶我走，我就接着干。除非是我自己觉得干不出什么名堂了，那我就自己走人。这好像有点不讲道理，但我真的是这么想的。"[79]

1992年，马文正式退休了。他搬到佛罗里达，开始了自己退休后的第一个项目：写一本题为《领导的意志》的书。[80]马文充满激情地说明了写这本书的原因："尽管美国企业界近几十年来不断演变，但我们仍然缺乏勇气和决心去解决一个制约我们取得成功的核心问题，那就是过度的层级制。董事长兼任首席执行官的做法集中了极少受到审查的极大权力，而指令加控制的制度所固有的对上顺从又使得首席执行官对其组织内部的真知灼见闭目塞听。只有当首席执行官了解了领导者的巨大力量之后这种情况才会改变。”[81] 略做思考之后他又补充道：“我那第一本书的名字起错了，我们需要的是领导者。”尽管马文已经从麦肯锡退休了，但是他并没有退出与层级制的战斗。

反对与 DLJ 合资，1969 年

1967 年退位后，马文一直有意识地明确地避免介入公司的事务。在公司内部，1967～1972 年被称为马文的黑暗年代。他在一夜之间改变了自己的日常习惯，尽管从董事长兼总裁的位子上退下来后麦肯锡在他心目中的重要性还是一如既往。他再也不写备忘录，不找人面谈，也不参加关于公司方向和决策的讨论。在那 5 年里，他只破过一次例。

马文的继任者吉尔伯特·克里突然去世之后，李·沃尔顿成了麦肯锡的掌门人。李上台的早期，很多合伙人都急于追求新的机会，这或许是在马文掌舵 28 年后突然连换两位领导人所导致的后果。李·沃尔顿启动了 6 个项目来探索麦肯锡与高层管理者（服务小型企业、政府、大学、风险投资企业，以及与一家科技企业进行合资）合作的新方式。其中与 DLJ 合资是被讨论得最多的事情之一。时任麦肯锡首席行政事务合伙人的沃伦·坎农说：

我觉得当时主要有两件事需要注意。一是在经历

了5年的接班、调整和领导层不明确之后，麦肯锡内部有很多被压抑的能量。这是其一。其二就是我们有很多活力充沛的年轻人，他们对于自己如何发挥作用自有一套想法。他们或许并不以吉尔为榜样，但却显然受到了吉尔为公司开创新天地的壮举（走上全球化发展道路）的影响。我想这些都是李（作为新任董事长兼总裁）在处理的事情。他的风格是拖而不决，结果事情都碰到了一起。[82]

尽管马文已经不再是董事长兼总裁了，但是他的智慧、价值观以及他多年来所获得的尊重，使得他依然对公司有极强的影响力，DLJ 事件就证明了这一点。沃伦说：

1969 年我们碰到了几个机会，后来大都无疾而终。李的一个项目涉及由杰克·克劳利领导的风险投资企业（1952～1977 年在麦肯锡任职，后担任施乐公司的执行副总裁）。与 DLJ 合资的事一直进行到在马德里发生那次有名的意见交锋为止，一直都挺诱人的。我们和 DLJ 的人有着千丝万缕的联系。他们也雇用了很多哈佛商学院毕业生，有些人与 DLJ 的人有私交，有的人认识唐纳森，认识勒夫金。我想我们当时与詹雷特个人联系并不多。我们认识赫克斯特还有 DLJ 里面的一些其他人，他们都干得很不错。不知道是他们还是我们的人提出了他们可以寻找那些可作为扭亏对象的公司，当时博思艾伦也想搞这项业务。他们（DLJ）可以寻找可作为扭亏对象的公司，然后处理好财务以及其他与收购有关的事务。我们则负责提供扭亏方面的管理人才，然后当公司扭亏为盈时，他们就把公司卖掉，DLJ 和麦肯锡可以从中盈利。在某种意义上，这些公司是归 DLJ 和麦肯锡所有的。具体细节一直没有最终敲定。

我不知道这个主意最初是谁提出来的，但是杰克·克劳利牵头成立了一个小项目组来研究这件事。他们的建议是不妨一试。这样做有三个原因。第一，它能够振奋公司人心，尝试一些我们从未做过的事情。第二，我们认为让我们的人承担起实际的运营职责，使管理不善但是实际上很有潜力的企业实现扭亏，可以为我们的人提供一些有用的经验。第三，这看起来像是个能挣大钱的机会。克劳利和几个人讨论了一下，然后就将此事提交公司的管理委员会。最后管理委员会一致同意与 DLJ 一起建立这样一家合资企业。

管理委员会正在马德里开会，那里也在召开资深董事大会。于是管理委员会（其实有可能就是克劳利自己，因为他也是管理委员会的成员）把一致通过的建议报给了资深董事大会。马文再也不能坐视不管了，他起身发言反对。他首先道歉说自己本来说过不再过问公司事务的，现在又出尔反尔确实有些不应该，但是他认为现在整个公司的个性正岌岌可危。他说明了原因，说明了为什么他觉得有必要发这个言，他也说明了自己为什么如此坚决地反对这个建议。最重要的原因就是它将把我们领上歪路，不去努力实现自己真正的目标，放弃自己拥有的大得多的机会，为了挣几个容易到手的小钱而去与一些二流乃至三、四、五流的企业合作。那样一来我们就不再是专业人士了，我们就成了经营企业的生意人，而我们可能并不擅长此道。

我记不清他所有的原话了，但是他的论述非常有说服力，虽然那个建议得到了管理委员会的一致推荐，但是相关讨论却从此终结。这是据我所知马文唯一一次真正站出来进行干预，然后他就又不声不响了。人们经常说他是退而不休，但其实不是这样的。[83]

尽管公司领导层中很大一部分人都倾向于进行合资，但是由于马文德高望重，他一发言大家便都洗耳恭听了，并且被他的建议中所蕴含的智慧完全折服。马文只用几分钟时间就说服了整个公司，避免了最终会损及麦肯锡使命的决定。

从 1933 年开始创业直到 1992 年正式退休，马文的领导力和影响力都是应当如何制定和执行决策的生动榜样。直到今天，我采访过的每个人包括我自己遇到问题还会经常自问："如果换成马文他会怎么做？"约翰·麦康伯说像他这样依然受到马文影响的人还有很多：

我想马文对我，对很多人都有着深远的影响。每一个留在麦肯锡的人都受到他的影响，那些已经离开了麦肯锡的人也莫不如此。

第一个原因就是马文对于公司和个人的行为方式有一些很简单很直接的想法。而且他能够始终如一，对一些很简单的理念，始终坚持，不断磨砺。第二个原因就是他有一种汇聚人才的天赋，他从来不会觉得自己受到了威胁，他能够吸取别人极好的创意，把它们整合进自己的理念中去。马文不一定是一个原创的思想家，但他绝对是一个将各种思想融会贯通的大家。[84]

第二部分

领导的领导

道德秩序不是一成不变的，它不是写在历史文献里的，或像家里的银器一样被小心收藏起来，也不是给那些虔诚而略显迂腐的道德家铭记于心的。它是社会系统运转正常的标志。它有生命，不断改变，可能衰败瓦解，也可能复兴强化，它的好坏程度与它所在的时代是息息相关的。

——约翰·W. 加德纳，1963 年[1]

领导者有三种责任：给员工自信和自尊，让他们自我感觉良好；保持员工的精神和士气；帮助员工了解自己的责任，让他们作为个体成长发展。

——马文·鲍尔，1996 年[2]

第 5 章

鲍尔的影响力

对一个领导者的终极考验，是要看他能否给其他人以坚定的信念和贯彻的意志。

——沃尔特 · 李普曼

要想知道马文 · 鲍尔的领导力和影响力究竟有多大，只要想想他的客户公司勇于变革的历史，再想想与他打过交道的人后来取得的成就就足够了。这些人既包括马文领导的项目小组中客户方的成员，也包括曾经在麦肯锡公司工作过的人。看一看这两种人（客户方项目小组成员和咨询顾问），我们会发现他们当中很多人后来都成为非常优秀的领导者，这一比率之高令人惊讶。马文领导的项目小组中客户方的成员成为高层管理者（总裁或首席执行官）的概率是同类人员的 20 倍。在马文担任麦肯锡董事长兼总裁的 17 年间，有 50 多名咨询顾问陆续成为世界上主要大公司的首席执行官。[1] 这样惊人的成功纪录并非偶然。

马文 · 鲍尔是这一笔丰厚的领导力财富的直接来源，他实践了自己认为的优秀领导应有的关键品质，并且鼓励和他一起工作的人，让他们在体现这些品质的意识和行为方面都达到更高的层次。这些品质的精髓在于：

- **诚信 / 可信**：马文对人们思想和感情的洞察，加上他高度的诚信，使他在同事和客户中赢得了特别的信任。“据我所知，马文一点也不油滑世故。他所有的一切就是诚信。马文散发着诚信的力量，人们信任他。”[2]
- **从现实出发规划愿景，采取实用的“星期一早晨”方法把愿景变成现实**：能在最为宏观的层面形成概念，然后简单明了地表达出来，转化成具体可行的行动计划，这是纯粹的马文风格。他采取的是实事求是的方式。
- **坚持原则 / 价值观**：马文坚持要求与他工作的人坚守核心原则，而他自己则积极找出考验指导原则的问题。
- **谦虚敬人**：“他在公开场合和私下里都慷慨地称赞他人，他诚心诚意地将赞誉归于他人而淡化自己所发挥的作用，这为马文带来了一批追随者，他们乐于遵从他的任何意见。”[3]
- **强劲的沟通能力 / 个人说服力**：马文能够清楚有效地与人沟通，这一点众所周知。他知道别人需要充分了解问题的前因后果和解决方法——而且他还是一个耐心的倾听者。[4]
- **个人参与 / 率先垂范**：马文的投入绝不仅限于某个咨询项目的启动或结束，也不限于某项管理决策的执行，或者欢迎新员工的大会。他亲力亲为，他的身影随处可见，他的关心和关注始终如一。

这一系列品质带来的是勇气，正是因为有了勇气，才使每个人都追求卓越，使组织整体大于各部分之和，以至达到非凡境界。正所谓“勇者无敌。”[5]

也许更值得玩味的是上面没有列出的一些东西，包括出众才华、个人魅力、金钱收益、个人权力或者利用畏惧来维持的指令和控制。这里列出的东西事关对人的尊重、培养和任用，而人是组织的核心，是帮助组织取得成功的一线力量。

在马文把他的商业智慧和领导模式传授给他的咨询顾问、他的客户小组成员和众多美国企业的董事会（并且最终传授给其他大陆的企业董事会）的过程中，马文始终展现出他早年从美国中西部中产阶级家庭和学校生活中获得的教养。

马文最早是在家庭中认识到诚信的价值和诚信所能赢得的尊重的，他回忆说：

> 我父亲是个极其诚信的人。他从不说谎，甚至连善意的谎言也没说过。在这方面他很严格。回想起来，我发现他是从无数意义非凡的小节上培养我们的品质的……我看见别人如何尊敬我父亲。人人都尊敬他，而这种尊敬具有巨大的力量。这是他用实际行动赢得的……最了不起的就是他自己做出的榜样——他对信任和道德的高标准。我知道他是从他父亲，麦吉尔公司的执行董事那里学到这些的。我经常去加拿大沃丁顿看我爷爷。他是沃丁顿人心目中的伟人。他为小孩接生，报酬是马铃薯之类的东西。我总是……能感受到爷爷的诚信和他所赢得的敬重……他去世时，全镇都为他举哀，想到自己身上流着他的血，我总感

到骄傲和振奋。[6]

马文逐渐认识到尊重是促使自己身边的人更好地发挥能力的关键，他一生都把尊重和诚信看得至关重要。1979 年，在描述他愿意选择的工作环境时，他说："那是一个别人和我互相尊重的地方，是适合我工作一生之处。"[7]有人问他尊重是不是比金钱、地位或某种专业更重要，他毫不犹豫地回答："是！"特里·威廉姆斯曾于 1959～1997 年在麦肯锡工作过，他回忆起马文对客户的尊重时说：

> 他特别尊重客户。我跟他一起在德士古公司工作，那里的格斯·朗是美国工业巨头。马文对他彬彬有礼，但也会用一种从不失礼但令人信服的方式表达不同意见。
>
> 马文承认格斯缔造了公司。公司的不少优秀方面都源自当时的管理层，但德士古的管理方式相当原始。马文要做的是让他们采用更现代化的管理方法——从战略规划到组织发展、人力资源发展、互相尊重等一切方面。他要打破在格斯管理下实行的过度的层级制度。我看见马文和格斯在一起，从一些实用主义的角度出发，解释为什么采用不同的管理方法会更好。他不是在批评格斯过去的所作所为，他是在提出更多的建议，使格斯的成就锦上添花，并使格斯的方法更加有效。他几乎是在进行教学而不是在解决问题。在处理组织问题时，马文也在使客户改变自己的

特性。这并非易事。

我注意到他对纽约阿兹利的嘉基化学（Geigy Chemical）公司的董事长查尔斯·苏特也是同样如此。苏特是个典型的瑞士人。当时，我们还没和这家公司的瑞士总部合作过，而且他们也还没有发展成为西巴嘉基（Ciba Geigy）公司。苏特先生要用计算机完成一些工作，而马文对计算机懂得不多。那时，麦肯锡也才刚刚开始用计算机，于是马文用自己一贯的方式对苏特先生说："你的公司看来很成功，60 年代就在公司里安装了计算机，引入计算机和信息技术，但我们必须弄清楚这是否符合贵公司的战略和业务。光看着给设备预留的电源插座是不行的，我们需要了解更多的东西。"他说服苏特先生同意对公司做一个总体调查。为此马文和我们的小组进行了大量的教学工作。马文总是能以平等的姿态跟苏特先生交流，向他解释，如果要建立一个更大更好的公司，就必须发挥管理的效力，摒弃层级森严和发号施令的瑞士风格，开始雇用外国人，比如在美国就要雇用美国人。这些让苏特先生受益匪浅，他相当尊重马文·鲍尔，身为瑞士人，他很有礼貌，对我们小组里的其他人也特别友好。

不管你是麦肯锡的咨询顾问还是德士古的董事长，马文都不会高人一等地对你说话。[8]

马文年轻时就认识到了广泛听取各方人士意见的重要性，以及培养良好倾听技巧的重要性。正像马文认识到的那样，如果你肯花点时间倾听，你会发现自己能从一线员工那里得到极有价值的信息：

> 我上高中时，父亲在 Warner & Swasey 公司给我找了份磨床操作工的差事。我操作一台 Brown & Sharpe 牌磨床。在我旁边工作台工作的那个人很和善，他给了我一些好的建议。他很了解公司的运营情况，知道什么是重要的。[9]

56年后，艾克梅（Acme）机器工具公司（收购了 Warner & Swasey 公司）的董事长查克·埃姆斯在全体员工大会上讲话，一名员工知道他曾在麦肯锡公司工作过，就走上来告诉埃姆斯，自己的父亲曾帮助马文·鲍尔操作磨床。[10]

当马文还是布朗大学的学生时，就曾受益于他出色的倾听技巧：

> 有一位心理学教授给了我特殊的影响，他很善于与人交往。就是他说："你干吗不申请1888级奖学金呢？你可以写篇论文去争取奖学金。"那个奖学金已经实行了很长时间，奖金只有50美元，当时对我来说却是笔不小的数字，比这再少我也愿意要，这对我是很大的激励。那位教授让我对研究和揭示人的思想（即分辨人们真正所想和他们实际所说）产生了兴趣。于是我就提出了申请，努力争取，而且最终拿到了那笔奖学金！
>
> 我一直在想为什么自己能够拿到，最后我认定那

是因为我……善于倾听。虽然数目不大，但那笔奖学金却让我永远记住了想象和倾听的重要性。[11]

年轻的马文也曾运用他的倾听技巧来收集信息，检验自己偶尔过于偏激的观点。在哈佛商学院就读了一年之后，他觉得自己已经学到了从研究生课程中可能学到的一切，便考虑第二年不再继续学业了。尽管年轻气盛，但好在他还记得要听取别人的意见——而谁的意见能比哈佛商学院老校友的意见更有价值呢？所以马文去图书馆查阅毕业生名录，选出了三个拜访对象。马文记得第一个人的意见就让他折服了，根本没必要再去找剩下的那两个人了：

海伦和我去了趟纽约，我在那儿……跟摩根的合伙人阿瑟·马文·安德森见了面……谈起（在哈佛商学院）第二年的学习问题。我走向华尔街23号的门卫，跟他说“我想见安德森先生”。他问：“你见他什么事？”我说：“我是哈佛商学院的学生，想跟他谈谈哈佛商学院的事情。”门卫通报回来以后跟我说：“安德森先生很愿意见你。”

我在他桌前坐下说：“安德森先生，我已经在哈佛商学院上完一年，成绩很好。我想当律师，不知道再花一年时间和金钱继续学习是不是值得。”他说：“年轻人，你要是不学完第二年，你这辈子都得向人解释你不是因为不及格被开除的。”我说：“安德森先生，你道出了高明的常理，我要取消调查，回去上学。”[12]

除了这个好建议，马文还得到了一份工作：

> 我起身要走，他（安德森先生）问我："你今年夏天打算做什么？"我说："我要找份工作，我需要份工作。"他说："你觉得在我们的律师事务所工作怎么样？"那家事务所现在叫 Davis，Polk & Wardwell 事务所。我告诉他我愿意干。他立刻打电话，安排我上楼去。于是我上楼做了四轮面试，下来时已经有了工作。就这样 1929 年夏天我就在 Davis Polk 事务所上班，秋天我回到了哈佛商学院继续第二年的学习。[13]

马文早年的观察，加上后来在众达律师事务所工作时处理破产公司的经历，最终使他毕生激情万丈地反对层级制组织。层级制度妨碍了对组织中人力资源的普遍尊重和授权；使高层被隔绝，无法从中低层员工那里获得有价值的信息和见识；把高层管理者放在高高在上的宝座上，对他们的表现和品行监督检查不力。在马文看来，这些都不符合管理层所扮演的根本角色——管理层应该做出目的明确、切实可行的综合决策，并在执行过程中为组织中的所有成员提供指导和支持。从生产线操作工到办公室文员，直至首席执行官，他们都有自己的管理职责。因此只有通过帮助和授权每个员工，让他们做出更好的决策并成功执行，才能提高整个企业的效能。

年轻的马文满怀激情，要把自己的理念介绍给美国企业的董事会，在这之前他必须先学会在同客户交往时控制自己的激情，很多客户的年纪大得可以做他父亲。马文回忆说，要做到这一点并不容易，但是要想与客户交流思想，就必须如此：

> 这个故事讲的是我犯过的一个极其严重的错误，为此我把自己反锁在酒店房间里两周时间，考虑丢了这份咨询工作之后我该做什么。
>
> 那家公司名叫商业溶剂公司（Commercial Solvents）（马文说到这里扬了扬眉说："这个公司现在已经无偿付能力了。"[㊀]）当时那是一家规模可观的化学制品公司，公司的首席执行官本杰明·蒂科纳是个独断专行的人。当时他们的问题是营销工作失败。
>
> 马克（詹姆斯·O. 麦肯锡）亲自前来启动了咨询项目，他把我介绍给蒂科纳先生，告诉我到下次他来之前，大体上应该怎么做，还告诉我需要的时候可以打电话给他。当时还有几个同事跟我一起做这个项目。很快，定价不当的问题就暴露出来，它影响了销售的效能。营销经理要为盈利负责，但价格却是由总裁定的。因此可怜的营销经理成了定价不当的牺牲者，而定价不当都是由总裁造成的。
>
> 这下子麻烦了……在我看来，事实是营销问题的根子出在总裁身上，是他定的价格，而价格决定了销售量和利润。我就去找蒂科纳先生，将问题向他直言相告。他说："年轻人，我不是让你们公司来这儿检查我的，我是让你们来检查我们的营销工作的。你没有权力这样跟我说话。我要给麦肯锡先生打电话，把

㊀ 在英文中 solvent 同时有“具有偿付能力”的意思。——译者注

你从项目中撤走。”我说：“蒂科纳先生，我跟你说的都是我所认定的实情。你当然可以给麦肯锡先生打电话，他也一定会把我撤走，但我认为他不会改变公司的立场，因为我相信我可以向他证明（你们公司的定价政策）是你的问题。”他说：“好吧，走着瞧。”于是他就打电话给麦肯锡。

我回酒店等着，然后接到了詹姆斯·O.麦肯锡的电话。他要坐火车来纽约，我得等他来。我前面说过，我花了两周时间跟海伦讨论什么样的新工作适合我。

麦肯锡来了之后跟蒂科纳先生说：“你看，这个年轻人是对的。他不应该那么跟你说话，他应该先跟我说。我同意他的结论，不过我们会把他撤走的。”

这是个重要的教训。马克没有申斥我。他说：“你的结论正确，但你犯了两方面的错误——年龄和判断方面的错误。时间会解决年龄的问题，我希望时间也能解决你的判断问题。你跟一个年纪大得可以做你父亲的人那样谈话，甚至不先跟我打一声招呼，这是判断失误。你应该打电话让我来，我会跟他说同样的话，但他会坦然接受。”马克没有解雇我。过了一段时间，那个不愿听我意见的首席执行官，在马克的要求下，开始让营销主管来定价了。

从那以后我总是问自己，别人对我即将采取的行动会怎么想怎么看，我的行动会怎样影响别人的立场。从那以后，我懂得了估量他人可能的反应是做出合理判断的关键。[14]

近70年后，当有人问马文他在领导特性的哪个方面付出努力最多时，马文回答说："是判断。我慢慢懂得，其实没有什么决定是不能等一等的，而等一等就能做出更好的判断。"[15]

马文写过一个题为《决策制定和执行的步骤》的备忘录（1950年5月19日），我们把内容随附于此，虽有教条之嫌，却还是值得的。[16]正如马文承认的那样，提出这个建议不是说没有别的方式或更好的方法了，只是给出一个从实际成功经验中得来的方法以供参考：

> 管理决策不同于个人的决定。管理决策涉及，或者说应该涉及一个逻辑过程——周密地选择达到目的的方法。决策的制定和执行是高级管理者工作诀窍的重要部分。
>
> 本备忘录简要介绍了制定和执行决策的一种方法。在此列出的步骤是根据成功高级管理者的经验整理而成的，仅供参考。
>
> **第一步：决定是否要制定决策**
>
> 1. 现在提出问题是否合适——是否符合管理目标、计划和事情的流程？
>
> 2. 能否现在制定决策？是否会打乱当前的计划？下级是否有能力执行？制定决策所需的信息是否充足？
>
> 3. 你是否有制定决策的责任和权力？
>
> 4. 是否应由上级制定决策？是否应由下级制定决策？是否应由其他高层管理者制定决策？

5. 如果决定现在暂不决策，应该让相关的人知道，并说明原因。

第二步：评估情况

1. 收集所有可能得到的与问题有关的事实——做什么、为什么、何时、何地、如何做和由谁来做。

2. 如果可能的话，询问与问题有关的人的观点和判断。

3. 抓住问题的核心。确定是哪个或哪些因素限制或妨碍了与决策相关的目标的实现，使部分服从整体。

4. 拒绝考虑与当前可行办法和当前行动无关的一切事件、目标、细节和条件。“眼睛要盯紧目标。”

第三步：思考问题，得出结论

1. 制订可供选择的解决方案。

2. 测试可供选择的解决方案的利弊，从下列角度着手：

a. 根本目标——例如，通过为顾客提供更好的服务，在长期获得更多盈利

b. 近期目标和政策

c. 成本

d. 对人员的影响

e. 道德规范——按照个人和公司的道德规范是否公正合理

第四步：确定决策执行程序

1. 将所要采取的行动分解成简单的组成部分，分清轻重缓急。

2. 了解相关人等特别是下级的想法。“让下级失去表达想法的积极性会造成重大损失。”采用“磋商式管理”。承认自己也有不知道的事，也会犯错误。

3. 确定完成时间或日期，倒推出开始的日期和适当的时间安排。

第五步：落实责任

1. 确保每个人都明白自己要做什么和为什么要做，并确保他们有能力去做。

2. 确定关于圆满业绩的合理标准。

第六步：跟踪

1. 跟踪以消除困难，确保决策得到执行。

2. 跟相关的下级一起考核业绩，让他们了解自己做得怎样。要注意强调可能对他们将来的行动起到指导作用的要点。(这属于在职培训——是高级管理者最重要的责任之一。)

马文一生坚信，由于商业组织是由人来运营的，对于全球竞争市场条件下的资本主义制度中的企业而言，只有全体员工一起高效和谐地工作，并且对实现企业目标充满热情，企业才有可能繁荣昌盛。

这样的工作环境与指令和控制的格局格格不入，因此马文始终在与层级制做坚决的斗争。正如马文在 1992 年谈及他的《领导的意志》一书时指出的那样，尽管他相当成功地影响了他人，让人们接受非层级制的理念，但与层级制的斗争仍在继续，这在很大程度上是由于地位、权力和位居人上的观念已经在人们的自我意识中根深蒂固了：

> 尽管变化层出不穷，但60年来大多数美国企业的基本管理方式极少改变。大权在握的首席执行官高高在上，发号施令，让别人完成他所制订的计划。你要是还觉得我夸大其词，那我就告诉你其中的原因：人总要往高处走的（即向层级制度的上层走），当上别人的老板，回家才好向朋友炫耀，甚至可以在报纸上见到自己的名字。
>
> ……当然，在管理方法上，已经有无数渐进的变革。而对团队的运用……却介乎重大和渐进的变革之间。目前，各种变革是管理中的热门话题。然而，向董事会报告的首席执行官们大权在握，依然拥有决定公司日程的全权，对执行其日程的人员行使指令和控制。
>
> 上级对下级的权力，在一些方面限制了下级，使他们：（1）不愿意违抗老板的意愿；（2）不愿意提供信息或表达观点，除非有人问他们；（3）不愿意独立采取主动行动。
>
> 然而，好的老板会搞好与下级的关系，从而在实际上消除这些限制。[17]

我们只希望现在和未来的领导者们能继续马文·鲍尔反对层级制的斗争，学会如何以授权方式进行领导，帮助所有相关人员超越自己假定的潜力，为大家共同取得的成就感到自豪。

第6章

激发组织的勇气

成功就建立在几件简单的事情上，关键就看你是否去做它们。

——马文·鲍尔，1979年

每一个成功的企业背后，都曾有人做出过富有勇气的决定。

——彼得·德鲁克，1999年

在与客户合作时，马文·鲍尔总是鼓励客户担当起领导的大任，以激发他们组织中成员的勇气。他指导他们发挥主动性，勇敢面对老板，倾听他人的意见，摒弃层级制的控制和成规。

在这方面，马文·鲍尔自己更是身先士卒。他绝非鲁莽之辈，但也无所畏惧。多年来，他领导的小组和客户都见证了他许多充满勇气的举动：

- 接受具有挑战性的咨询项目，说出事实真相。
- 敢于想象，即便与行业成规或趋势相悖。
- 使他人认同自己的愿景，让他们分享成功实现愿景的荣誉。

不过，并非所有的客户都愿意或能够鼓起采取大胆举措所需的勇气，有些更是被马文的率直吓跑了。罗恩·丹尼尔和艾弗里特·史密斯（前麦肯锡资深董事，于 1972 年退休）清楚地记得一件发生在大陆制罐公司的事。罗恩回忆说：

> 当时我担任董事还没多久，就和马文一起为大陆制罐公司的折叠纸板箱部门提供战略方面的咨询，这是整个大公司中相对较小的一个部门。我们在那儿做折叠纸板箱项目时，大陆制罐公司的董事长请我们就全公司的情况给他一些意见。他让我们直言不讳，如果我们在所负责的部门之外注意到什么，一定要不吝赐教。
>
> 随着我们和那位董事长开始共事，我们越来越清楚地认识到他不是一个好的领导，太以自我为中心，傲慢自大！我写了一份备忘录，将问题罗列了出来，并提出了一些有助于他提高工作效能的改进建议。马文阅读之后说："很好！发出去吧！"于是，我把备忘录提交过去，结果那位董事长把我们赶出了大陆制罐公司。[1]

这样的结果令马文大感震惊，艾弗里特·史密斯至今还清楚地记得当时的一幕：

> 他走进我的办公室，问道："你有时间吗？"我说："当然有。"于是，我们一起回到他的办公室，看得出当时他非常不安，和平时判若两人。他不停地嘟囔："我得找个人说说，我得找个搭档说说这事，我得跟

你说说这事！”我问：“马文，怎么了？”他回答说：“我伤害了公司！”说这话时，他已经是极度自责了。我赶紧问道：“出了什么事？”

原来，他和罗恩·丹尼尔一起去了大陆制罐公司，此前他们曾向该公司董事长提交过一份备忘录，我猜是那份备忘录触怒了那位董事长。他让马文和罗恩坐下，然后破口大骂：“你们这些混蛋，怎么可以给我们写这样的信。写这种东西，你们是什么意思？我们再也不想见到你们这些人了！”

我说：“算了，马文，去他的！谁都有犯错的时候。就当是你错了吧，你不该给那个董事长写什么破备忘录。那又怎么样？本来这个客户就不是什么好客户！”他听了我的话以后并不高兴，他为自己伤害了公司而难以释怀。[2]

不过正如艾弗里特接下来所指出的那样，此举并未造成永久性的伤害，因为“大陆制罐公司现在又成了我们的客户。旧的那批人走了，实际上马文并没有伤害到公司”。[3]

像在大陆制罐公司这样的交锋为大家提供了学习的机会，使得我们能够不断提高沟通技巧、改善沟通方式。据罗恩·丹尼尔回忆，他后来和马文一起花了几个小时进行研究，讨论他们原本应该怎么做。两人都认为当初应当先花些时间和大陆制罐公司的高层一起讨论如何向那位董事长表达意见，应该在提交备忘录之前先获得大家的支持。[4]

不过，这些“失败”并没有削弱马文的决心和勇气。他依旧直言不讳，都是为了增强客户的实力而寻求解决方案，同时他也不断培养和完善自己的沟通技巧。

对于许多接受了马文鼓励的客户而言，他们和他们的组织都亲身体会到了勇气是如何转变成为重大管理问题的成功而持久的解决方案的。通用电气就是这样的一个客户。1962～1982年在麦肯锡工作的弗雷德·西尔比至今仍清楚地记得当年通用电气的那个项目，那是他跟随马文一起做的第一个项目。[5]那是1962年，项目的内容是帮助通用电气分析应该如何使用研究经费，应该把研究经费用于何处。弗雷德回忆说：

> 当时，“产品生命周期”还是《哈佛商业评论》中出现的一个新颖的概念。[6]马文列席了一个小组会议，那个小组花了几个小时的时间讨论冰箱。他们得出结论说根据冰箱出现的年代以及市场饱和度，冰箱已经处于其产品生命周期的成熟期，因此，通用电气不应再在冰箱上花太多的研究经费。马文一直没有说话，直到会议快结束的时候，他才开口发言：“我不认为冰箱已经是一种成熟的产品。冰箱也许问世已久，但是它是如此复杂，和人们的日常生活又是如此息息相关，因此，我认为冰箱永远都不可能成为一种成熟的产品。”[7]

现在，40多年过去了，冰箱仍在不断地推陈出新（如具有制备冰块和冰水功能的冰箱门、双开门、低于零度等），而通用电气是唯一保持了市场地位的品牌。历史已经证明了马文在

1962 年对项目小组和客户所说的话的正确性。

找出重大管理问题的解决方案并付诸实施是一种领导艺术，往往要求我们具有集思广益的勇气（而不是在层级森严的隔绝状态中决策），具有打破常规进行思考的勇气（而不是不假思索地墨守成规），具有授权、培养、信任他人去执行和负责解决方案的勇气（而不是盲目地听从命令），具有让别人获得成功的荣誉的勇气（而不是极端自负，欲壑难填）。只有这样，才能产生真正的权威和领导力。

一次又一次，马文展现了自己的勇气并不断激发他人的勇气。本章将详细讲述其中的三个案例：荷兰皇家壳牌集团、普华国际会计师事务所以及哈佛商学院。前两个案例体现出的是采取完全不同的企业发展途径的勇气，后一个案例体现出的则是在动荡不安的时期巩固并提高哈佛商学院在美国企业界的作用的勇气。

荷兰皇家壳牌集团，1956 年：挑战全球领先企业的传统组织结构

1956 年，荷兰皇家壳牌集团（简称壳牌集团）执行董事约翰·劳登认识到企业的组织效能低下，已经到了非改不可的时候了。该公司是一个庞大的跨国企业，要在其中实施组织变革困难之大可想而知。1907 年，荷兰皇家石油公司和壳牌运输贸易有限公司合并，组成了现在的荷兰皇家壳牌集团。半个世纪

过去了，该公司一直保持着最初建立的组织结构。它依靠的是中央集权的决策制度，以及根深蒂固的共同执行的文化。尽管这种结构确实曾经帮助该公司抢在其他企业之前走向全球，但是到了1956年，这种结构的运行成本已经相当高昂，更重要的是决策的速度也落后于竞争对手。

劳登知道必须要改革，但是他很清楚，原有的组织结构已经根深蒂固，如果想要改变它，必须先给出具有说服力的、让人信服的理由。因此他认为有必要聘请外部管理咨询顾问，帮助自己和自己的团队思考这些问题。之所以要请局外人介入，是因为劳登希望通过他们证明自己的观点，即企业组织发展至此已经不再具有可持续发展的能力了。他相信可以找到一种方法使公司更具竞争力。他之所以选择麦肯锡，部分是由于在自己的公司内部小心行事的需要。

> 我不能请荷兰的咨询顾问，因为公司里的英国人会不喜欢；我也不能请英国的咨询顾问，因为荷兰人会不愿意。我曾在美国工作过很长一段时间，我一直都很推崇美国人。正巧那时，格斯·朗，德士古的董事长，向我特别推荐了麦肯锡公司和马文·鲍尔。[8]

1956年荷兰皇家壳牌集团的组织和文化

荷兰皇家壳牌集团旗下拥有400多家在各国运营的公司，这些公司是集团的基本组成部分。最小的在哥斯达黎加，在那儿壳牌拥有一个汽车加油站，而最大的则是那些真正全国性的公司（如法国公司、德国公司和荷兰公司）。所有这些公司都向位于海牙或伦敦的总部报告，有时候同时向两个总部报告。和它的美国竞争对手相比，壳牌集团对旗下公司的垂直控制还是相对松散的，这部分是因为在当时壳牌的国际化程度要比其他石油公司高得多。直至 1956 年，壳牌集团在全世界均处于平稳高效的运营状态。每当壳牌集团在世界某个地方（比如加里曼丹岛）开展新业务时，他们总能派出训练有素的员工，这些人深受壳牌理念的灌输，因此可以在没有总部指示的情况下独立完成所有必要的工作。

当时壳牌员工的工作都非常灵活，他们习惯于被派往世界各地从事各种工作。如果你要求一个在雅加达工作的男子（在 1956 年还仅限男子）举家搬到柏林工作，他也会欣然接受，并把这看作自己在公司工作的一部分内容。在壳牌工作期间，很多人都曾多次换过工作地点，三次，四次，甚至十多次。快到退休年龄时，对他们长期辛苦工作的奖励就是将他们调到海牙或伦敦的总部工作。到 1956 年，这项政策导致这两个总部各有一万名左右的员工。由于壳牌长期以来养成了事事请示总部管理者的企业文化，结果导致企业决策缓慢，而且可能并未达到最佳状态。

壳牌集团的企业文化是跨越众多国度和使用多种语言的文化，这在 1956 年是很少见的。这是因为壳牌是一个英荷合资的公司，在海牙和伦敦总部工作的骨干人员都受过良好的教育，大部分是荷兰人和英国人。总部只有少量美国员工，包括管理人员和一线人员。由于荷兰人和英国人不同的教育背景，海牙总部往往指挥技术部门（勘探、开采和提炼），而伦敦总部则往往领导非技术职能部门（营销、人事、财务和运输等）。

壳牌集团共有七位执行董事，其中四位是荷兰人，三位是英国人，这实际上反映了集团的持股情况，即荷兰人拥有 60% 的股份，而英国人拥有 40%。当时约翰·劳登是这七位执行董事之一，并将于一年或一年半之后担任执行董事会董事长之职。在这个庞大的集团中，执行董事是最高层的管理人员。

到了 1956 年，既有的沟通途径和企业架构已经无法满足壳牌集团运营的需要了。这个问题非常严重，因为国际性石油业务是一个极其复杂的物流网络，需要小心地在勘探、钻井、油轮、管道、炼油厂等之间保持平衡。在壳牌集团内部，实际上没有任何一个部分是独立的，因为石油的勘探、开采、提炼和销售之间总是存在一些失衡现象。因此这是一个需要协调的国际性网络，特别是在供应和分销方面。例如，在委内瑞拉开采的石油会被送到阿鲁巴岛提炼，其中提炼成重燃油的那一部分会在冬季被输送到新英格兰，而提炼成轻燃油的那一部分会被销往欧洲。类似这样的物流系统遍布全世界，形成了国际性石油业务极其复杂的运营体系。

委内瑞拉——变革的试验场

约翰·劳登知道应该实施变革，以适应壳牌集团复杂的全球运营需要。但是在这样一个庞大的全球公司中，应该从何着手和如何着手实施变革呢？他不想采取任何莽撞的行动，不想冒损害公司成功运营的风险。于是他决定先在委内瑞拉壳牌公司进行变革试点，重新设计企业的组织结构。他之所以选择委内瑞拉壳牌公司，是因为他自己曾在那里工作过，知道该公司的运营涉及石油行业的五个环节（勘探、开采、提炼、运输和营销）。委内瑞拉壳牌公司，无论是在组织机构还是企业文化上，都是荷兰皇家壳牌集团的一个缩影。劳登的意图是通过在委内瑞拉开展的这个咨询项目让荷兰皇家壳牌集团和麦肯锡公司彼此熟悉（包括在组织层面和在关键人员层面），为今后他担任执行董事会董事长时在整个集团变革组织结构做好准备。

委内瑞拉的这个项目是麦肯锡在美国本土之外承接的第一个重大项目，无论是对公司的其他成员还是对马文本人来说，这都是一次全新的体验。

在项目开始前，壳牌集团刚刚合并了委内瑞拉壳牌公司下属的 13 个独立的公司。在委内瑞拉，管理职位是按国籍（荷兰人和英国人）和职能任命的。例如，在石油行业的五个环节中，提炼通常都是由荷兰人负责的，而营销则往往是由英国人掌管的。然而这样划分工作和管理职位，却使管理人员常常被来自海牙和伦敦两个总部的要求搞得晕头转向。麦肯锡派出的项目小组（由马文领导的四名咨询顾问）目睹了这个推来搡去的混乱情况，也见证了荷兰皇家壳牌集团影响其业务所在地国家政局的巨大权力和经济实力。正如劳登所期望的那样，对整个壳牌集团而言，委内瑞拉壳牌公司确实是一个具有现实意义的试验场。

和马文负责的所有项目一样，这个项目也是从情况调查入手。因此，项目小组首先需要“深入组织”，跟踪决策流程。这是劳登关注的重点领域，而在马文看来，这也正是管理的本质之所在。为了弄清楚决策流程，项目小组把调查的重点放在了以下方面：谁是决策人；决策的要点是什么；决策是如何做出的；决策需要多长时间；是什么阻碍了高效顺畅的决策。通过这些方面的努力，加上对管理人员的访谈，项目小组了解到了初步的情况。

在项目最初的三个星期中，马文和四名咨询顾问紧密配合。他白天与高层管理人员交谈，晚上与小组交换意见，不断修改、完善假设，并就如何最好地推进项目给小组提出建议。在这最初的三个星期中，马文还经常邀请高层管理人员与小组共进晚餐，以便能在一个不太正式的场合了解他们的观点。

时任麦肯锡项目经理的休·帕克回忆起当时荷兰皇家壳牌集团的管理人员是如何看待马文的：

> 壳牌集团的一位小组成员说：“马文·鲍尔真的是一个非常简单的人，他点子很多，而且非常诚信。”我回答说：“嗯，我不认为他简单，但是我确实认为他不复杂。”壳牌集团的那位小组成员说：“不复杂，而且非常诚信，他是真的想把我们的事情做好！”[9]

“深入组织”意味着要深入到该公司位于马拉开波湖畔的西

部分支及周边的营地，深入到位于卡尔东的炼油分支。在1956年，该公司运营的地域分布就是不小的挑战。李·沃尔顿（当时参与项目的咨询顾问，后来曾任麦肯锡公司董事长兼总裁）对这段新奇的经历至今仍难以忘怀：

项目需要从基层开始，从钻井和产油现场开始。于是，我走遍了湖边的所有营地——巴查克罗和拉古尼亚斯。有一个特别值得一提的营地叫作卡西古瓦，整个营地都被蒙特隆（Montelone）印第安人包围着，那是一个完全未开化的部落。他们使用一种非常有趣的用脚来射的弓箭。

要在河上出行，你就得搭乘一条用钢丝网蒙住的小船。你常常看不见印第安人，只能看见一支支箭呼啸而来，撞到钢丝网上坠入河中。这真是一个很棒的游戏。在油田，壳牌集团必须在离开油井200码[㊀]远的地方建起一道环形的栅栏，因为印第安人的箭最远只能射到100码。印第安人夜里会悄悄地摸过来，坐在栅栏外面。夜里钻井设施都有照明。印第安人会射这些设施，但是他们的箭只能射到一半的距离。第二天早上，钻井工人会出来把这些箭收集起来，拿到马拉开波去卖给游客。有的箭特别长，有四五英尺[㊁]。我现在还清楚地记得在卡西古瓦营地附近一个被印第安人射死的农夫的惨状。那人就坐在他的拖拉机上，一

㊀ 1码=0.9144米。

㊁ 1英尺=0.3048米。

> 支箭射进他的前胸，从后背穿出来，两头各有一英尺多长的箭杆露在外面。那人当然是没命了。一想到那些印第安人，就会让人踌躇不前。[10]

情况调查工作开始后，马文每个月会来一周左右的时间。劳登则一直关注着整个项目的进度，他亲自到委内瑞拉好几次，还常常和马文通电话。

在收集、汇总和分析了实际情况之后，咨询小组就委内瑞拉壳牌公司变革组织结构提出了初步的建议，为此还召开了第一次重要的会议。初步建议将被提交给约翰·劳登和委内瑞拉壳牌公司的管理层。马文早早就到了，那时小组还在整理报告。马文向来都坚持要求我们提交精心撰写的报告，这一次也是如此。这其实也可以理解，因为这个项目是麦肯锡公司在美国本土之外承接的第一个重大项目，而且是有关组织结构的极具挑战性的工作。

尽管马文的意见总是非常宝贵，但是这也往往意味着小组要做更多的工作，这一次也是如此。李·沃尔顿回忆说：

> 只要马文在场，总会引出很多事情。我对他真的是又敬又畏。如果他提出了意见，那就绝不能忽视，你必须认真听取或者至少要好好考虑一番。我总是盼望着马文的到来，但是他的到来也常常给我们带来头痛的事情。
>
> 我们写了一大堆报告，针对组织中不同的部分有不同的报告。我和休·帕克（项目经理）分工合作，

各自负责一部分。例如，我负责写关于炼油厂的报告，而休则负责写关于政府关系的报告。但是，有一个报告我们两个必须得一起来写，那就是关于西部分支的报告，因为我们两人都在那里待了很长时间。休在加拉加斯写他那部分，而我则在马拉开波写我这部分。我们本想在加拉加斯会合，把两个部分拼成一个报告。我们还没来得及这样做，马文就到了，并要求看这些报告。我们本打算把关于西部分支的报告压下来继续加工，但是不知怎么的，那份报告也被放在了整堆报告中，而且更糟糕的是，它还被放在了整堆报告的最上面。

马文一阵风似地走进我们的办公室说："我想拿些报告去看看。"我们当时还在忙着改最后一两份报告，就点了点头让他拿走了。没想到马文拿走的正好是那份关于西部分支的报告。

大约一小时后，突然门砰的一声被推开了，马文拿着那份报告走了进来。他说："这是我读过的最差的报告。如果其他的报告也是这副德行，那可就完蛋了！"他指着我说："你，跟我来，你到我办公室来，我给你口述报告。你好好听听，学学该如何写报告。"我不知道如何是好，休也不知所措。于是我站起身，老老实实地跟着他上了楼。他叫来一个秘书，然后坐到自己的椅子上，眼睛瞪着我，开始口述报告。

很快我就明白他挑了那份我们还没有进行加工和整合的报告，而且他对那个问题知之甚少。尽管马文在该组织各个部分众多的问题解决中扮演了重要角色，但他没有花什么时间在西部分支的问题上。

过了大约15分钟，我才鼓足勇气对他说："马文，我想单独和你说句话，可以吗?"他怒视着我，因为我打断了他，而且他一开始就对我感到不满。他让秘书出去，然后我说："你看，我觉得你写不出这份报告，你对这个问题不够了解。这份报告……我们还没来得及修改，我建议你把它还给我，我们修改完了再给你看……老实说，我现在心乱如麻。我不知道我还有没有前途，因为你看起来非常生气，但是我确实没法再继续坐着听下去。我要下去。"一阵沉默，马文恼怒地考虑着，最后他说："好吧，你拿走吧。"他把报告给了我。

于是，我拿着报告下楼和休一起着手修改。不久，马文匆匆忙忙地走了进来，从那堆报告文件中又拿了两份，没有和我或休说一句话，就回了自己的办公室。我告诉了休发生了什么事以及我所做的一切……我们一边努力把报告的两部分合二为一，一边等待着自己职业生涯的末日到来。我们花了整整一个下午的时间。

但是你瞧，两三个小时以后，马文又冲进了我们的办公室。我当时被吓得心脏都不跳了，休也被吓得够呛。马文手里挥舞着一份报告说："这是我所读过最好的报告。"那正是我写的关于卡尔东炼油厂的报告。起初我以为马文只是想表达一下善意，但是很快我发现气氛完全变了，他是非常积极的。他说："也许我那样处理第一份报告是不对的，我急切地想看到你们的最后版本。不过这份还有另外那份，确实非常不错。要是其他的报告也能这样，那就太好了，我们都该出去庆祝庆祝了。”面对这样的马文，你没有办法不给他打满分。

我后来知道马文确实非常欣赏那份报告，那份报告还被作为范文收入了公司的《报告写作指南》中。[11]

咨询小组以及这些报告的重点是为委内瑞拉壳牌公司重组内部结构，同时从委内瑞拉公司的角度出发，建立一个与海牙和伦敦总部互动的最佳框架。建议的内部结构包括：成立一个运营公司，将原本 13 个独立的业务合并成六个职责明晰的业务部门，建立一支公司管理团队，强化统计和财务信息的流动（进而促进沟通），以确保各个业务部门能够很好地联系起来。

这些建议都被采纳了。实践证明成立一个运营公司的设想确实很成功，这为后来开展有关总部组织结构的咨询项目铺平了道路。劳登很早就意识到有这个必要，委内瑞拉壳牌公司的项目证明了这个必要性：关于委内瑞拉壳牌公司应如何与海牙和伦敦的总部互动的建议是不完整的，在壳牌集团当时的状况下是无法完全实现的。

从委内瑞拉到荷兰皇家壳牌集团的总部

1957 年，在约翰 · 劳登就任荷兰皇家壳牌集团执行董事会董事长一职后不久，他就给马文打电话说："现在，我希望针对壳牌集团总部的组织结构做个项目。"[12] 此前劳登跟马文说过，一旦他就任董事长，他就想请麦肯锡对壳牌集团的组织结构开展一个全方位的项目。

在项目开始之前，劳登告诉了麦肯锡小组自己对此项目的期望：

> 我们希望这次来一次真正根本性的研究，而不是搞什么成本削减或者做表面文章。我们希望你们深入研究这个公司的组织结构，欢迎你们提出对其进行改进的建议。不过你们也会发现在这个公司有些东西是不可以改变的。
>
> 比如说，你们可能会觉得有必要将海牙和伦敦这两个总部合并起来，然后在世界的其他城市，如尼斯，再建一个总部。这是绝对行不通的。不过，除此之外，你们提出的其他任何建议都会被认真听取和讨论。[13]

除了在开始时给出这些建议和指示，劳登也一直在参与这个项目。尽管执行董事会是集体行使权力，董事长并无特权，但实际上劳登拥有很大的权力。劳登曾被一位挪威人称为"藏在天鹅绒手套下的铁拳"，他是一个儒雅精明的人，能讲七种语言。他外表看上去很有贵族风范，实际上却是一位坚强的经营者，他在整个项目过程中高屋建瓴地帮助和推动着整个项目小组的工作。他举重若轻地做着这一切，充分发挥了自己的迷人风度和幽默感。马文则正好相反，有位客户曾把他比作"克利夫兰平原上的商人”。虽然两人性格迥异，但却似乎很谈得来。双方有固定的正式会议日程，每次开会的时候，劳登总会设法让气氛变得不那么沉闷严肃。和马文一样，他见地深刻，勇气过人，而且总是愿意听取意见，了解情况，不断学习。他对壳牌集团管理委员会产生了很大的影响，就像马文对麦肯锡的影响一样。

因此劳登和马文两人之间自然建立起了一种相互尊重、相互信任的关系。离开了这种尊重和信任，离开了双方实事求是的工作方式、说服技巧、激情和务实态度，以及马文在双方工作关系中融入的那种诚信，这个联合项目小组就不可能找到能让劳登去坚决推行的解决方案和途径。

小组

马文领导这个项目，壳牌集团派了一位执行董事约翰·伯金担任小组联系人。此外，壳牌集团还派了三名员工来协助麦肯锡工作，他们是汤姆·格里夫斯、诺曼·贝恩和汉克·克勒伊辛哈。

麦肯锡方面，李·沃尔顿和休·帕克，这两个曾在委内瑞拉项目中发挥了重要作用的咨询顾问被留在了壳牌集团的这个新项目中，另外又增派了两名咨询顾问，他们是约翰·麦康伯和伊恩·威沙特。

这些小组成员，不管是来自壳牌集团的还是麦肯锡公司的，后来都担任了高级管理职位，就像很多曾与马文直接共事的人一样。汉克·克勒伊辛哈后来成为阿克苏诺贝尔的董事长，而其他两位壳牌小组成员后来则成为壳牌集团的执行董事。李·沃尔顿在13年后成为麦肯锡的董事长兼总裁，休·帕克从1959年开始执掌麦肯锡伦敦分公司，而约翰·麦康伯成为麦肯锡的资深董事，后担任塞兰尼斯的首席执行官，伊恩·威沙特后来则长驻海牙。

在整个项目进行期间，马文常常待在伦敦，把主要精力用于测试变革创意和听取壳牌高层的意见。在项目的各个阶段，他不断邀请其他合伙人参与，包括奇普·赖利和吉尔·克里等，以征求他们对这个充满未知的壳牌项目的意见。马文还大度地处理与客户的关系，让每个小组成员和壳牌的执行董事们建立起自己的个人关系。这对于年轻的咨询顾问而言意义非凡，而且增强了小组的凝聚力。

项目

正如李·沃尔顿回忆的那样，这个项目和上次委内瑞拉的项目一样，也是从调查实际情况和深入了解壳牌的组织开始着手的。

> 我们在壳牌大厦里设有办公室，那是幢典型的通风良好的英国建筑。给我留下最初印象的是办公室的端茶小姐，她们每天在上午10点左右和下午某个时间过来。我们每个人第一次在早上喝英国咖啡时都很不喜欢，但是，三个星期之后我们就渐渐喜欢上了英

> 国咖啡，可见人的适应能力是很强的。
>
> 我们在伦敦并没有待多久，就分别被派往各地……我就曾被派往伊朗的阿巴丹，这样的经历一开始真有点奇特。阿巴丹位于波斯湾边上，就只是一个巨大的炼油厂，很荒凉，一出了近郊就是沙漠，可能现在还是如此。老天，我至今还记得一些不同寻常的事情。有一回我们驱车前往一个叫 Masjid i-Suleiman 的地方，我想那应该是个油田。我们到达的时候已经是晚上了，他们正在那儿烧天然气。开采石油的时候常常会顺带产出天然气，现在我们已经有了收集、压缩这些天然气的方法，但是在当年，除非你能在现场利用这些天然气，否则除了把它们处理掉之外你别无他法。他们采取的处理办法就是烧掉。我记得当时有六个火口，每个火口上排气管的直径都足足有两英尺。只见天然气滚滚喷出，巨大的火柱直冲向数百英尺的空中，那情景很难用言语描述。想想看，一共六个这样的火柱，烈焰冲天像熊熊燃烧的巨大火炬，照得方圆几英里[㊀]火光通明。想想这是多大的浪费，简直是一种罪过，浪费了多少能源啊。这些回忆令人终生难忘。[14]

尽管遇到一些阻碍，但整个小组的情况调查和建议提出工作都开展得非常顺利，这是因为壳牌集团的执行董事明确表示会全力支持小组的工作。此外，小组注意倾听意见，对所得到

㊀ 1 英里 = 1609.344 米。

的情况认真分析，并且表现出了对壳牌员工的关切，这一切更赢得了执行董事会的信心。

我们可以从李·沃尔顿的回忆中看出小组对壳牌员工的这种关切：

> 壳牌是一个英荷合资的公司，荷兰人占60%的股份，英国人占40%的股份，因此常会出现意气之争。荷兰人想把这种在股份上60:40的优势体现在组织中最低的职位上。也就是说，如果有10个销售人员，那么其中6个应该是荷兰人，剩下4个才是英国人。这种民族特性被体现和实行在组织结构和工作内容中，严重地阻碍了荷兰皇家壳牌集团的成长和发展。我们必须要打破这个制度，但是当我们这样做的时候，受到了很大的阻碍，特别是来自荷兰人的阻碍。
>
> 当时，壳牌集团在泰晤士河南岸新建了一座大厦，荷兰人就觉得应该在荷兰也建一座一模一样的大厦，以体现出60:40的股份之比。这实在是没有什么意义。
>
> 我们了解到很多与风俗习惯、民族主义和政治等有关的问题。也许在任何一个公司你都会看到这些问题，但是在壳牌集团，由于是两国合资和有两个总部并存，这一点尤为突出。我们花费了大量的时间来清除这些障碍。尽管得到了执行董事们的全力支持，但我们还是伤害了不少人的感情，在我们不断前进的同

时，我们还需要不时地回过头来安抚这些人。[15]

为了克服这些阻碍，调查和沟通实际情况就变得至关重要，休·帕克对此颇有感触：

> 在我们向执行董事会提交的最初几个建议中，我们提到壳牌集团对下面的具体事情，也就是众多的运营公司，存在控制过于集中的问题。荷兰人总是习惯说："海牙总部理应控制所有事情。"当然，他们这么说实际上指的是他们自己所负责的那部分职能，包括勘探、开采、提炼等，不包括营销，那归伦敦总部管。
>
> 当我们向执行董事会披露这个问题时，他们说："嗯，我们不同意你们的看法。我们觉得你们搞错了。我们希望你们能更有说服力地证明事实确实如此。"……我的意思是，如果确实有那么多的事情没有必要集中管理，那么接下来的结论自然就是不需要在伦敦和海牙总部养这么多人。[16]

面对执行董事会的质疑，马文派出了三个工作组去寻找有关壳牌集团控制过于集中的证据。每个工作组集中调查世界的一个地区（欧洲、亚洲、非洲和委内瑞拉），从有关的事件、信件和其他文件中收集能够证明海牙或伦敦总部管得太宽的证据。

大约六个星期之后，三个工作组经过努力共收集了 50 个能够证明壳牌集团控制过于集中的案例，并把它们汇报给了执行董事会。休·帕克还记得那次汇报会的情景：

我们把这些案例讲给执行董事们听，弄得大家不时哄堂大笑，因为有些案例实在是非常荒诞。我给你讲一个例子。我在委内瑞拉的时候，人家告诉我委内瑞拉壳牌公司想要建一个油库，就是那些巨大的圆柱形油罐。他们已经给海牙总部递交了一份建油库的计划书，说："我们打算在这儿再建一个油罐。"结果海牙回复说："我们认为你不应该把油罐建在这儿，而应该建在那儿。"结果委内瑞拉的反馈是："那样确实不错，但是你们难道没有从这个计划书中了解到，那样是把油罐建在悬崖上？"你看，尽是这种无聊的事情。

李·沃尔顿从远东也带来了一个典型的案例。我想那应该是马来西亚，在那儿，由于某种原因，50年前总部要求每月上报运输车队中所有卡车的轮胎压力情况。这样的要求和雨季以及轮胎在泥泞中的摩擦力之类的事情有关，但问题是他们现在还在每月上报卡车的轮胎压力情况。

还有他们在古巴的那个人，当然，那是在卡斯特罗上台之前的事情，那是个在伦敦和海牙都很受尊重的古巴人，他是个真正的生意人。但是，海牙总部对他的独立性感到不满，他们说："你看，如果你要在古巴建一个炼油厂，你必须根据我们的标准兴建。我们是工程标准方面的专家，我们不允许任何偷工减料、质量低劣的炼油厂出现。"那个古巴人说："但是，你们看，如果你们坚持要那样，我的财务状况就会变差。那样做无法盈利，你们必须允许我以在商业上和经济上都行得通的方式建一个炼油厂。”结果，双方为此产生了很大的争执，整整持续了六个月时间。最后，那个古巴人胜利了。他建起了一个在他认为是商业上可行的炼油厂，而不是一个“金子做的”炼油厂。

在整个集团中，这样的争执此起彼伏，比比皆是。在总部和运营公司之间不断地因为谁有权做什么等问题发生争执。现在看来，有些只是鸡毛蒜皮的事情，引得大家哄堂大笑的也正是这些事情。还有一些事情比较重大，但我们也认为原本就不该如此集中地处理。

在列举了这些案例之后，会议取得了显著的效果，最后执行董事会说：“好的，我们同意。你们是对的。或许我们集中控制的事情确实太多了。那么，就让我们改变这种情况吧。”于是，我们最终取得了进展。[17]

在帮助克服文化障碍方面，马文所发挥的作用远不止于派出工作组去找出事实依据。在每次向执行董事会汇报项目情况时（这样的会议几乎每两个月就要召开一次），他都发挥了关键的作用，通过为相关结论和建议奠定思想基础，他给每次这样的互动都搭好了平台。

小组成员人人都记得这些会议的情况，他们认为马文能在会上让所有执行董事都听得入迷，实在是太了不起了。要同时抓住所有七位执行董事的注意力可绝非易事，因为他们都是国际经济舞台上一言九鼎的重量级人物。正像休·帕克所回忆的那样：

> 他们满怀敬意地聆听着，因为马文的发言总是那么精彩，那么有意义，令人几乎无从辩驳。马文所做的演示总是极有说服力，他总能把自己的信念传达给别人。在持续几小时的演示会上，不管是否准备有幻灯片，马文总会不失时机地给大家宣讲一些管理的理念。[18]

除了文化障碍之外，马文他们还遇到了法律上的问题和障碍。随着采用更加分散的组织形式的建议被提出来，壳牌集团的法务部开始感到不安。因为在委内瑞拉有一条拿破仑式的法律规定，即从公司首脑和管理团队所在地征税。比方说，如果委内瑞拉壳牌公司的首脑和管理团队在伦敦或海牙工作的话，那么委内瑞拉政府就可以向壳牌集团在全球的运营活动征税。壳牌集团立即组织了一个由律师、管理人员和咨询顾问组成的工作组来研究这个问题，最后得出的解决方案是在海牙和伦敦成立服务公司，这让壳牌集团的执行董事和麦肯锡公司都松了一口气。

建议

这个咨询项目的成果是为荷兰皇家壳牌集团制定了一个矩阵式组织结构（在其中管理人员同时负有地域和职能方面的职责）——这在几个方面都是创举。首先，这是在欧洲首批出现的矩阵式组织结构之一。其次，采用这样的组织结构需要从根本上改变这个公司，而这些变革似乎与该公司在过去 150 年中形成的文化相冲突。然而，马文带领的项目小组表现完美无缺，这为劳登提供了所需的依据，他成功地说服了全体执行董事会成员，使他们完全接受和极力倡导项目小组所建议的变革和途径。

回想起那些建议，约翰·麦康伯认为它们之所以能如此顺利地得以实施，主要还是因为他们知道他本人、休以及小组中的其他成员绝对诚信可靠。从来没人认为麦肯锡在那里坚持工作是为了多收咨询费。很明显，小组的动机是要帮助他们，而不光是为了挣钱。他们都知道这一点。[19]

正如前面提到的那样，执行董事会保持了一种健康的怀疑态度，要求小组在提出建议时给出有力可靠的依据。尽管作为董事长，约翰·劳登在表面上并不比其他六位董事更有权力或影响力，但实际上他的权力非常巨大。马文很清楚真正的客户是劳登，因此他努力向劳登阐述矩阵式组织概念的优势。马文知道只要劳登认同了这个概念，他就会鼓励其他六位董事接受大部分的建议，只需要在实施的过程中做必要的调整即可。

小组提出的建议都是基于这样一个认识，即每个运营公司都应该为自己运营的业绩和长期发展能力负责。在履行自己的职责时，各地的管理团队可以学习服务公司的经验，并通过服务公司借鉴其他运营公司的经验。为此就要求各个公司在会计、安全、环境控制等方面采用相同的做法和规范，使用同一种语言，并非常清晰、明确地划分职责。执行董事会在采用这一方式之前审慎地考虑了它的可行性。他们召开了一个会议，在会上他们和小组成员坐到一起，一一验证了100多项决策在此情形下的制定过程，看看可能会出现哪些问题，每个决策应该由谁负责，等等。

总结起来，项目小组共提出了四个重要建议。第一个建议就是应设立一名首席执行官。马文长期以来已经习惯了美国式的管理，当时他也极力主张设立一名首席执行官。这对脱胎于英荷两种文化的壳牌企业文化而言还是个新的观念。最后，尽管不太情愿，执行董事们还是接受了这个建议，并任命约翰·劳登为首席执行官。

但是，正如执行董事们早就预言的那样，这个组织变革在壳牌集团行不通，因为相应的职责过于重大，一个人根本担当不了，所以没过半年这个职位就被取消了。

这个失败对马文来说是一个很好的教训。马文在接手壳牌项目之初坚信，如果没有一名首席执行官，就不可能有明晰的决策流程。实际上，项目小组在壳牌集团已将此观点推到了物极必反的地步。当马文看到壳牌集团的执行董事会能够有效地集体行使首席执行官的职责后，他的观念软化了。当他在92岁那年撰写《领导的意志》一书时，他表示集体领导比起一人专断更为有利。[20]

第二个建议是设立一系列职能和地区协调员。壳牌集团的职能包括勘探、开采、提炼、运输、营销（石油行业的五个基本职能)，外加财务。对各国则按地域合理分组，由地区协调员分别负责，只有美国由于法律方面的种种原因被区别对待（包括因为美国壳牌公司并不是百分百归荷兰皇家壳牌集团所有)。最后壳牌集团任命了五名地区协调员和五名职能协调员。尽管这个概念有点复杂，但是这个变革确实起到了明晰控制权限的作用。

第三个建议是建立一些服务机构，为运营公司提供支持、给予建议和确定标准，涉及领域包括财务、健康、安全和环境、人力资源、法律事务、公共事务、信息、物资规划和研发等。汤姆·希克，已退休的壳牌研发总监，是这样描述他们这个服务机构的：

> 1959年，壳牌研发部成立，就像现在成立的很多IT部门那样，主要是用集中的资源来满足业务方面的需求，并为它们提供新技术支持。我们对待运营公司就像对待顾客一样关爱有加。我们还有一个团队专门负责先进的或长期的研究项目，共有300余人。我相信这是25年来最强的石油公司研发团队。[21]

第四个建议是在荷兰皇家壳牌集团中继续建立共同的文化、共享的经验和共同的目标。马文曾花费大量的时间帮助壳牌集团制订合适的培训方案，以确保所有的员工都能从局部的角度和从集团的角度出发来看待问题，齐心协力争取实现集团的目标。这些建议在壳牌集团中引发了根本性的、大规模的变革，同时又保留了壳牌集团的优秀企业文化。这四个建议，除了前面提到的第一个关于设立首席执行官的建议，都经受住了时间的考验。

对约翰·劳登的影响

约翰·劳登把马文描述为“关于健全组织的某些原则的最令人信服的倡导者”。[22] 从 1959 年壳牌集团的项目结束一直到 35 年之后劳登撒手人寰，这期间约翰和马文每年都会多次进行交谈，相互交流思想。在劳登 80 岁生日的时候，他对马文的敬意依然溢于言表：“10 月我在纽约 21 餐厅举行了一次餐会，以庆祝我的 80 大寿。他们问我想请谁，我说‘我想请马文’。于是，他来了。他看上去很好，太好了！”[23] 劳登的儿子乔治·劳登说：“在商场上，马文是我父亲最为信赖的朋友。”

30 年后

马文和麦肯锡公司建议的矩阵式组织结构一直被沿用了许多年，它的优点得到了证明。休·帕克回忆说：

> 我们在 1959 年给壳牌集团搭建了新的组织结构。大约 30 年之后，我应壳牌集团一个中层经理人俱乐部的邀请，前去为他们做这一组织结构发展历史的介绍。基本上来说，除了一些小的修改以外，我们提出并被他们采纳的建议的精髓都被保留下来了，这令我倍感欣慰。尽管从那以来壳牌集团不断调整改

进，但我们所搭建的组织结构确实已经存在了30多年。[24]

在1983年世界大型企业联合会（Conference Board）一份题为《调整组织架构，提升国际竞争力：矩阵设计》的报告中，壳牌集团的组织结构被列为一个成功的典范：

> 该集团的组织结构建立在由各国运营单元组成的分散联盟的基础之上，依靠管理体系和强劲的集团文化紧密连接在一起，从而创造出了世界上最成功的一家商业机构。这个组织结构还显示出很好的适应能力，不仅经受住了一些地方的政治和社会巨变，而且还经受住了严重的全球商业动荡，如20世纪70年代和80年代的石油危机……最近几年，壳牌集团不断完善这个矩阵组织，以促进整个集团内部的信息交流，并在某些国家实行跨国联营和共同结构等。[25]

普华会计师事务所㊀，1979年：为咨询公司提供咨询服务

20世纪70年代末，公共会计行业，特别是当时的八大会计师事务所，都在努力扩大自己的空间，它们一方面通过重新评估核心的审计和会计业务以实现更大的增长和盈利，另一方面则积极寻求发展其他新的业务形式。会计公司在审计工作中熟悉了客户的财务流程，这为它们提供了向快速发展的税务和

㊀ 1998年，普华会计师事务所与永道会计师事务所合并为普华永道会计师事务所。

信息服务领域拓展的潜在平台。和这些同行一样，普华也发现了在服务领域向利润更为丰厚的管理咨询业务发展的机会。怀着忐忑不安的心情，普华的管理层找到了他们假想的竞争对手麦肯锡公司，希望能帮助他们确定普华的战略定位。

他们先给马文去了电话，尽管马文几年前就已经从麦肯锡的董事长兼总裁的位子上退了下来。普华当时的高级合伙人约瑟夫·康纳回忆说：

> 马文在麦肯锡有着特殊的地位。他仍被视作思想领袖，而且据我了解，他会乐于接受令他感兴趣的咨询项目。马文曾告诉我说，我们这个项目之所以让他感兴趣，是因为以前从来没有哪家专业公司请另一家专业公司来替自己研究战略，毕竟它们之间有一定的竞争关系。[26]

康纳之所以先去找马文是冲着马文的名望去的：

> 在这之前我们其实并不认识马文。我知道他是谁，他是做什么的，但是除了偶尔短暂的接触，我们之间并没有任何私人关系。[27]

不过，他之所以找马文也不仅仅是因为他的名望：

> 我曾在某些会议上听到过马文发言，他说有些会计师事务所选择了错误的方向来拓展自己的咨询业务。这话让哪家会计师事务所听了都不是太顺耳。[28]

而在马文这边，他也是在经过认真思考之后才决定接下这个项目的，康纳回忆说：

> 马文花了些时间才说服他自己，然后又说服我们，客户机密会得到严格保守，麦肯锡不会将这些信息用于竞争。[29]

马文从20世纪30年代起就见证了普华极高的专业水准、显赫的客户名录和独特的合伙制度，这一切都令马文心生敬意。由于普华是一家非常成功的专业公司，马文不仅愿意为他们提供帮助，而且也希望能够亲眼看看那些使普华获得长期成功的因素和特点。尽管麦肯锡内部很多人不看好这个项目，但是马文却坚信从这个项目中可以得到的启示将会远远大于其中可能存在的风险。马文决心不但要为普华提供服务，而且要提供最好的服务，帮助普华赢得光明的未来。

普华和麦肯锡两家公司有5%的业务重合，这个比例还是可以接受的。马文非常重视整体竞争力，更重要的是马文知道不可能从外部将一项战略强加给一家同样的专业公司。马文深知不管建议采用什么样的战略，它都必须是由两家公司共同设计和认同的。为此，马文建立了一个联合小组，由麦肯锡和普华的合伙人共同组成，马文亲自担任领导。

作为联合小组的领导人，马文将自己关键的领导原则运用于其中，令康纳深感敬佩。康纳回忆说：

> 他会努力去引导和说服你，让你认识到他的思维过程非常之好，但他总能积极接受建议和交流思想，

从来不会刚愎自用。当然他也不会对客户唯唯诺诺。他会直言不讳地告诉他们自己认为是最好的建议，而不管他们是不是愿意听。[30]

对问题的两种不同看法带来了一个意想不到的解决方案

在项目开始时，对所面临的问题存在两种看法。普华希望麦肯锡帮助开展战略研究，评估普华的市场定位和发展方向。当时普华内部认为所面临的问题是要对新的业务领域做优先排序，确定应发展的新的专门技能领域（如电子数据处理）。

麦肯锡小组则认为关键是组织方面的问题，特别是因会计和审计、咨询、税务这三大业务领域之间的区别而引起的内部斗争。他们认为普华还没有一套将不同领域融合起来的共同价值观。

小组在1979年夏天启动项目，第一阶段是通过对普华的合伙人进行访谈来从一线调查实际情况，这是马文所推崇的方式。在小组开始进行访谈之前，马文督促小组成员先尽力完善访谈大纲，他让大家前后修改了大约十稿，以确保大纲以恰当的措辞提出了恰当的问题，直到他完全满意为止。

小组对普华的50多位合伙人进行了访谈，约占公司合伙总人数的10%，以了解他们对公司运营方式、当前地位和未来方向的看法。在第一阶段，小组还对外部的一些企业管理人员、政府官员等进行了访谈。对这些访谈结果的分析为整个项目提供了一个核心事实基础。即使在这样有关组织的项目中，马文同样重视实事求是的分析，尊重一线人员的意见，尽管这并不是些严格的量化数据。

在第二阶段，研究小组起草了基于共同价值观的战略。在第三阶段，小组制订了实施计划，并找出了管理流程和组织中有必要加以修改之处。

此次项目提出的根本建议是普华应该进一步发挥自己作为最佳会计师事务所之所长。麦肯锡建议普华把重点放在培养与众不同的服务态度上，其实普华已有这样的服务态度，但在马文看来还没有得到足够广泛或热烈地推行。这个计划的成败取决于普华负责具体项目的合伙人和他们的客户之间的关系，这是为客户提供最高水平的专业服务的传送机制。普华始终具有这种特性，但却从未将其明确地融入市场开拓方式中去，而麦肯锡提出的建议就建立在这种特性的基础之上。一直以来，普华都错误地认为应该将自己的战略重点放到开发新的业务领域和可集中销售的专门技能上。

尽管麦肯锡提出的建议没有直接针对普华认为自己所面临的问题，但是普华的领导层却站到了马文这一边，接受了麦肯锡的观点。用普华高级合伙人乔·克洛凡斯基的话来说：

> 他让我们看到了自己内心一直知道存在的，但却一直不敢依靠的东西。它非常与众不同，给我们带来了独特的市场优势。[31]

乔·康纳回忆起自己听到建议时的情景：

> 我惊讶地发现马文关注的不是我们所提供的服务的种类，而是我们提供服务的方式。他注意到我们在做些什么，注意到其中哪些是有效的，而这些正是我们自己从没有认识到的。这一点大大出乎我们的意料。当麦肯锡的报告出来了之后，负责具体项目的合伙人（约占公司合伙人总数的90%）基本上都非常支持。他们希望这个方向上的变革能被阐明出来，并收录到我们的规则手册中去。他们把这看作一种方向上的坚决变革，我觉得他们可能没有想到公司的领导层会如此欣然地接受并积极地实施。
>
> 事实就是这样，这个报告没有遭遇阻力，而是赢得了一片喝彩。我们开始认识到，由于我们明确阐述了在专业上对负责具体项目的合伙人的依赖，我们为自己创造了一个大好机会。我们可以把这一切告诉审计委员会，告诉他们为何我们与一般的会计师事务所不同，他们因此可以预期从我们这儿能得到什么。[32]

通过鼓励普华勇敢地发挥自己的独特优势，并将其转变成明显的市场号召力，马文使普华获得了与众不同的竞争基础，而此时其他几大会计师事务所还在为相同的新拓展的市场争来斗去。

使每个经理成为主人翁

这个方式不是没有风险。普华过去一向是以总部为中心，一个项目一个项目地向客户推销自己。现在将这个责任转移到每个具体负责项目的合伙人的肩上，也就将工作的重点从销售转向了客户服务。这对公司运营影响巨大。首先，该计划使负责具体项目的合伙人承担很大责任。他们要以自己认定为恰当的方式来做出与客户有关的决策。其次，总部的角色从控制变成了服务，它们要将公司所有资源整合起来，支持负责具体项目的合伙人向客户提出好的建议。这和当时大部分会计师事务所所采取的方式截然不同。

要想尽量减少这个革命性方式所带来的风险，就必须对负责具体项目的合伙人适当地进行授权，开展培训，提供支持。马文觉得在这个领域有很大的改进余地，他就对待员工的很多政策对高级合伙人发出质疑。他指出了普华的公司宗旨和实际的经营方式存在矛盾。他的话掷地有声：

> 你们不能这样经营一家专业公司。你们会失败的。你们会失去优秀的人才。有些基本原则你们必须认真考虑。我要质问你们，为什么根据我的观察你们并没有遵循这些原则？[33]

马文指出了一大堆问题。在他看来问题最大的是内部轮岗、薪酬和培训政策。那时普华和其他会计师事务所一样实行着一种内部轮岗政策，该政策实际上对客户和合伙人的需求都不尊重。每年，公司的高级管理委员会都要开会研究各地的人员需求状况。比方说，如果休斯敦发展势头迅猛，他们就会决定多派六个合伙人去那儿。受到影响的合伙人都不喜欢这个政策。

除非合伙人和客户已经建立了非常稳固、富有成效的关系，或者在高级管理委员会里有人为他们讲话，否则他们都难逃不经商量即被调动工作的命运。新的合伙人被选举出来之后，大多数也都会被调往其他地方工作。对他们来说当选固然是个好消息，但坏消息是你要被调往一个你可能根本就没有任何兴趣的地方去工作。每年 6 月，几百名合伙人会收到首席合伙人的调遣信，信上写着：“我们很高兴地通知你，你已被派往某某地方工作，本调令从 8 月 1 日起开始正式生效。”根本没有讨价还价的余地。

马文认为这个政策有悖他所信奉的“人是一个公司最宝贵的资产”的信条。当时在场的人回忆说，马文虽然语无冒犯，但还是直截了当地对普华的管理层说：“你们不能用这样的做法来经营一家专业公司。”大家都默不作声。几分钟后，他继续说道：“因此，我认为你们在看到我们关于修改这个政策的建议之后，你们会那样做的。”[34]

马文对普华的员工和合伙人薪酬制度也同样意见很大。他认为这个制度不够透明，无法让大家知道自己所处的位置。他批评普华内部缺乏良好的评估和提升制度。对于普华的培训体系，马文也感到失望。尽管技术方面的培训做得不错，但是马文认为应当使这些专业人员更好地了解他们自己所服务的企业。他相信做审计工作不能只依靠审计规则方面的知识，审计人员需要了解商业运作，这样才能评估一家企业的健康状况。

因此，人员方面的各种政策成了马文重点关注的领域。正如约瑟夫·康纳回忆的那样：

> 增加了许多关于客户关系、客户问题等的课程。过去，大部分培训的技术性很强，而现在培训的重点变成了你如何说服别人、如何影响结果，还有最重要的是你如何保持独特性。要知道，在这个市场上有很多会计师事务所。我们现在的任务是制作一种名叫“审计”的商品，我们必须去定制、表述、相信并实施。在这样一个拥挤的市场中，这并不容易做到。[35]

麦肯锡的建议提供了一个独立的评估意见，供普华用以指导具体负责项目的合伙人调整他们的行为方式。这些建议还提供了对话的框架，供负责具体项目的合伙人与公司领导层就如何对待客户开展一对一的对话。行为方式的改变是新的组织结构成功的关键条件，也是一个必须解决的难题，康纳回忆说：

> 一个最糟糕的例子是负责具体项目的合伙人给总部的技术服务部门写信，询问对这个客户问题，你们的初步看法是什么。这样就把事情彻底弄拧了，因为应该是由负责具体项目的合伙人来思考应该给客户提供什么样的建议。他应该通过总部，来汇集整个公司对某一主题的认识。但在这个流程的第三步，还是应由他来提出建议，不管是好的建议、坏的建议还是无关紧要的建议。
>
> 这显然就在负责具体项目的合伙人与负责研究的

> 合伙人之间形成了一种全新的必需的流程关系。但这种关系始终是咨询式的。而在其他公司，比如说安达信会计师事务所，这种关系不是自发性的，而是强制性的。[36]

1983 年《商业周刊》上的一篇文章描述普华与集中化的潮流背道而驰。[37] 而其他会计师事务所则被描述成顺应了竞争加剧的形势，它们限制一线合伙人的权力，将决策进行整合（安达信长期以来都是这样做的）。该文指出普华则正好相反，它使每个经理成为公司的“主人翁”，因为普华的领导坚信，这能有力地鼓动员工，更好地推进变革，其效果远远好于发号施令。

对约瑟夫·康纳的影响

约瑟夫·康纳称赞马文·鲍尔“彻底地转变了我的思想”。在麦肯锡的项目进行之前，普华也在像其竞争对手一样强化集中控制，强调“两遍甚至三遍地审核”。马文的思想帮助普华从对其他公司的模仿中走出来，采取了一种自己独有的创新方式。康纳说他的思想和行动都发生了转变。

> 马文高屋建瓴地帮助我们建立起了一种与众不同的关系，这是其他公司没有也无法做到的。负责具体项目的合伙人所负的责任一下子升了一层：我们开始关注负责具体项目的合伙人和首席执行官的关系而不仅仅是和首席财务官的关系。我们开始采取与众不

同的做法。[38]

对康纳来说，这也意味着他在与负责具体项目的合伙人的关系中将采取不同的行为方式。过去，作为公司的首席合伙人，他需要花费大量时间会晤主要客户，以加强和扩展客户关系。现在他也得改变达到上述目的的方式：

> 我必须退到后面，以确保负责具体项目的合伙人的特权不会受到等级和身份的限制。作为董事长，我的一个主要工作是和我们公司的长期优质客户保持联系。我不能在客户会议上和IBM公司总裁这样的人物同时出现，以免让负责具体项目的合伙人像个跟班式地跟在后面。
>
> 负责具体项目的合伙人应该显示出他对客户业务问题的把握，以及我们可以如何帮助客户解决这些业务问题。因此，在这些客户会议中，我都会退居二线，让合伙人去施展发挥。我们两人对客户关系从专业方面和商业方面进行了分工，我负责一个方面，而他负责另一个方面。[39]

康纳将自己拜访客户的重点从培养客户关系转到及时了解客户的要求和听取他们对服务的意见上：

> 作为董事长，你在拜访客户时要问的是："我们哪些方面做得好，哪些地方可以做得更好？"这背后隐含着的问题是：我们的合伙人工作表现如何？有时

候，我们会了解到他们做得不够好。[40]

马文和麦肯锡所开展的项目在普华 1983 年秋天于菲尼克斯市召开的合伙人大会上达到顶点，在会上麦肯锡向全体合伙人提交了自己的报告和建议的战略。为了筹备这次会议，马文在 8 月份致信康纳，详细说明了他认为董事长发表演讲应包括的内容。他们一起来来回回反复修改演讲稿，在发表演讲前一天的晚上，马文还帮着康纳一起练习。

在开会前一天，马文还抓紧会前的几个小时了解听众（普华的合伙人）的想法。他一如平常地谨守着礼节，一身深蓝色西服，在身穿高尔夫衬衫的合伙人当中徜徉交谈，直到项目的最后阶段他还在倾听和了解。当天晚上，他帮助康纳练习了演讲，第二天早上，他又提出了几点细微的修正意见，以更好反映合伙人的情绪。

康纳回忆，和马文一起准备演讲令他颇感振奋：

> 他所要表述的是一个我知道早就在那儿但一时又找不出来的概念。他打开了水闸，于是我们就听从了他的意见与其他公司分道扬镳。
>
> 同时，负责具体项目的合伙人在听到演讲之后都欣然接受，备感鼓舞。他们想要成为专业服务工作的领导者，而不是总部建议的传声筒。因此，我们得到了很好的反应。我们可以去做我们表示要去做的事情，可以采取与其他公司不同的方式，这些都给我们带来了竞争优势。[41]

康纳说他无法忘记马文说过的话："释放出这个专业服务公司的内在力量，你会获得巨大回报。"他记得马文作为一名咨询顾问对自己以及公司的关切：

> 他希望在项目完成的时候，客户会满意地说："这是我们得到的最好的服务。"他让自己和自己的公司去接受极高的挑战，我相信他很少失手。
>
> 他满怀兴趣全身心地投入到项目中来，没有摆出一副咨询大师的架子，而是作为一名专业人士努力帮助自己的客户解决所有面临的问题。他深入一线，工作得非常努力。他并没有把所有的项目文件交给手下的人来撰写，而是亲力亲为地参与其中。你知道，我曾很多次问自己，他为什么要那样做？要知道，那时他都已经 80 多岁了。
>
> 原因就在于这个挑战——从来没有人为专业公司制定过战略，而马文却做到了这一点。他不仅完成了我们这个项目，而且还为麦肯锡开拓了一块新的业务领域，这令他颇感欣慰。[42]

20 年之后

不难想象，马文·鲍尔在看到今天公共会计行业败坏的声誉后会说些什么。他一直反对审计和咨询混业经营，这并不是因为那会给自己的公司带来潜在的竞争。麦肯锡之所以能成为第一个现代管理咨询公司，在很大程度上是因为马文坚信，应将会计师关于历史情况的严谨报告与咨询顾问不受限制的假定设想区分开来。如今，不受限制的“创造性”会计方式的危害已经暴露无遗。

马文的两个参与了普华项目小组的同事称赞马文在20多年前的那个项目中就预见了今天出现的这些问题。唐·高戈尔发现马文给普华提的建议非常具有先见之明：

> 如果你回过头去让证券交易委员会的比尔·唐纳森读一读那段关于会计师事务所应如何工作的文字，你无疑会发现当时所说的一切绝对是至理名言。[43]

罗伯特·奥布洛克，退休的麦肯锡资深董事，曾于1969～1998年在麦肯锡工作，他回忆说：

> 马文不断提醒普华要避免潜在的利益冲突。他坚持认为不应该将咨询与会计和审计服务混在一起。在20多年前，他还指出了审计和税务服务存在潜在冲突的问题。[44]

毋庸置疑，马文与普华的合作为普华留下了一个关于商业价值观的指南针，即便在普华与永道合并后它仍然发挥着巨大影响力，使该公司约束自己不去从事一些存在问题的业务，避免了在20世纪90年代末像其他会计师事务所那样受到损害。2002年，普华永道将自己拥有6000名员工的咨询业务部转让给了IBM，以消除一个潜在的利益冲突根源。尽管需要指出的是，该公司组织的某些方面随着成长、收购和康纳的退休已经发生了变化，但是在公开的宣传中，该公司始终在强调自己严守责任、诚实和正直的价值观。

哈佛，1979 年：提出采用案例教学法的理由

1979 年，马文·鲍尔接受了一个令人生畏的挑战：回应哈佛大学校长德里克·博克对哈佛商学院的批评（有人会说是攻击）。这个任务特别棘手，如果处理不当，以马文与哈佛商学院之间的密切关系（曾经在哈佛商学院学习，后又参加了哈佛的好几个委员会，还雇用了哈佛商学院的很多 MBA 毕业生），他难免不被人诟病在徇私偏袒。更麻烦的是，这一次的问题，尤其是案例教学法的使用，正是马文认定的培养领导者的正确方法的基础。德里克·博克是法学科班出身，非常重视学术研究，擅长控制讨论过程，不易被说服放弃自己的成见。另外，博克提出批评的方式可能不是非常得体或周全，结果使得哈佛商学院的教职员工和校友怒气冲冲，但他的许多担忧也被证明不无道理，必须得到妥善解决。

后来在哈佛商学院发生的事情让人们看到，只要能够用可靠的事实和有说服力的论证来支持一种不同的观点，就可以避免被人看作徇私偏袒，并且还能够赢得一个持不同意见的领导者的尊重。此事还让人们看到，可以如何设计并执行一个在大学环境里行之有效的非情绪化的沟通战略，以及如何在项目完成后仍然致力其中。马文在哈佛商学院这件事情上有一个伙伴，

那就是阿尔伯特·戈登，他曾经在 1957～1986 年担任基德尔·皮博迪的董事长。他说当时马文采取的方式是这样的：

> 他比我们大多数人都高明……他在思维上更是训练有素。这一点和博克很相似。他能够站在博克的角度上来看问题。他非常善于倾听，还很公正。马文睿智而不武断，而且他在沟通的过程中非常注意分寸。[45]

1979 年的哈佛商学院

1979 年，德里克·博克竟然在他给哈佛校董会的年度报告中对哈佛商学院提出批评，这在校友中引起了一场轩然大波。这是他的一个习惯，每年都要找一个学院或者大学的一个主要部门来单独品评一番。到 1979 年，除了商学院，他把哈佛大学各个单位基本上都评估了一遍。他的基本方法始终不变：首先扮成控方提出自己主张的案情事实，然后穿上法袍等着辩方过来将案情补充完整。采取这种方法，他能够找出很多推动学校发展的好点子，有时候还能因此找到一位新的院长，从而影响被评估学院的办学方向。

在博克提交那份引起争议的报告之前 10 年，拉里·福雷克被博克的前任内森·普西任命为哈佛商学院的院长。此后不久，博克就接任了校长的职务。福雷克院长接掌哈佛商学院后，面对的是一个正受到快速粗放的发展带来的副作用困扰的学术机构——具体而言，当时的哈佛商学院办学方向不明，教职员工一盘散沙，延续性缺乏，经济状况堪忧。他知道自己必须要控制住发展的势头（这个决心很不好下，因为会影响到很多非终身教职人员的前途）。采取比较节制、更为审慎的发展方式固然是重要而勇敢的举措，但还是远远不够的。到 1979 年，美国已经有了 700 多所商学院，不仅竞争日趋激烈，而且对管理培训的最佳方法也有很大的争论。全国校园内的政治风波（民权运动和反战运动）使得情况更加复杂。此外，福雷克院长和博克校长近十年的恩怨也难免掺杂其中。

博克报告

博克校长对于商学院的批评有理有据，也很有建设性，包含了很多的改进建议。他批评中的核心意见是，哈佛商学院作为进行商业教育的首要手段而严格坚持的案例教学法可能已经过时了。他还质疑当时的商学院毕业生是否已经掌握了取得成功所必备的知识。

博克的报告很长，但是核心内容不外乎以下摘录的部分。他首先对商学院毕业生的需要提出了自己的见解：

> 过去 20 年来，随着企业的规模和复杂性日益上升，管理工作也变得更加复杂精细。社会对企业提出了更高的要求，企业必须符合公众新的利益。政府机构和非营利组织也在向企业学习管理方法以提高自己的运作水平。
>
> 在这样的环境中，可以说管理的目的已经不仅仅是为股东效力，而是要运用领导力来协调股东、客

户、员工、供应商的要求乃至公众及其政府代表的要求。

每一个专业院校都必须要抓住两个事关其性质和使命的关键问题：应当在研究和教学之间保持怎样的平衡关系？教学的目的是要让学生进入专业内的哪些岗位？哈佛商学院在不忽视研究的情况下，一直主张它首先是一个教学型学院，其教学目的就是培养总经理，而不是专门业务人才。换句话说，哈佛是要为各地的企业培养最高管理者，它所有的重要工作都是围绕着这个最终目的而展开的。

苏格拉底式的方法促使学生积极开动脑筋做出自己的判断，而不是单纯地获取知识。生动的课堂讨论还能让学生学会何时应该发言，何时应该缄默，以及应该如何发言——在与政府官员、工会领导、股东等人打交道的时候，这些技能都是必需的，但是它们最大的用处还是在无数为企业做出关键决策的管理层会议上。鉴于这一学习过程的重要性，哈佛商学院采用了不为其他哈佛教职员工所知的独有做法——根据学生的课堂表现评定分数。

在肩负着传统使命的同时，哈佛商学院还必须拿出足够的力量来解决好巨变之后所出现的种种最重要的问题，这些巨变在过去的20多年中对美国企业产生了深远的影响。这些问题需要我们具有从多学科多角度看问题的能力。幸运的是，商学院的教职员工已经开始着手解决其中的很多问题。[46]

在概述了他认为商学院应该满足的要求，称赞了哈佛商学院努力与市场需求保持一致的积极性之后，博克开始谈到不好的部分了：

> 专业院校有更高的使命，因为它们既能充分了解所在专业的信息，又能够置身其外以冷静的眼光来看待自己更大的对于社会的责任。如果商学院忽视了这种责任，那它们就只不过是方法的传播者，全然罔顾这些方法会被如何使用，以及使用这些方法欲达到什么目的。
>
> 尽管商界领袖经常宣称自由企业的社会角色是商界所面对的首要问题，但是如果我们细细检查一下各大商学院的课程，那就没人会这样认为了。大多数的课堂讨论依然是以一个未经验证的假设为基础，即增长和利润是企业管理者唯一关注的重点。伦理学研究的情况也好不了多少……
>
> 商学院对此三缄其口，因而不仅无法唤起学生更大的使命感，还忽视了自己对所在专业和社会负有的在对公众关系重大的辩论中发表见解的责任。
>
> 随着商业问题的复杂化，教学与研究之间的分离已经越来越难以保持。如果学院中最优秀的学者不以教学为中心，那么他们的工作可能就会与管理者在经营中所遇到的实际问题相脱节。另一方面，如果教师不从事研究工作，那么他们可能就无法获得所需的最新理念与技巧，因而只能局限于特定的零散问题而已。所以，如果想要继续取得进步，就必须要

> 有越来越多既精通教学又擅长研究的人才，使实际问题的解决和理论研究的发展始终相辅相成……在今天这种教学与研究严重分离的情况下，这个问题确实值得反思。[47]

接下来博克将话锋对准了商学院的主要教学手段——案例教学法。他认为这种方法很不完善：

> 案例法有一些优点，但是其缺陷也是明显的。虽然案例法非常适合传授各种理论与方法的实际应用，但却不太适合传授概念与分析技巧。事实上，由于案例法将讨论集中在详细的实际情形上，它实际上限制了学生用于掌握分析技巧和概念性资料的时间。在商业决策所运用的知识还比较粗浅的年代，这个缺陷可能还无关紧要。然而，随着企业界的日趋复杂化，这个问题也就日益突出了。[48]

有关博克报告的消息首先出现在《纽约时报》的报道中，而此时福雷克院长或任何其他与哈佛商学院有联系的人都未看到这份报告或者与博克校长进行过讨论。报道刊出的那天上午正好有一次哈佛商学院联谊会的会议。进会议室前福雷克院长还没有看报纸。在座的有马文、基德尔·皮博迪的阿尔伯特·戈登、联合碳化物公司的威廉·斯尼思、福特公司的菲利普·考德威尔、美国电话电报公司的查尔斯·布朗、马萨诸塞综合医院的查尔斯·桑德斯等。联谊会的成员（都是与哈佛商学院有关系的人，同时也都是福雷克的支持者）说：“拉里，你的上司在攻击你了，这太过分了。”[49]然后他们扔掉当天原定计划，用了好几个小时来讨论应该怎样应对。决议之一就是写一份报告呈交博克。

当天的与会者和很多校友都普遍认为博克以及哈佛校方的这种做法是别有用心，是想要限制哈佛商学院半独立的地位，而如果从外部任命一位新的院长，他们就可以更容易做到这一点。

马文·鲍尔前来救驾

当时马文与哈佛商学院有正式的关系，他是访问学者委员会的成员（一个由大学任命的委员会，负责定期评估商学院的表现）。阿尔伯特·戈登也是成员之一。事实上从1940～1970年期间，基本上是由马文和阿尔伯特两个人轮流担任这个委员会的主席。马文还是哈佛商学院联谊会的理事，该联谊会的成员都是公司的高级管理者，来自大约100家为哈佛商学院的研究和案例写作项目提供赞助的公司。联谊会成员和哈佛商学院的关系这么近，难怪他们会火冒三丈，尤其是看到福雷克院长本人和他的成就受到忽视。在他们看来，这是对哈佛商学院价值的抹杀。委员会坚持认为要对博克的批评做出正式回应，并且通过投票表决决定要成立一个工作组来对博克的报告发起反击。这个工作组由阿尔伯特·戈登和马文·鲍尔牵头。

很显然，马文和阿尔伯特在接受这个挑战时都不能算是独立的局外人：除了参与相关委员会的工作，他们还是哈佛商学院的楷模和无可争议的宣传者。通过热心的工作，他们与哈佛商学院的上层自然地建立了紧密的联系。

从马文来看，自从他1928年决定报考哈佛商学院直到2003年辞世，他都与哈佛商学院一直保持着密切的关系，并且不遗余力地为哈佛商学院鼓吹宣传。他是第一位从哈佛法学院毕业后就读哈佛商学院的学生，也是第二个拥有哈佛法学和商学双学位的人。马文决定攻读哈佛MBA的故事当时常为人所津津乐道，这显示出哈佛大学内部对商学缺乏尊重。

> 从法学院毕业前夕，我被叫到罗斯科·庞德的办公室。他可能是哈佛法学院历史上最著名的一位院长了。他用的不是办公桌，而是一张很长的长条桌，他坐在首位。他总是一副简慢的态度。我一进门，他就说："鲍尔，我有份工作给你，是在国际纸业的法务部。"我回答说："谢谢院长，但是我不想要工作，秋天我就要去哈佛商学院上学了。"
>
> 他瞪着我说："老天。鲍尔，你马上就要从世界上最伟大的教育机构毕业了，而你竟然要去那种地方？"他指着查尔斯河对面的哈佛商学院，顺手抄起一本书扔到了长条桌的另一头。这就是20世纪学术界对于商学的看法。（事实上法学院和商学院的关系非常僵，直到前几年他们才开设了联办课程。但总算是这么做了。）[50]

马文对于商学的看法显然与这位法学院院长不同：

> 我在学习法律的过程中发现需要了解很多的商学知识，我认识到那是一个值得钻研的重要学科。我知道那会使我成为一个更出色的律师，让我在当时自己心仪的众达律师事务所的眼中更有吸引力。[51]

马文进入哈佛商学院的时候，案例教学法才被华莱士·布雷特·多纳姆院长引入哈佛商学院不久。也许并不十分巧合的是，多纳姆是波士顿很有名的律师。他相信以现实为依据的案例体系（相对于法学教育中使用的公共案例法）能够把人们的注意力集中到决策（马文认为决策是领导者最重要的任务）[52]所需的技能上面，从而促进商学教育。他认为学习的关键在于“知其所以然”，而不是“知其然”。针对特定案件给出的答案本身并不重要，对学生进行评估的依据应当是他们的方法和推理/证明逻辑。

马文毕业后与哈佛商学院的联系并不仅限于参加上述的那些委员会，他还是学院最终产品的一个使用大户。自从麦肯锡把招募对象从工作经验丰富者转变为 MBA 以来，很多哈佛 MBA 都是在那里开始了自己的职业生涯。马文非常重视哈佛商学院的毕业生，并且信任他们所具有的素质，而这些毕业生也成了麦肯锡的一种特色。关系都是双向的，哈佛也很看重麦肯锡。1968 年马文和阿尔伯特·戈登获得了杰出服务奖。当年共有三人获此殊荣，另外一人是罗伯特·麦克纳马拉。在颁奖时，乔治·贝克院长表达了哈佛对于马文的尊重与赞赏：

> 马文·鲍尔，哈佛第 28 届法学学士、第 30 届 MBA，是管理界的概念设计师、建设性的批评家和我们的好朋友。在您漫长而富于创造性的职业生涯中，您忠实而慷慨地与哈佛商学院分享您的经验、您的智慧以及您的见识，并且卓有成效地向一代代青年才俊传授了管理的意志。您的言传身教，他们将铭记在心。[53]

建立有力而可信的事实基础

博克校长听说他们要发表报告来批评他，就让约翰·麦克阿瑟（后来成为下一任哈佛商学院院长，当时任助理院长）与马文和阿尔伯特在纽约会面，讨论这个报告的性质问题。约翰首先和自己比较熟悉的阿尔伯特[54]会面。他回忆说：

> 在我的本心里，我是想要和阿尔伯特一起去见马文。阿尔伯特和我进去后，我们说针锋相对地批评博克恐怕不大妥当。马文的第一反应是德里克的做法确实不对。他觉得自己应当向要求他写报告的联谊会成员负责，他要好好想想要不要建议他们改变方向。[55]
>
> 在对联谊会应当采取的方式经过一番周到考虑之后，发表报告逐一批驳博克的批评意见的计划被放弃了。马文和阿尔伯特认定更有说服力和更有意义的方式是撰写一份战略报告（题为《战略的胜利》），报告中要提出一个未来的发展计划，既要强调商学院的优点，又要弥补它的缺点。第一个挑战是如何化解联谊会的情绪，说服他们如果在撰写报告时不采取辩

> 护的态度，不攻击博克，不以牙还牙，反而更有可能取得积极的成果。马文花了很多个小时和联谊会的成员通电话（尤其是菲利普·考德威尔和 Jewel 公司的唐·珀金斯），劝说他们采用一种实事求是的非情绪化的方式。最后他总算是说服了他们。

在马文和阿尔伯特的报告中，博克提出的问题都实事求是地得到了充分阐述，报告包含了大量能够修正或者支持博克观点的历史缘由和最新收集的数据。马文从与哈佛商学院的密切关系中超脱出来，写出的报告可信而不带偏见，提出了关于学院发展的另一种愿景。

在工作组开展工作的过程中，马文精心设计了一个战略，以确保报告能够显得不偏不倚，并且表达方式能够被博克所接受。阿尔伯特·戈登回忆说：

> 我这辈子还从没这么卖力工作过，一个夏天就完成了。马文引导了思路，协调了关系，并且积极参与具体工作。他认为我们应该采用与博克报告相同的格式，要有律师一般严谨的逻辑。他认为我们需要搜集所有的相关事实，而且来源应该是独立的，因为我们自己不是独立的。[56]

1979 年夏天，马文和阿尔伯特起草了论题，拟定了写作计划，规划了评估所需依靠的事实收集与分析工作，他们还亲自做了很多访谈，对整个工作进行了协调。马文还请他在麦肯锡的合伙人拨给他一个小组专门负责收集事实。时任世界大型企业联合会会长兼首席执行官的理查德·卡瓦纳也曾经是该小组的一员：

马文和阿尔伯特·戈登召集了一群商界领袖来共同对哈佛商学院做出自己的分析，研究它是否具有成效以及优缺点何在。

我还是很起到点作用的。当时那一群人可真是了不得，有福特汽车公司的头儿、美国电话电报公司的头儿……都是当时最大最成功的企业，跟今天的通用电气是一个档次的。麦肯锡小组中的每一个人都被分配了一些分析工作。

我想，最后的工作都是马文完成的。我们只是事实收集者，负责提供信息，验证马文和阿尔伯特·戈登所提出的论题。他们提出了与德里克·博克不同的观点。[57]

曾任麦肯锡资深董事的史蒂夫·华莱克也参加了那个小组，他还清晰地记得马文是如何帮助小组了解整个工作背景的：

我走进了马文在纽约的那间不大的办公室。接下来就感受了我在公司期间最为大开眼界的一段学习经历。

在第一个小时里，马文精彩地剖析了博克校长的报告：他的假设是什么，他的论题是什么，他的论据是什么；他做了哪些研究工作，提出了哪些事实，做了哪些论述；他在哪些论点上遭到商学院教职员工、校友或新闻界的质疑，为什么这些质疑如此措辞辛辣；双方各自反对的是什么，他们所担心的是什么。

然后马文说明天再来看我的问题分析和研究计划。[58]

正如史蒂夫所指出的，尽管表面上看起来这些问题不是麦肯锡通常所处理的问题，但是在马文的指导下，他也成功地为这些根据不足的问题找到了确凿的事实：

那是我第一次尝试将麦肯锡严格的问题解决方法运用于这种根据不足的问题，我干得不是很顺手。但是过了一周左右，马文就把我引上了正轨，指明了正确的思路。

比如，博克校长断言当今的商学院毕业生所受的培训不足以使他们成为未来的领导者。我摊开手抱怨说："这可怎么用事实来反驳呀？"

"好办，"马文微笑着说，"我们可以问问当今的领导者对现在的毕业生是怎么看的，他们是怎样得到培训的。你看，老话不是说人以群分吗？那我们就给《财富》500强企业的首席执行官打电话，问问他们觉得现在的哈佛毕业生怎么样。"

我还以为是要让我来打电话，这可把我吓坏了。"马文，《财富》500强的首席执行官我认识的不多，就是我认识的那几位，连他们的秘书都有秘书，而这些秘书的首要任务就是保证自己老板的时间不被占用。所以我们只能联系到其中的几位。那样一来人家肯定会说我们只向关系好的首席执行官征求意见，他们当然只会说好话。”

“没错，我们不能挑着来。”马文让步说，“那么就找前25位好了。能给我找出他们的电话号码吗？”

这个我还是能做到的。

“我约好了要和陶氏的本·夏皮罗一起吃午饭，那就从他开始好了。你能在，嗯，下午两点之前把其余24家的电话号码找出来吗？”

那天下午，马文就按着名单的顺序一个一个往下打——通用汽车、美国电话电报、IBM、福特，等等。每一位首席执行官都或者接听了他的电话，或者在两个小时之内回了电话。马文很有礼貌、有条不紊地对他们一一进行了访谈，并且仔细记下了他们的回答。有的访谈时间甚至超过了一个小时，但是马文不把所有问题都问完绝不罢休。

马文谈完了前10位，然后把名单递给我。“你试试。”他说。当天下午有几位我们未能访谈到，但是他们也都在周末之前回了电话。他们的总体看法是商学院的情况尚可；他们想要的是总经理，而不是职能专家；商学院应该继续做好这项工作。[59]

史蒂夫也和其他与马文共事过的人一样学到了重要的一课：

“那么，史蒂夫你从中学到了什么？”当我递上自己的访谈记录时，马文问道。我忘记自己当时是怎么回答的了，但反正不是马文所希望的答案。

> “你就没学到别的一点什么能够在每天的工作中用到的、真正重要的东西？”马文追问道。
>
> “你是指给《财富》前25强的首席执行官打电话，进行关于哈佛商学院的访谈？”我揣测着说。
>
> 马文兴奋起来。“对了。首席执行官都是很孤独的。大多数情况下给他们打电话的人都是想要说服他们，或者向他们推销什么。但如果你很有礼貌，准备很充分，而且不是为了给自己谋利，他们就会乐于跟你说话。所以说不要害怕，给首席执行官打电话是天底下最容易的事情了。”[60]

除了对《财富》前25强企业以及很多哈佛商学院联谊企业的董事进行访谈，了解他们认为未来的总经理应该具备怎样的素质外，工作组还研究了相关的文字资料和研究报告，访谈了36名教职员工（33名正教授，3位行政管理者），访谈了福雷克院长，并两次与博克校长会面。通过这些工作，他们建立起了一个有力而可信的事实基础，并在此基础之上检验、完善有关商学院新的发展愿景的假设。

与棘手的受众有效沟通

与博克校长的会面极其重要，值得事前精心准备。阿尔伯特·戈登回忆他和马文每次进行会前准备时的情况是这样的：

> 马文和我与博克校长见了几次面，每次会面气氛都比较激烈。与博克会面之前，马文总会总结一下他

认为博克的思路将是怎样的，然后我们会就如何回应进行讨论。马文可以模仿博克的思想方式，他几乎总能预见到博克的反应。我们会预先进行彩排。我们是有备而来，依计行事。[61]

他还回忆说马文很善于避免发生对抗：

博克是个律师，能言善辩，咄咄逼人。所以在一次会谈的时候我们意识到，我们必须抢在他开口之前把我们的话讲出来。我们9点钟到场，还没有入座，马文就立即开口。他讲了20分钟以后，我粗暴地打断他，也讲了20分钟。博克说："你们这是讹诈。"对此恶言马文没有正面回应，而是温和地说道："我们只是在执行顾问委员会的命令而已。"[62]

后来根据博克的要求，马文和阿尔伯特去见了哈佛校董会的头儿，绝口不谈支持何人担任商学院下一任院长，因而再次避免了对抗。

我们估计到校董会的头儿会问我们希望让谁来当下一任院长。他（安德鲁·海斯克尔）是时代生活公司的董事长，大人物。他跟我们寒暄了几句，然后就问："你们的人选是谁？"我们说："我们的人选？我们没有人选。要是我们提出什么人选来，那不是显得太放肆了。没这事。"……说着说着，他又说："你们别指望麦克阿瑟能上。"我们说："我们才不在意让谁

> 上呢。我们只希望有一个来自学院内部的能够继承学院传统的人，就像我们的报告里说的那样。”然后就再也没提过这件事。[63]

实际上，马文和阿尔伯特确实是希望约翰·麦克阿瑟出任下一任院长。尽管当时海斯克尔断然否定，但最后确实是麦克阿瑟接替福雷克成了下一任院长，并一连干了16年。

工作组报告

报告由马文撰写，经阿尔伯特审订，他们都对如何提出论证和建议再三推敲。该报告有80多页，题为《战略的胜利》，通篇的风格从下面的摘录中可见一斑。报告的开头是马文最爱引用的一句话：

> 伟大的英国首相本杰明·迪斯累里曾经说：“成功的秘诀在于不易其志。”哈佛商学院因其拥有明确的使命而与众不同——那就是成为一所教学型的学院，致力于为企业培养有志成为总经理的人才。始终坚持这一使命，始终坚持实现使命所需的战略，这是哈佛商学院能够取得成功和领先地位的主要原因。[64]

然后马文又从多方面说明哈佛商学院从整体上来讲是很成功的：

> 从量化指标看，哈佛商学院的表现非常优异，对于哈佛商学院课程的需求依然强劲……对于毕业生的

> 需求以及他们当中许多人所获得的重要职位和薪酬水平，无不证明了商学院历届学生的成功……以及他们在世界各地的商业和非商业机构中发挥的领导作用。学院的高级管理教育课程也同样获得了好评……帮助学院获得了更多的资助。在过去 10 年里……学院得到了 16 笔教席捐助。[65]

尽管有这些外在的成功标志，马文还是称赞了博克校长对学院的评估，并清楚地讨论了博克报告所提出的问题，承认了这些问题的确实性，同时也表明了马文对于博克的敬意：

> 在对商学院用于培养总经理人才的教育战略与资源做出评估时，一个很好的方法，也是博克先生所选择的方法，就是评估它是否很好地回应了影响到企业和总经理的主要力量。在过去的几十年里，有许多强大的力量在发挥作用。在此我们无法讨论所有这些力量，所以便仅以博克先生所列举的那些为主。对于我们撰写本文的目的而言，这便已有足够的代表性了。
>
> 尽管我们在调查要求中假定未来的管理者已经具备了基本的素质，但很多董事还是专门将一些具体素质提出来，要求我们特别注意，尤其是伦理道德——领导者必须规划好自己企业在伦理道德方面的态度。所谓诚信，就是一个人要在任何环境下都行为正当，并且能够正确地代表公司行事。领导者，尤其是商业领导者，应该有一种人格，应该有一种自信，或许还

应当有一种魅力，使这个组织能够对领导者充满信心和信任，此外他应该有头脑。在头脑方面，董事们大都认为分析能力极为重要，但他们也指出了未来管理者所应该具备的其他一些头脑方面的能力。

博克校长在他的分析中正确指出了一些现代管理界所急于解决的问题。请注意这些问题是在过去和现在所面临的问题，在将来可能是也可能不是大问题。即便有些问题始终得不到解决，你还是可以确信这些今天的学生和明天的管理者还是会遇到现在我们所未能预见的问题。我认为答案就是不仅要准备好解决意料之中的问题，还要准备好解决意料之外的问题。哈佛商学院的优点就在于，无论是新问题还是老问题，无论信息是否充分可靠，无论是冷冰冰的事实还是情绪激烈的观点，无论是诗一般的浪漫还是工程设计般的严谨，无论是纯粹的科学问题还是非理性的个人期望，无论是否数据不全、时间紧张、资源短缺，它总能提供一条应对之道。

没有人永远正确，所以既要灵活应变，又要坚定果决，如此方能找到解决方案。最重要的是，一名总经理必须要知道在何时以何种方式在何种程度上将坚定意志和外交手腕（不含贬义）糅合起来。[66]

接下来马文很有技巧地辩称，考虑到商学院在履行其帮助塑造未来商业领导人的使命中所面临的问题和挑战，案例教学法依然是一种很有效的教学手段：

在1978年研究部年度报告所涉及的172个项目中，25个与企业或政府问题研究有关……我们对企业或政府领域所做的评估表明学院对课程开发工作比以往更加重视，尤以新近要求开设的“国际环境下的企业与政府”为顶点。而课程开发又大大促进了案例编写和研究工作。针对政府管制对于企业战略、决策和总经理的角色的影响，我们很难设想还有哪所致力于为企业培养总经理的商学院能有更高的敏感度，能做出更有效的反应。

通过对案例教学法的仔细研究，我们认为这种以学生为中心的独特学习手段远比课堂讲授法更适用于培养总经理人才。这种方法尤其适用于传授决策技能，又并不仅限于此。尽管有其他学习手段作为补充，如学生分组讨论、理论讲授与笔记、音频视频资料、计算机游戏等，但我们仍建议学院坚持以案例教学法为主。我们还建议学院更加努力地增强外部人士对于案例教学法的了解。如果案例教学法为大家所更好地了解，我们认为它作为一种学习手段，其价值将得到更加广泛的认同。

尽管我们对于学院目前的使命很有信心，但是我们仍建议将其进一步扩展，使之涵盖更多的管理领导人才的培养内容。扩展后的使命将支持目前的使命，而不会与之相冲突。在我们对联谊企业董事进行调查的过程中，很多人都把领导力作为总经理应有的素质之一，其中一位还将其作为首要的素质。[67]

他在结论部分对双方都给予赞扬——既赞扬了学院努力赶上商学教育中不断变化的需要，也赞扬博克校长发现潜在问题并且唤起人们的关注。这样公正无私的手法有助于当时化解敌对气氛：

> 简单地说，我们的基本结论是：学院对于外部力量非常敏感，能够在教学中做出及时、有效、恰当的反应。虽然事后看来有些反应也许本可做得更早或更彻底一些，但许多反应确实极具前瞻性，甚至为其他商学院起到了引领作用；某些反应则非常充分，以至建立起全国共享的知识库——如在组织行为学、跨国企业管理、能源政策研究等方面。
>
> 与此同时，我们的评估也确认了博克先生在报告中指出的一些缺点。但是我们也发现学院的教职员工早已注意到了这些问题，并正在采取改正措施。[68]

马文和阿尔伯特巧妙地把握局面，把原本设想的反唇相讥变成了向前迈进的有益行动。正如马文所指出的那样，最终的结果还是积极的：

> 在接下来的 15 年中，麦克阿瑟（接替福雷克担任了哈佛商学院院长）解决了博克报告中提出的一些问题——在 DBA（工商管理博士）的基础上开办了一个真正的博士课程，实现了学院的整合，与哈佛大学众多院系开办了联合课程……而且他保持了以

案例教学法为中心的教学方式。总而言之，还算不错。我相信麦克阿瑟这个院长把哈佛商学院变得更好了。[69]

博克校长虽然不肯公开地全然赞同马文在工作组报告中表达的观点，但是他也不得不佩服马文。

马文并未满足于这份报告的发表，他接下来又积极采取措施解决博克校长指出的一些实际存在的问题。比如说，博克校长对哈佛商学院教职员工的孤立状态感到忧心，于是他就创立了鲍尔研究基金来缓解这个问题。特德·莱维特是哈佛商学院的老牌教授和思想领袖，他说：

让我印象深刻的是，我们在招募的时候发现，其他学院对我们学院的人根本不了解。我想他们不了解我们的一个重要原因，就是我们的教职员工很少与他人交流……我想也应该鼓励别的优秀学院来看看我们在干什么，让我们得到更好的了解，所以马文才想出了这么个为年轻教职员工提供研究基金的主意。他们有正常的工资，有搬家补贴，可以到我们学院待着，做点自己喜欢做的事情，看看我们在做些什么，等等。重要的是，我们能够并且也确实从他们身上学到些东西。于是我们就启动了这个新计划，我们称之为鲍尔研究基金，部分资金来自麦肯锡的合伙人。自从第一个基金获得者确定以来，马文一直给每一个基金获得者致函祝贺。[70]

对麦克阿瑟院长的影响

1980 年 1 月，约翰·麦克阿瑟接替福雷克成为哈佛商学院的院长。鉴于不久前博克报告引起的是是非非，马文觉得麦克阿瑟应该尽快和博克建立起良好的工作关系，同时加强哈佛商学院的认同感，解决博克报告中指出的一些确实存在的问题。

接到任命后不久，麦克阿瑟就和博克开始了对话。双方交换意见，同意各持己见。他们之间最根本的分歧涉及商学教育与哈佛所提供的其他专业教育之间的差异。麦克阿瑟回忆说：

> 德里克·博克反反复复对我说："我就是搞不懂商学教育是怎么回事。在医学领域，所有的医学院都是一样的。所有的学生都要通过相同的行医资格考试，不论他们是在哪里上学。法学院也是这样，都要通过纽约州的律考。可是商学院呢，教学方法不统一，教学内容也不一样。管理科学也有，音乐诗歌也有，也看不出这些在市场上有什么用处。我真是不知道该怎么看待你们这些商学院。"我就跟他说："德里克，你应该这么想，我们并不清楚应该重点学习或研究些什么，才能在十年以后像你这样管好一个大型的大学、大型的医院或者大型的公司。我们不知道，所以没有一种正统的做法倒是好事儿……这可能对那些医学院、法学院也都有好处。"[71]

麦克阿瑟校长告诉博克商学教育不是一门精确的科学，不能生搬硬套其他学科在研究生层次的教育模式。他还在哈佛商学院受到博克严厉质疑的冲击后努力重建认同感。虽然马文和戈登的报告肯定了案例教学法的价值，但是它也承认博克确实提出了一些必须解决的问题。麦克阿瑟院长对此也有同感：

> 博克报告本身是个好事，它迫使我们这一代人挑起大梁。我努力在说："你们看，有这么多办法，我们可以把该解决的问题都解决了。"比如研究工作跟不上，别人对于管理和重点问题的看法，我们也不大能听得进去。[72]

问题的核心在于如何把商业实践和理论联系起来——马文和其他管理咨询公司也面临这一挑战。或许是从马文和阿尔伯特·戈登撰写《战略的胜利》的方式中获得了灵感，麦克阿瑟从历史的角度入手，对哈佛商学院的历史和知识根源进行了发掘。他把这项研究称为"一个精密的实验"。这项研究将哈佛商学院的认同感与其历史和相关的知识重点联系起来，与使用案例教学法的历史和原理联系起来，进一步加强了哈佛商学院的认同感。

麦克阿瑟既看到了改革的必要性，又很注意不因噎废食：

> 我觉得使用案例教学法是很有必要的……马文在麦肯锡也注意到这一点。一个组织管理者的角色与该组织中其他任何人都不一样。营销、制造、财务、人事，这些都很重要，但是没有人像麦肯锡的马文·鲍尔或者福特的菲利普·考德威尔那样总揽全局。那就

> 是我们要做的。这是一个精密实验，如果我们对其失去了信心，对其视若无睹，那么它就会失传，因为没有其他人能够理解它了。而这又是一项耗资巨大的使命，因为我们需要自己准备相关的资料，几乎全部的资料。全世界95%的案例都来自这里，这个案例生产厂。[73]

麦克阿瑟说自己有意识地学习了马文的领导风格，其中主要有三点：关心他人、成为“知识风险资本家”（也就是投资培养人才）、世代交替。

在描述马文“关心他人”这一点时，麦克阿瑟回想起了1982年的一件事情。当时马文在自己的职责之外努力帮助哈佛商学院争取一份设立领导力教席的捐助：

> 那是劳动节前的星期四。马文给我打电话，问我有没有在《经济学人》杂志上看到松下电气的创办人松下先生刚刚捐资4600万美元在日本大阪开办一所新的学院——那所学院被认为将是培养日本下一代领导人的摇篮。我说：“还没看。”他说：“好吧，那你就看看吧。”此前马文就在跟我讨论哈佛商学院需要有更好的领导力培训能力。
>
> 于是我就看了那篇文章，然后给马文回了电话。他说：“既然他愿意给钱，不如咱们也去问他分一杯羹。你叫上雨果·尤特萨文（一位知名教授），我尽快飞过来，咱们给他写封信。”他星期五赶在长假之前到达。我记得当时校园里已经空了，就剩下我们几

个坐在一起琢磨这件事。谈话当中他还给大前研一(当时麦肯锡东京分公司资深董事，在日本颇有影响力) 打了个电话，因为大前认识松下。

我们给松下先生写了封信，问他要500万美元。过了一段时间之后，松下先生的办公室打电话来邀请我前去面谈。

于是马文、雨果和我又开了一次会。马文看着我说："那么咱们就要去个人和他碰面。你看起来不大像个院长的样子，咱们最好另外找一个比较像院长的人去。"我们就想该找谁，最后挑了罗兰·克里斯琴森和阿贝·泽勒兹奈克。他们都比我大一辈，符合马文所认为的在一位86岁日本人心目中的院长形象。然后他们就去了。

到达那里后，一切都很顺利，只不过在翻译中出了一点小问题。我们想要的是500万美元，却被翻译成了5万美元。直到请松下先生进屋给钱之前，这个问题才被发现。于是泽勒兹奈克给我打电话。他说："太糟了。我看5万美元就5万美元吧。"我说："没门儿。还按原先说好的数目要。你知道，我们确实需要那么多，所以才提出了那个数目的。"最后，过了几个月，总算是如愿以偿，我们在学院里设立了领导力教席。

马文领导的这个行动深刻地改变了学院的核心使命。现在不论你是听到院长或教职员工的言论，还是看到MBA课程或其他课程的教学大纲表，领导力都是我们努力向学生传授的核心内容。[74]

当麦克阿瑟考虑退休问题的时候，他直接借鉴了马文退休所创立的世代交替模式：

> 我之所以采用这样的方式退休，就是因为我看到了他（马文）是怎样做的。我也看到了贝恩公司和波士顿咨询公司创始人的做法。他们都是很成功的人，每个人都是典范，都开创了站在咨询业前沿的咨询公司。马文基本上是把公司交给了下一代，而其他人对于这一转变有着不同的处理方法。许多创始人赖着不退，很贪心。但是麦肯锡在马文交接这个事情上就没遇到那么多麻烦。[75]

30 年后

需要指出的是，随着岁月流逝，案例教学法越来越得到广大商界人士和其他商学院的认可，至今仍是一种有效的教学工具：

> 在通过课堂和书本传授一般管理能力的过程中，案例研究是最好的方法。这不仅仅是因为那些故事很有趣（确实很有趣），还因为案例方法最符合多角度看待工作、结合具体环境来理解概念的要求。此外，若你想要说明某项原则不论对于 1910 年的亨利·福特还是对 2010 年《财富》杂志的封面人物都一概适用，那么举例就是唯一的方法了。[76]

这些案例都是勇气的见证。壳牌集团有这种勇气，它们放弃了自诞生之日起就促进公司不断发展的文化与组织传统，选择了一个闻所未闻但却能够支持它们更上层楼的新的组织结构。普华有这种勇气，面对新的市场，它们相信自己的实力，并把这种实力转化成了制胜的价值定位。哈佛商学院的管理层尤其是麦克阿瑟院长也有这种勇气，他们承认并解决了问题，同时又坚守着构成学院强烈认同感和卓著声誉的基本原则。然而在所有这些案例中，原动力都是马文和他的小组所表现出来的勇气。

用温斯顿 · 丘吉尔的话来说："勇气被视为所有优良品质之首，可谓当之无愧，因为它是其他所有品质的保障。"

第 7 章

培养一代领导者

每一代人的问题都不尽相同，但解决这些问题所需要的素质是永恒不变的。

——西奥多·罗斯福，1903 年[1]

马文·鲍尔一生中始终坚信：人才是任何一个组织中最重要的资产。在众达律师事务所的时候，他对那些层级制组织的弊病有切肤之痛，因为这些组织受内在结构阻碍而没有达到人尽其才。此外，他还深知任何组织的持续发展，都必须建立在强大的人才资源基础之上，这些忠诚的人才要愿意为组织的未来而独立或协同工作。

培养人才并授之以权需要诚信、尊重、关爱和信任，愿意为其发展投入时间和金钱，并且其他领导者也要有相同的信念。在规划、建设和领导麦肯锡公司的过程中，马文·鲍尔始终把这些信念放在思想意识中最显要的位置。因此，麦肯锡能够成为名副其实的一代商业和公共部门领导者的孵化器也就不足为奇了。这些领导者在离开麦肯锡之后，将他们的智慧和授权做法带到了新的领域，又培养了成千上万新的领导者。马文的影响证明了一个人能够有多大的力量：他影响了那些有幸与他共事的咨询顾问和客户，那些人又影响其他人，如此循环往复下去。

这所“马文学校”的毕业生名单很长很长，他们分布在各行各业，并且成就斐然，所以要从中选出几个例子还真是很难取舍。这个校友会遍及全球，世界各大工业化国家的企业都从马文的遗产中获益匪浅。

下面的四个例子显示了那些得马文真传者的高超水准和他们后来的影响力。他们是美国运通公司前董事长哈维·戈卢布、伊利诺伊州福利体系改革的领导者格雷·麦克道尔、奥美公司的创办人和前董事长大卫·奥格威、克杜莱投资公司总裁兼首席执行官唐·高戈尔。每个例子都从他们个人的角度揭示了马文是如何直接影响了他们的处事方式、风格以及成就的。他们每个人所在的组织和职业生涯都各不相同。

哈维·戈卢布

哈维·戈卢布曾于 1966～1973 年和 1977～1983 年两度在麦肯锡工作，后来加入投资者多样化服务（IDS）公司帮助其扭亏为盈，并最终成为其母公司美国运通公司的董事长兼首席执行官。

在麦肯锡工作期间，哈维参与过很多客户咨询项目，但直到当上公司的培训项目负责人后，他才得以经常性地感受到马文对公司员工即公司人力资产的重视。培训项目负责人的职位使得哈维有机会全面了解马文的工作，在麦肯锡的各种强制培训项目中与每一位新的咨询顾问和新的经理进行交流。与那些孤立的只会指令加控制的高级管理者形成鲜明对照的是，马文经常深入员工之中，努力将他们培养成领导者，让他们以明确、恒定的商业价值观为行动指南，勇于相信和遵循自己的直觉。

> 马文可能是我碰到过最好的公司领导了。他以一套明确的价值观为基础建设和经营公司，这套价值观被广泛传播、充分理解，并且不断得到强化。无论是在顺境中还是在逆境中，它们都始终发挥着作用。马文每天的一举一动都体现着这种价值观。在我的记忆中，马文从未有过与公司价值观不符的行为。这是建设一个公司和激发公司人才的创造力和活力最有力的方法，对麦肯锡、IDS 和美国运通都是如此。它为形成良好的传统和保持优秀的业绩奠定了坚实的基础。
>
> ——哈维·戈卢布[2]

> 哈维把专业化的价值观带到了一个金融服务公司。他认识到对信任的要求贯穿于所有的金融企业当中，因此对金融企业应当更像是对专业服务公司那样去经营。即使是一家保险公司收购了一家证券公司，它也应当按那种方式去经营联合企业以避免欺诈行为。这就是哈维·戈卢布在 IDS 和运通获得成功的关键。在运通公司，他和成千上万的人保持着直接联系。他做出了杰出的贡献。
>
> ——马文·鲍尔[3]

IDS

在麦肯锡工作了将近20年后，哈维来到了IDS。这是一家新近被运通公司收购的挨家挨户进行销售的共同基金公司，位于明尼阿波利斯。哈维面临的是将公司扭亏为盈的艰巨任务。

在哈维看来，任何一个领导者的首要任务都是明确实际情况（或者用马文的话来说，是获取事实）。[4]他对IDS的初步评估是这样的：

优 点	缺 点
优秀的销售人员	人员流动频繁（竞争对手大挖墙脚），忠诚度不足
对以服务为导向的历史充满自豪	支持有限（如数据库、培训等）
具有竞争优势的进入美国中部市场的渠道	没有利用市场渠道的战略，没有依靠关系的销售，没有在竞争方面具有差异性的价值定位

此外，哈维感到IDS的文化不利于发挥一线销售人员的洞察力和建立一个充满活力、敬业，并且有强烈认同感的公司。他这样描述IDS在文化上面临的挑战：

> 我必须建立一个开放的环境，让员工可以提出和讨论他们的观点，可以少一些明尼阿波利斯式的礼貌。为此，我在多年的时间里都以身作则，并对那样的行为给予奖励。[5]

根据对IDS现实的评估，哈维确定了他的初步任务，在此过程中他充分借鉴了马文的经验：

> 我们必须努力尽快确定我们为了取得一定程度的成功而必须遵循的使命、战略和价值观，只有战略和价值观协调一致，才能最终使我们取得成功。离开了战略和目标，价值观就只能停留在概念上，不会有力量；而战略失去了价值观的支持，则是无法实施的。所以战略和价值观应协调发展。[6]

哈维的战略是要把 IDS 庞大而富有才干的销售队伍转变成财务规划师，方法是用一套商业价值观来引导他们，对他们进行培养和训练，用财务规划工具和各种投资与保险产品来支持他们，从而使 IDS 能够提供财务规划服务：

> 先要确定一个财务规划战略，然后加以执行……战略的成功与否完全取决于执行的细节情况。高级管理者应当有一套共同的衡量标准和目标，我们都要根据它们来获得评价和报偿。[7]

在哈维领导 IDS 期间，人才的培养并未局限于开展培训。他认为自己也要亲身参与到其中去：

> 培训课程很多，比如领导力培训。我们进行领导力培训时，第一课由我来上，而接下来的课则由我教过的人来上。每年我都要开一门新的课程。这样大家就会明白领导者的一部分工作就是教他的下属如何进行领导。我们不是教学专家，但却是领导专家，这一点给班上的学员留下了深刻的印象。要成为出色的教

师并不容易。实际上，我认为我们是出色的教师，因为我们是联系实际的。[8]

哈维一来到IDS就开始鼓励员工要善于表达自己：

当我刚到那里时，公司遇到一个问题：如何确定年金的增长率？这是一个重大的以价值观驱动的经济问题，关系到购买年金的客户能获得多少收益。其中有一个员工认为我的决定有失原则。她是一名保险精算师，名字叫凯西·瓦尔塞萨。她找到她的主管，要求和我谈谈。主管和我约了个时间，然后他俩一起来和我面谈。凯西非常紧张地提出了她的观点，然后我们就此问题讨论了近一个小时。我听了她的观点，解释了我的想法，而后我们讨论了问题的利弊。最终我没有改变我的决定，而她也理解了其中的原因，确信这是一个有原则的决定，尽管她不会做出这样的决定——或许在那个时候不会。但有一点是肯定的，她不再担心我是否符合职业道德的问题了。在IDS工作时，我在很多场合的讲话中都以此为例，来表明我是多么珍视那些以适当方式表达异议和提出问题以供考虑的人，他们是在提供支持和帮助而非吹毛求疵。因此我是在某种意义上通过赞许她的勇气强调了她的价值。[9]

和马文一样，哈维重视每个员工提出的意见和建议：

我花很多时间和不直接向我报告的员工在一起。

在我刚到公司时，公司有4411名一线代表，而当我离开时已经有大约9000名了。我想这些人当中有1/3我都认得。我花大量的时间和一线代表以及总公司的员工在一起，和他们谈话的时间就更多了。因此，我不是从各个渠道获得经过过滤的信息，而是直接从员工、代表甚至顾客那里获取信息……这是典型的马文式作风。[10]

戈卢布和马文同样意识到了在初获成功后就陷入自满和停滞不前的运营模式的危险。这种安全感在瞬息万变的竞争环境中是最为人忌讳的。

我觉得最困难的是在我们开始取得成功时应当怎么办。这时人们会认为我们只要按照先前的做法去做，就会继续取得成功。我担心的是我们会开始墨守成规，我们的做法已经陷入老一套了。所以难点在于，当我们还算成功的时候应该如何使员工摆脱成规。我的办法主要是在个人和公司层面不断确定新的业绩标准和目标，努力设计出一个能将我们公司打败的公司，并努力成为这样的公司。[11]

戈卢布在IDS取得成功的关键是一套明确的价值观，它为管理层和员工的行为与决策提供了指南和依据：

在IDS，我们有严格的道德标准规范着我们的一切行为。我们一丝不苟地遵守着这些标准。我们这里

> 很少有“灰色地带”：一件事要么是对的，要么就是错的。正因为我们有明确的价值观，所以我们公司从基层到高层都更容易就公司应当如何运营做出正确的决策。[12]

后来，哈维将IDS更名为美国运通财务顾问公司。[13]到20世纪90年代，该公司的利润占到了母公司利润的一半以上。1993年，公司收入达到了29亿美元（从1985年起保持了30%的年增长率），财务规划师（不再是销售员）所服务的客户达到了140万。经济学家称之为“美国证券交易所黯淡的星空中唯一的明星”。

美国运通

1992年，在成功地将IDS扭亏为盈之后，哈维·戈卢布成为美国运通公司的董事长兼首席执行官。运通公司是一家有着150年历史的大公司，它从美国内战前的快递公司发展成了现在的大型金融服务提供商。

就像在IDS时一样，哈维开始对运通公司做现实评估。他发现公司的品牌正在迅速没落，而业绩滑坡和问题重重的企业文化之间存在着直接联系：

> 运通公司资产正在遭受巨大损失，企业文化变得傲慢而僵化，品牌也在没落，我们面临着沦为一个无关紧要的小公司的可能性。

> 像 IDS 一样，运通公司有着长期的以服务为导向的卓越历史。我们以此为傲。它代表了公司的核心价值。然而一段时间以来，公司在行为上脱离了这个核心价值，变得更加政治化和以自我为中心，以顾客为导向的传统被削弱，员工相互交流沟通的坦诚度也受到了影响。[14]

他还发现公司脱离了其核心价值，变成了一个业务部门的大杂烩，而这些业务并不一定与公司的优势相符：

> 公司把本不属于运通公司的业务拼凑在一起，因此公司的文化任务和战略任务不再相符。在这两者之间你又不能有所偏废。最终制定的战略决策是要成为一个品牌公司，我们的目标就是要成为世界上最受尊敬的服务品牌。那比较容易被接受，因为它和员工们对公司的过去和将来的认识是一致的。[15]

在将运通公司的目标确定为“成为世界上最受尊敬的服务品牌”后，哈维着手将目标转化为现实：

> 做起来总是比说起来要难。要“成为世界上最受尊敬的服务品牌”，你应该做些什么呢？那意味着什么呢？它不仅仅是个口号。它到底意味着什么呢？首先，它意味着公司要裁减掉那些不属于运通公司的业务，那些不能维护公司品牌的业务。我们就是这么做的。[16]

担任运通公司首席执行官不过几个月，哈维就出售了希尔森公司（Shearson）和第一数据公司（First Data Corporation），而他将公司战略转化为现实的行动并未就此止步：

> 其次，这意味着作为一个品牌公司，运通公司应该成为一个自营公司而不是控股公司。这对我们如何构建公司的组织结构、如何决策和设定决策标准都会产生深刻的影响，对薪酬体系和业绩评价体系也是如此。所以在做出最高层的决策后，接下来会有一连串的工作要做。转变企业文化的任务之一就是要使员工们明白，那些与我们的愿景不符的行为必须被改变，而与之相符的行为则会得到褒扬和奖励。[17]

就像在 IDS 时一样，哈维在转变美国运通公司文化的过程中扮演了积极的角色。

> 我努力以身作则。我也讲授培训课程。我把演示作为与大家一起学习的过程。我修改了业绩评估体系。我修改了薪酬标准，并说明我们会怎么做。我努力成为坦诚和明晰的典范。
>
> 比如有一次我们在会议室开会，参加会议的有一些高级管理者，还有一些基层员工坐在后排。在会上，我做了演示。演示结束之后，我做了一件据我所知在公司史无前例的事情：我问了那些坐在后排的人一系列问题，比如是谁完成了所有工作，他们对我的建议有什么想法、有多么支持，他们考虑有什么别的方案，他们认为风险在什么地方等等。他们

> 对我的提问感到很震惊，而这件事在公司中很快就传开了。[18]
>
> 在文化的转变过程中，培训也是一个重要的组成部分：
>
> 公司有很多实在的培训，我觉得其中最重要的是领导力的培训。根据一个员工对于承担某项特定任务的准备程度，你要采取何种领导风格，以及如何有效地运用这种领导风格，这可能是最重要的。[19]

所有这些因素都带有马文的印记，包括战略与核心实力的一致性，对企业文化的重视，首席执行官以身作则，以及更多基层员工参与决策等等。哈维在麦肯锡工作的 20 年中亲身体验过它们的效力，在运通公司（和 IDS）他也据此行事。在此过程中，他融入了自己的风格，但基本内容是一致的。哈维是这样回忆的：

> 马文经常在讲话和撰文时提到公司的价值观，这些价值观融入实际行动中去，因此起到了经常提醒的作用。在运通公司，我较少这样做。我不是用写备忘录来宣布决策，而是用它来解释决策——不仅仅是决策的内容，还包括其理由和制定过程，以及我的想法。我把公司内部期刊改名为《背景》，正是为了向大家提供决策的背景。这样一来，员工们不仅可以了解决策的内容，还可以了解决策的出发点。他们可能仍然对决策持反对意见，但会了解为什么我们会做出这样的决策。[20]

哈维懂得公司的价值观绝不是挂在口头上的陈词滥调，因此他在运通公司选择价值观或原则时非常谨慎。在 1995 年写给马文的一封信中，哈维是这样说的：

> 你可能会对我们所做的其他一些事情感兴趣……我们正在像制定公司战略一样严格地确定我们的组织特性。[21]

哈维为运通公司确定的价值观和原则简洁有力：

> 我们提供只为顾客带来上乘价值的产品。我们以世界级的经济效益水平来经营公司。我们提升品牌——我们所做的一切都必须对我们的品牌起到支持作用，并与客户对我们品牌的理解相吻合。如果达不到这些要求，我们就不能去做。我已经说明了上述这三条决定与公司的运营原则是一脉相承的。[22]

哈维指出，当公司的价值观和原则确立之后，关键是要通过行动和决策将它们真正落实到日常工作中去。这一点也是他从马文身上学到的。此外，一套明确的价值观确立之后，就可以用简单的行动指南取代繁杂的程序，从而促进公司的高效运营：

> 其实马文采取了一种非常直接和巧妙的方式来贯彻公司的原则。他很重视这些原则，它们是关于雄心壮志的宣言，但却完全不是陈词滥调，它们有意义有

内容。马文的成功就在于他为这些原则注入了活力，这也是我努力想要做到的。而这也使决策变得容易了。[23]

哈维发现，在运通公司最困难的事情是，他要在整个公司并不完全支持的情况下做出自认为正确和关键的决定。不过一旦指导性的价值观确立以后，决策也就自然水到渠成了：

有好几次，我得在整个公司并不完全支持的情况下做出决定。比如，我决定发行在运通公司和银行网络下运营的信用卡，但这并没有得到公司的全力支持。我还是那样决定了，并且开始实施。当我决定对公司进行改组时，我拿出10亿美元作为成本预算，大家明白是该动真格的了，但依然不怎么支持。当我决定使美国运通卡实现通行使用，而不仅仅局限在旅游和娱乐场所时，我感到非常艰难。尽管在商业决策上会遇到各种困难，但我们的原则是明确的，所以从这些原则出发进行决策就顺畅多了。[24]

为了创造“来自公司员工队伍的竞争优势”，哈维进行的另一项重要改革是引进一套业绩评估流程，将每个高级管理者（包括哈维本人）的一部分奖金与有关员工价值的调查挂钩，而员工价值并不完全取决于财务业绩：

我们公司有个原则，它与创造来自公司员工队伍的竞争优势的必要性有关。为了实现这个目标，每个高级管理者25%的奖金要依每年一次的员工价值

> 调查的结果而定，我本人也不例外。因此，一段时间下来，我们就有了 360 度全方位的数据。我们将这些在部门层面进行调查的结果换算为薪酬结果。这样做的结果是我们对几乎所有员工的价值都达到了世界一流的满意程度，消除了所有不同种族和性别之间的差异。
>
> 每年我们要对各部门的业绩进行评估以确定奖金。我们把完整的评估情况通报给所有被纳入奖金体系的人。我们在公司的内部刊物《背景》中公布所有部门的评分，使所有员工都能一目了然。比如第一个部门得了 A，第二个部门得了 C-，同时还附有对评分情况的说明。因而员工可以了解评估结果是如何得出的，为什么它们可能与财务成果存在差异。
>
> 如果有人提出申诉，我会了解相关信息。我会请人发表意见，以确保我的想法尽可能全面。这样人们最后就会看到一段评语，认定结果就是 A- 或 B+，而且这些评分是合理的。我要让大家知道的是，如果我给谁打了个 B+ 的分数，那我对其他人也会采用同样的标准。[25]

在业绩评估中采用标准化的方法，从而给员工们带来了一种公平的感觉，这正是马文当初在麦肯锡坚持建立的制度。

哈维花了 8 年时间来转变运通公司的观念，在此期间他做出了一些艰难的富有创造性的管理决策。在加入美国运通帮助 IDS 扭亏为盈 15 年之后，哈维以一种酷似马文的方式从领导岗位上退了下来。他是如此描述这段经历的：

> 有时候即将离任的首席执行官过于努力地要使自己有一个最好的结局年，而不是去帮助继任者实现一个更好的开局年。有些首席执行官在权力交接前不愿让继任者更多地扩大权限，这就使得继任者没有机会得到一定的指导。让前任首席执行官留下来帮继任首席执行官一段时间几乎总是一句空话。这会带来两个问题。继任者可能不愿改变什么，因为他不想伤害前任者的感情。而前任者如果发现有什么改变，也可能会感到不高兴。所以前任首席执行官应该离开，如果继任者有什么问题，可以打电话给他或者与他共进午餐进行讨论。[26]

在运通公司 2000 年的年度报告中，公司时任首席执行官肯尼斯·切诺特是这样描述哈维的影响的：

> 在这 15 年中，哈维对公司的业务、文化、员工和共同的价值观产生了无与伦比的影响。不论是在 20 世纪 80 年代入主 IDS 和 90 年代初掌管旅游业务部期间，还是在最近 8 年执掌母公司期间，他始终是运通品牌坚决的拥护者。同时他还充分利用了公司品牌的力量和公司员工的力量，使公司的运营取得了极大改善。
>
> ……哈维给公司带来的影响将远远超越他在公司任职这段时间。他鼓舞了那些当初士气低落的员工——现在这些员工是以胜利者的姿态在工作，而公司在市场中也成为获得新生的力量。他明确了公司的

价值观，并使这些价值观在我们全世界的员工当中变得更加具体和重要。他把自己深切关爱的公司托付给了我们。[27]

在离开麦肯锡后，哈维经常给马文写信，向他汇报在 IDS 和运通公司的工作情况。哈维在信中称赞马文和他建设麦肯锡的方法，这些方法为他领导运通公司提供了框架。下面这封充满感情的信是哈维从运通公司退休后在 2001 年 1 月写给马文的：

经常有人问我在职业生涯中谁对我的影响最深。对我影响深远的有两个人——我的父亲和您。我曾经无数次引用“马文的故事”来说明我的观点。

您按照创办原则建立了公司，然后又坚持恪守这些原则，即使在不这么做对您自己更有利的情况下也始终不渝。这是建立一个公司、激发公司人才的创造性和活力的有力方法，对麦肯锡是如此，对 IDS 和美国运通也是如此。它为形成良好的传统和保持优秀的业绩奠定了坚实的基础。

我始终坚信，如果说我有什么确保成功的法宝的话，那就是吸引、培养和留住优秀的人才，而不是我个人的竞争力。那样做才能使公司保持进行适应、调节和领导的灵活性和能力。培养人才的秘诀其实很简单——把基本保障做好（工资、福利和工作条件），给他们有意义、有挑战性的任务，然后做好领导工作。

这些您都做到了。我将永远对您怀有深深的谢意，并以能与您共事而深感自豪。[28]

格雷·麦克道尔

格雷·麦克道尔1963～1969年在麦肯锡洛杉矶分公司工作。1969年，他离开麦肯锡担任马克控制公司（Mark Controls Corporation）首席执行官。1992年，他领导了伊利诺伊州福利体系的大改革，获得了巨大的成功。

我离开麦肯锡之后遇到的最令人欣喜的事情是马文成了马克公司的股东。我每个星期都要看一下股东的名单，有一天突然发现马文购买了1000股马克控制公司的股票。他还不是通过纳斯达克系统购买的，而是通过场外交易购买的，这种粉单交易[⊖]在那时是有相当大风险的。当时我就像被教皇授予了红衣主教的冠帽——我得到了自己几乎难以想象的认可。马文对我的公司进行了投资，这是一家九年中有七年是亏损的地处中西部的阀门公司。这真是太棒了。

——格雷·麦克道尔[29]

格雷的想象力非常丰富，而且保持着良好的人际关系。那些和他合作过的客户都很喜欢他。我觉得他

⊖ 很多OTC中的股票市价太小，很难在报纸上找到报价，但这些股票的股票代码、股价、交割券商等资料可以在“pink sheet”上找到，因为资料被印在粉红色单子（pink sheet）上，故被称为“粉单交易。”

> 对联合包裹服务公司（UPS）董事会产生了很大的影响……当他在马克控制公司春风得意时，我认为他可能会失去谦虚的作风，而事实上他并没有那样。他仍然保持着谦虚的作风，他深谙领导之道，他的工作主动性极强。
>
> ——马文·鲍尔 [30]

在格雷加入麦肯锡时，马文是公司的董事长兼总裁。在工作期间，他经常和马文进行交流：

> 马文和沃伦·坎农是公司的核心人物，马文的影响无处不在。他发布的蓝色备忘录内容多样，从犹太教与基督教的道德规范到他所介入的偶然事件，不一而足……当涉及道德规范问题时，公司中总是有这个绝不妥协的中坚力量。[31]

格雷在麦肯锡工作的最后一年中领导了金融服务咨询业务部，其间他得到很多机会从马文身上学习领导和经营之道：

> 马文·鲍尔是我心目中的大英雄。我刚从商学院毕业，他就出现了。当时我甚至不知道如何操作按键电话上的按键。在此之前我当过海军，读过工程学的本科，但对商业却一无所知。在我像海绵一样吸取领导楷模和经营之道时，马文在我的生活中出现了。从第一天参加公司的新咨询顾问培训开始你就能感受到他的存在，你知道那是实实在在的。马文是个实实在在的影响力。[32]

马克控制公司

格雷在1969年离开麦肯锡，担任马克控制公司的首席执行官，从此开始了他长达17年的奋斗历程，将一家不赚钱的小型阀门制造公司发展成《财富》杂志电子和程控公司1000强中利润极其丰厚的一员。这乍听起来像是灰姑娘似的童话故事，实际上却是得来不易的。这首先需要对未来的发展有大胆的构想，然后还要坚持不懈地将发展构想和相关要求向5000名员工充分传递，因为他们需要参与到发展的每个步骤中去。简而言之，格雷的“魔法棒”就是他与马文共事时得到的丰富知识和经验：

> 在马克公司，我第一次亲身面临这样的挑战，要采取自认为正确的决策，并把它们向5000名员工充分传递。记得那时我想想就感到可怕，马克公司每天24小时都在世界的某个地方运营着——可能是在新加坡的工厂，或者是位于德国的销售处，而大量的员工因其行为方式都有可能损害或促进我们公司的发展。我认识到自己无法事必躬亲，所以我必须将自己认为重要的东西灌输到公司中去。[33]

格雷成功地与世界各地的众多员工进行沟通，他把这直接归功于马文的教诲：

> 我学到的一点就是很多东西都要行诸文字。很多领导者都有一个通病，公司的事情只是几个管事的

> 人坐下来口头说说达成共识，然后任由它们以某种方式在公司内传播开来。而马文则是通过发布蓝色备忘录、举办培训课程和走访世界各地的分公司，确保公司的价值观不只是由纽约的高级合伙人坐下来谈谈，而是要在公司内部广而告之。所以，对我手下的5000名员工，我是每到一处就在那里举行餐会。比如我去一家在新加坡、苏格兰或其他地方的工厂时，我会跨部门找一帮生产、销售和管理人员，大家出去吃吃比萨，喝喝啤酒，一起谈谈公司的情况，我也会回答一些问题。每次访问回来，我都会给见过面的人写封短信，因此从来就不会有“他们”这样的说法，我属于“他们”，应当说“咱们”。不要说“他们是这么认为的”，要试着问这样的问题来打开话题：“你是怎么想的？这样好吗？这样不好吗？你担心的是什么？”[34]

谈话必须是双向的，这样才能使员工充分参与其中，并起到培养人才的作用：

> 我们进行有关态度的匿名调查，其中包括道德方面的内容。我们尽力使员工感觉他们可以表达真实的感受，感觉高层管理者会倾听他们的意见。[35]

格雷意识到，马克公司声望的高低，以及公司能否不被仅仅视为一个阀门或控制器生产商，在很大程度上取决于公司的员工：

> 你随时都要保持警醒。因为那些你派去代表你的人应当体现出价值观，其中包括努力工作和为顾客提供一流服务。[36]

在马克公司，树立榜样对于塑造公司所追求的文化至关重要：

> 一定程度的谦虚是必要的。我过去常在马克公司的管理大会上讲授领导力课程，这种大会通常会有来自世界各地的200多名员工参加。我会事无巨细地讲很多东西，比如说，当有人来到你的办公室时，你应当从办公桌后走出来，和客人坐在一起，这样你就不会给别人一种居高临下的感觉了；还有听取别人的意见有多么重要；在公司经营状况不佳的年份自己就要做出表率，不要奖金，不加工资，等等。在公司经营状况不佳的许多年中，我都是这么做的。[37]

格雷把时间都用在确保公司的价值观得到贯彻（如努力工作、为客户提供一流服务、倾听他人意见和尊重他人）和展示自己对公司的忠诚上。用他的话说，前面谈到的那些只不过是他如何做到这一点的例子而已："向公司传递你的想法有多种多样的方式。我从马文身上学到了很多。"[38]

格雷坚持不懈和努力工作的精神得到了回报。在执掌马克公司17年后，他取得了别人可能几乎无法想象的成就："1987年，公司各个分支加在一起的价值几乎是公司在纽约证券交易所交易的股票价值的3倍。"[39]

事实上，格雷获得了巨大的成功，以至于他可以功成身退：

> 我决定将公司分拆出售，因为公司的长期投资者应该得到这样的收益，不然华尔街的敌意收购者迟早也会替我这么做的。《芝加哥论坛报》的报道用了这样的标题："公司先发制人对付敌意收购者，首席执行官就势功成身退。"整个战略取得了非常好的效果，公司的股票上升到了每股 160 美元，而我刚刚担任首席执行官时只有 10 美元。[40]

伊利诺伊州福利体系

从马克公司离开后，格雷开始寻找另一个他可以再展身手的地方。这次他进入的是属于公共部门的伊利诺伊州福利体系，在这里人力资产是指政府机构雇员、福利提供者和顾客（公众服务的接受者）。这一体系的成功与否只能用服务接受者的成功与否来衡量——也就是说"顾客"应该越来越少而不是越来越多。

格雷从 1992 年开始参与这个公众服务体系，当时他主动为自己确定了一个角色：

> 这是一个自下而上揭示全国现行体系的缺陷的过程，它依据的是接受福利救济者的看法，而不是理论家或学者的观点。在我的建议下，伊利诺伊州州长决定就公众服务体系改革成立一个工作组，并指派我为负责人。在庞大的官僚机构中出现了改革的拥护者。

> 改革措施开始改变人们的生活——主要是通过更合理地使用现有的纳税人资金。[41]

这里与马克公司不同，它产出的不是机器设备，而是要从根本上改善人们的生活，提高他们的经济自给能力。针对这一产出，格雷采取了马文式解决问题的方式，为了将现行体系改造成高效、切合实际的新体系，他直接深入一线（在这里是接受福利救济者、州政府雇员和福利提供者）调查实际情况。他会见过“后院妇女”、囚犯、政府雇员，还有监管者。

这个调查过程给格雷提供了素材，从而为伊利诺伊州福利体系确定了一条新思路，使之建立在接受福利救济者的一些现实情况基础之上，并从体系中的政府和官员一方多做假设多想方案。

在2000年出版的《区别对待》[42]一书中，格雷谈到这段他领导伊利诺伊州州长成立的工作组推行公众服务改革的经历。下面摘录的片段讲述了他是如何对接受福利救济者（“后院妇女”）和福利提供者（如政府雇员和立法者）开展调查的。

“后院妇女”

> 赫伯特·马丁牧师安排我会见了一些非裔美国妇女。她们是接受福利救济者，被我们称作“后院妇女”，因为她们大多数下午都聚集在马丁居住的公寓楼的那个小小后院里。马丁牧师说：“我们的改革措施只有惠及这个人群，使她们的行为有所改变，才有

可能获得成功。”

我知道，除非和她们面对面好好谈谈，否则我们是很难理解这一点的。

我安排了一个下午与玛克辛和拉文分别面谈。前者是一个年仅 20 岁的性格抑郁的重犯，她已经做了母亲，最近刚从狱中获释；后者是一个二十四五岁性格活泼的妓女，也已经做了母亲。

我抢先发问：“如果你是州长，你会怎么做？”

玛克辛回答道：“我要找个工作。我应聘了好多工作，他们总是要求有工作经验。如果找不到工作，我又从哪里来的工作经验呢？”

她坐在这个客厅，面对的是她知道不愿意雇用她的世界——一个重罪犯，没有工作经验，有两个孩子，像房间里除一人之外的所有女人一样没有读完中学（在第九学年为了照顾孩子而辍学）。

“你有没有想过去获得一个普通教育水平的文凭呢？”我问道。

玛克辛看上去若有所思的样子，她回答说：“唯一的普通教育课程是在道森的夜校（一所社区大学）。那里很不安全，有强奸犯出没。”

凯西是个 30 多岁的妇女，和别人不同的是她有一点工作经验。她做过家政服务，有段时间还在办公室工作。我问她为什么没有把办公室的工作做下去。“那个工作的地点是在郊区，是一个朋友帮我介绍的。去那里上班我先要坐公共汽车到 Loop，然后坐火车到 Des Plaines，接着要和人约好来接我或乘出租车到公司。从那里往返单程就要用两个多小时，而且要花很多钱。如果有辆车，我可以只用一个小时，但我买不起车。每天要花五个小时赶路，还要照顾三个孩子，我实在是受不了。”[43]

格雷同很多接受福利救济者进行了访谈，了解了他们的情况和真正需求：

这些接受福利救济处于贫困状态的女人和男人诉说的经历，使我对福利和公众服务体系中的客户和所遇到的情况有了更丰富的了解。我与“后院妇女”会面，以及作为“在场的唯一一个白人”与这些人近距离接触。这种经历时常提醒我，接受福利救济的人群和其他大的人群一样，有着很大的个体差异。一刀切的思维方式往往是错误的。[44]

与别人一样，他们也希望得到发挥其所长的机会：

处于这一切核心位置的都是些有血有肉的人，我们中的大多数人，包括决策者，都很少能了解他们。我坚信，接受福利救济的绝大多数人也像大多数普通美国人一样，都有工作的愿望，都有个人和家庭方面的热切期望。对那些愿意上进的人，我们应该为他们搭建机会的阶梯。[45]

政府雇员

格雷的情况调查工作还包括走访大批相关政府机构，以了解他们的时间是怎么使用的，取得了什么成果，以及他们认为哪里有改进工作的机会。

格雷的调查有一个很重要的目的，那就是要画出一幅显示决策与资金在各相关部门之间流动情况的组织和流程图，他说这个图完全是“鲁布·戈德堡[㊀]式的没事找事”。他发现的是一个规则和程序繁杂的体系，但却没有和衡量成功的标准联系起来：

我看到的大多数都是管理混乱或即将失控的现象。我下决心要搞清楚这到底是怎么回事。

对于那些身处高位者，尤其是那些规章制定者，评价标准就是将机构的法律风险降到最低，让联邦检查员满意，不使州长难堪。由于很少对实际结果进行衡量（如是否人们的生活得到了改善，是否实现了自给自足），盲目的宏观管理和繁杂的规章制度肆意滋长。

我去参观了一个称为“机会工程”的项目。我问其中一个参加者去那里的原因。他回答说：“参加了才能领钱。这是我第二次来了。”

“你认为你能找到工作吗？”我问他。

他给我的回答是：“哪有什么工作啊。”[46]

格雷发现，那些项目的经办者和接受福利救济者一样意识

㊀ Rube Goldberg，美国著名漫画家，他的作品多讽刺如何将简单的事情极度复杂化，曾获普利策奖。——译者注

到了项目的缺陷，但正像在其他过度官僚化的组织中一样，人们的建议得到实施（甚至是得到听取）的机会十分渺茫。当格雷问起项目的管理人弗雷德·科林斯，如果这是花他自己的钱，他会怎么做时，科林斯不假思索、实实在在地回答道：

> 简单得要死。我会花钱开一辆面包车，就在那些人居住的罗伯特·泰勒·霍姆斯地区和有很多工作机会的麋鹿林村之间。我要做的包括建立“成果衡量标准”。想象一下吧，花了几百万美元，却不知道除了给讲师和 MSW（社会工作硕士）提供就业机会外得到了什么回报。我要做的还包括实现“因地制宜”。不这样我们哪有机会试试这个“面包车计划”？[47]

然而，按照当时对那个项目的使命的阐述，科林斯的计划根本是不可行的：“我们从事的是公众服务，不提供运输服务。”

成果

格雷在五个地区进行了试点工作。在进行试点的新环境中，流程是从一线开始的，决策得到了整合和统一，导向是以可行的方式（符合受助者实际情况的方式）帮助人们重新就业，并采用新的有意义的衡量体系。这意味着试点中心要设在靠近这些人的居住区的地方，而且需要各政府机构通力合作。

这五个地区的试点工作都获得了成功。1996 年 7 月 3 日，伊利诺伊州州长签署了一项法令，他称之为“伊利诺伊州自世纪之交以来最大规模的改组”。六个独立部门大都被合并成了单一的公众服务部。决定成立该部门的法令明确规定，部门应实行综合化服务，使服务与作为服务对象的相关社区联系起来，并且对该州所有公众服务支出的成果进行衡量。格雷在这里的成果不是用华尔街上股票的价格来衡量的，但它们与格雷在马克公司取得的成就一样巨大——到 2002 年 9 月，伊利诺伊州接受福利救济者的人数减少了 82%，这已是各州自 1996 年以来实现的最佳纪录，当时该州接受福利救济的人数为 25 000 人。[48] 唐娜·莎拉拉称伊利诺伊州为"第一个拥有特大城市却干得非常出色的州"。[49] 正如格雷在他的书中指出的那样，在这些数字背后最重要的是许多人恢复了经济自给和自尊：

> 贾尼斯·麦克雷曾长期失业，依靠福利救济生活了 13 年，而现在她找到了合适的工作。贾尼斯住在芝加哥南部的大林荫道社区，该社区被称为全美国最贫穷的城区。在伊利诺伊州的努力下，她已经在联合包裹服务公司的一个分拣中心兼职做了两年分拣工，享受全部公司福利，公司目前正在考虑提拔她做全职工。她现在 31 岁，有两个儿子，一个 9 岁，一个 14 岁，还有一个 12 岁的女儿。她住在臭名昭著的"罗伯特·泰勒住宅"项目开发的住宅内，乘公共汽车半个小时就可以到达公司。[50]

格雷的成果还在继续扩大。[51] 2003 年，布什总统来到位于芝加哥南部的联合包裹服务公司，祝贺摆脱了福利救济的员工所取得的成功。[52] 与达利市长、联合包裹服务公司首席执行官麦克·埃斯丘及布什总统一起站在台上的有一位叫维维安·基蒙斯的女人。她是第四个发言的人，讲述了自己的经历——她是九个孩子的母亲，曾经依靠福利救济生活了九年，而现在她是联合包裹服务公司已有三年工龄的员工，是公司的管理者和股东。很多人都感动得热泪盈眶。

在马文·鲍尔的一生中，他始终非常重视回报社会。格雷·麦克道尔也通过帮助伊利诺伊州福利体系重组为一个高效的公众服务提供机构，将自己的商业才智和技巧贡献出来为社会谋利益，并且创造出一种无法用价格衡量的产品——那就是人们的自尊和自信。

马文在2002年时指出："格雷取得了出色的成就。"格雷至今依然非常尊重马文，他说："马文是那种毫不动摇地坚守诚信和为他人奉献的人。[53]

大卫·奥格威

大卫·奥格威是奥美公司的创立者，是一位具有传奇色彩的广告业巨头，他与马文保持了长期的关系。和马文一样，他有着胜任领导工作的阅历背景。他先是做过推销员（销售Aga炉子，由于业绩出色，被指派编写推销员手册），[54]随后又为乔治·盖洛普工作（从未忘记有关观点和偏好的、确实和科学的数据有多么重要），后在阿米什镇的一个农场工作，在第二次世界大战期间他为英国的情报部门效力（在那里他懂得了弄清前线情况和使用事实材料的重要性)。奥格威和马文是为工业革命做出过贡献的人当中最后去世的几位，他们同样也为现代的领导文化做出了贡献。

> 我从自己的失误中，从合作者的忠告中，从文学作品中学到了很多东西，也从乔治·盖洛普、雷蒙·罗必凯和马文·鲍尔那里学到了很多东西。[55]
>
> 我对马文的敬仰几乎到了个人崇拜的程度。我总是告诫合伙人要像麦肯锡公司那样经营我们的业务，他们听得耳朵都起茧子了。[56]
>
> 我所知道的伟大领导者都是复杂得出奇的人。麻省理工学院前院长霍华德·约翰逊将这种复杂描述为“一种为领导力带来神秘色彩的内在精神力量”。我在麦肯锡公司的马文·鲍尔身上看到了这种神秘的力量。
>
> ——大卫·奥格威[57]
>
> 大卫·奥格威是位伟大的领导者。他从根本上改变了人们对广告的看法。
>
> 他懂得并重视建立一个组织有什么要求。
>
> 我们从来没有深交过，但我将他视作亲密的朋友。
>
> ——马文·鲍尔[58]

共同价值观的联系

20世纪50年代，马文·鲍尔、奥美公司的大卫·奥格威、安达信公司的莱昂纳德·斯派塞克和高盛公司的格斯·利维都在独自尝试建立将理论和实际相联系的专业服务公司。他们经常在大学俱乐部共进午餐，就他们的共同理想交流想法。马文常常在合伙人面前讲述安达信公司是如何将全国各地的办公室大门统一起来的（使大门上的雕刻一模一样），讲述高盛公司是如何在培训和工具上进行投入以支持提供统一的服务的。马文·鲍尔和大卫·奥格威关系尤其亲密。他们的理念和基本性格有不少共同点，因此有时候很难说他们俩是谁影响了谁，谁支持了谁。然而显而易见的是，他们在谈话撰文时都常常把对方作为典范，还经常就重大决策进行讨论。他们互相鼓励对方不断开辟新天地，再造伟大的服务公司。

最重要的是，他们都有一种事事追求完美的持久动力，并且有坚持实事求是的精神。对他们来说，任何不完美的东西都不能算好，而任何不真实的东西也都不可容忍。马文·鲍尔和大卫·奥格威分别在不同的场合指出，追求完美的关键就是招募比你更为出色的人并留住他们。他们的公司经常名列最佳雇主公司排行榜。[59] 1965 年，奥美公司和麦肯锡公司实行了当时美国最为慷慨的退休计划，这两个计划都有大卫和马文的印记。

在奥美公司和麦肯锡公司，从董事会会议室到邮件收发室的每位员工都知道和了解公司的价值观、使命和“这里做事的方式”。在这两个公司，每个员工都有提出异议的义务。

前奥美董事长肯·罗曼是这样描述奥美文化的：“奥美的理念建立在四大支柱之上，即研究、成果、创造性的智慧和专业纪律。奥美注重学习先例，把经验整理转化为原则——把广告作为一种知识性的专业。”[60]

研究

在盖洛普公司多年严格的培训使大卫明白，必须像马文对待每个咨询顾问那样要求大家做到两点：调查实际情况；尊重一线的员工。大卫认为，他的成功在很大程度上要归功于他在盖洛普公司工作和对各个领域的众多美国人进行访谈的经历。他尊重消费者，始终告诫员工“消费者不是傻子”。[61]

成果

奥格威和马文一样认为，服务好客户就能取得辉煌成果。他在自传中是这么写的：

> 我们拥有的最宝贵的资产就是对客户的尊重……当客户聘请奥美或麦肯锡时，他期待得到最满意的结果。如果你不能让他得到，那么你就欺骗了他——他就再也不会回来了。[62]

创造性的智慧

“要鼓励激情和创新。在广告行业，与众不同是成功的开始，而雷同平庸则是失败的前奏。”[63]

“什么是人才呢？人才不一定要有高智商，但要有好奇心、判断力、智慧、想象力和文化修养。”[64]

专业纪律

大卫·奥格威的专业纪律有很多与马文的专业纪律相似，这特别体现在其导向和他本人的投入和敬业方面。大卫写道：

> 要为客户提供优秀的服务，就必须让我们的员工全力以赴。要给他们充满挑战的机会，赞扬他们的工作成绩，要充实他们的工作内容，尽可能对他们委以重任。要把员工作为成熟的人对待，这样他们才会成熟起来。在他们遇到困难时要给予帮助，实施感情化和人性化管理。
>
> 鼓励员工要坦诚地面对领导。领导应该征求他们的意见，倾听他们的意见。奥美公司的组织结构不能像军队那样，领导一手遮天，而下属们只能唯命是从。动脑筋绝不只是领导的事。
>
> 我对我们 55 家分公司设计的广告活动都进行了审查，对好的提出表扬，对不好的提出批评。
>
> 如果领导拒绝将权力与下属分享，那对公司没有一点好处。公司中权力中心越多，公司就会变得越强大。这就是奥美公司变得强大的原因。[65]

在领导奥美公司的过程中，大卫·奥格威像马文一样做出了一些重要决策，如设立国际分公司、出台严格的反对裙带关系的政策、向女性开放领导职位等。他经常在正式场合提到马文·鲍尔：

> 我在奥美的领导风格受马文·鲍尔的影响最大。

他经常帮助我，并提醒我要阐明自己的理念，使公司按照这些理念运营。他对如何建设一个优秀的服务公司，甚至是任何公司，都有比别人更精辟的见解。[66]

他也经常在非正式场合提到马文：

据说就算是你把一封镌版印刷的婚礼请柬交给马文，那位麦肯锡的伟人，他都会把它修改后还给你。[67]

大卫 · 奥格威经常把马文 · 鲍尔引为楷模，而马文也常在不同场合把大卫作为麦肯锡的榜样。比如马文在 1961 年的一份蓝色备忘录里就引用了大卫的一些至理名言：

在我开始讲述未来之前，我要老生常谈地再次强调一下行为这个问题。我希望公司的新员工知道在公司里什么样的行为会得到赞赏，什么样的行为会受到批评：

1. 首先我们欣赏勤奋工作的人，我们不喜欢敷衍了事的人。

2. 我们欣赏有一流头脑的人，因为一个伟大的广告公司离开他们就无法运转了。

3. 我们欣赏不搞政治的人——这里我指的是办公室政治。

4. 我们鄙视那些喜欢拍上司马屁的人，这些人通常会恃强凌弱地对待他们的下属。

5. 我们欣赏专业水平极高的人。而且我们发现他们总是很尊重其他部门同事的专业技能。

6. 我们欣赏那些敢雇用潜质超越自己的下属的人，对那些雇用能力低下的下属的人我们感到可怜。

7. 我们欣赏能培养和发展下属的人，因为只有这样我们才能从内部选拔人才。我们不喜欢在公司外部寻找人才来充实重要岗位，希望有一天我们不必再这样做。

8. 我们欣赏授权于他人的人，你授权于他人越多，承担的责任也就越多。

9. 我们欣赏温文有礼、与人为善的人——特别是对待那些卖东西给我们的人。我们讨厌那些争吵不休、爱打笔仗、推卸责任和不说实话的人。

10. 我们欣赏把办公室整理得井然有序、工作按时完成的有条理的人。

11. 我们欣赏社区里的好公民——那些为本地医院、教堂、家长教师协会、社区福利基金工作的人。关于这一点，我为一些同事在一年来树立的榜样感到自豪。[68]

唐·高戈尔

唐·高戈尔于1976～1985年间在麦肯锡纽约分公司工作。当时马文在公司仍是一个非常活跃的力量，唐有幸和他一起参与了几个客户项目。1985年，唐来到基德尔·皮博迪公司，在兼并和收购业务方面和阿尔伯特·戈登共事了12年。1989年，他加入了克杜莱投资公司，并在1999年成为公司的首席执行官。这个公司非常适合他，因为马文的理念在其中已是根深蒂固了。公司的创始人之一马丁·杜比利埃和后来的很多合伙人都是“马文领导力学校”的“毕业生”。唐经常谈及马文、戈登和乔伊·莱斯对他所加入的公司的类型、他建立在价值观基础上的领导风格和他所做出的重大领导决策的影响。

> 我觉得大多数人都知道一些关于马文的小段子，因为它们令人非常难忘。在这些年里，他是给我印象最深的人。他确实是一个传奇人物。
>
> 在 20 世纪 80 年代末的几年中，我经常看到马文在布朗克斯维尔的火车站台等候开往曼哈顿的火车。这样与他相逢总是一件乐事，如果我能像他那样起得那么早去赶火车的话。
>
> ——唐·高戈尔[69]
>
> 唐和乔治娅搬到了布朗克斯维尔。如果他错过了早班火车，我们就一起走。听唐对时下的事情发表看法总是让我很开心。他不仅仅局限于自己所读到的东西，还对那些内容有所思考。
>
> ——马文·鲍尔[70]

唐说，他是受到马文的直接影响才决定加入克杜莱投资公司的：

> 我和马文一起讨论领导力的问题时，他建议我读的一本书是约翰·加德纳的《仆役式领导人》(*The Leader As Servant*)。那本书对我的影响很大，我认

为这在我的领导风格中有很多体现。领导风格是多种多样的，其中有一种就是更注重达成共识，更多地听取意见，并且更加信奉领导就是要为别人创造成功的机会。我认为这恰恰就是马文一直在努力去做的。他领导公司就是在为别人创造成功的机会。我觉得这也影响到了我在这里的领导风格和我的职业生涯道路。对于指令加控制的领导风格我真的没有什么兴趣。

我实在不太喜欢经营大企业，所以我来到了这里。在这个小一点的公司里，我的工作实际上就是鼓动和领导一群非常优秀的合伙人。公司一共有14位合伙人和10位经理，所以这是一个领导者的公司。这是我向马文学习的自然产物。[71]

强劲、明确的价值观和对价值观的严格遵守是克杜莱投资公司的精髓。唐这样讲述马文在这方面的影响：

马文理所当然引起了我的共鸣，乔伊·莱斯也是一样。这不是偶然的，莱斯也是律师出身，他建立公司的原则和马文的十分相似。乔伊制定的很多专业标准和马文创立公司时在道德规范中加入的内容都是一致的。我们可能是唯一一家拥有正式的政策手册并在其中包含了道德规范的私募公司。我们是一家价值观驱动的公司，我认为价值观已经深入了公司的根本……曾饱受马文熏陶的查克·埃姆斯（埃姆斯是克杜莱投资公司的合伙人，曾于1957～1972年在麦肯锡工作）和我在这里将价值观发扬光大了。毫无疑

> 问，我们在麦肯锡所受的培训使我们决心进一步加强公司的价值观管理。[72]

由于有了共同的价值观，唐实现了一种所有合伙人平等参与的领导风格：

> 说起为别人创造机会，我们公司确实就是这样，合伙人可以去寻找他真正喜欢、了解和把握的投资机会。因此我的工作就是让每个合伙人去抓住他们喜欢和开发的投资机会，而不是我自己把机会占为己有。令我惊讶的是，我成了一个相当不错的谈判专家。因为在我来公司后的前八九年里，我做的就是谈判的工作。我要会见首席执行官，进行价格谈判。我很喜欢做这个工作。但在一个公司里你不可能只让自己做这个工作，而不让别的合伙人做。所以从六年前开始正式担任领导工作后，我就渐渐从这个工作中退了出来，让别人去做。不过有时这会有点困难。[73]

尽管授权他人可能会遇到困难，但唐意识到，如果只让领导唱独角戏，而不为其他合伙人创造平等的机会和潜在的回报，那么公司是无法获得持续发展的。克杜莱投资公司做出了一系列重大决策以确保公司的持续发展，其中一些决策与马文在麦肯锡以身作则的作风有直接关系：

> 毫无疑问，那正是你建设一家公司的正确方式。在这方面我经常想起马文，因为乔伊·莱斯很像马

文，希望公司能在他或我离开之后继续发展，成为一个不断进取的公司。因为它是以价值观为基础的，所以我们认为它确实有其价值。它不仅对那些在这里工作的人有价值，而且我们觉得我们是在做好事，因为我们将一个个疲弱的公司转变成了一个个成功的公司，使它们恢复活力，创造就业、财富和其他很多美好的东西。

但要将价值观制度化绝不是件容易的事。到目前为止，投资公司还没能证明价值观是可以被制度化的，因为它们才只有25年的历史，没有体现出在创始人离去后继续发展的能力。但是我们正在努力去做，我们做了很多的尝试去实现制度化。

乔伊认为最重要的是世代交替。很有意思的是，他对世代交替的看法在某些方面与马文颇为相似，因为他和马蒂（杜比利埃）把他们在公司的很大一部分经济利益让给了公司的下一代人。他们不是到即将离任时才这么做的，而是早就这么做了。他们说这是一种更好的经营公司之道。

乔伊在引入了合伙人后就开始做了。这里的薪酬体制很简单。你刚加入公司时是一点（one-point）合伙人，如果你在公司发展顺利，就成了两点（two-point）合伙人。乔伊是两点合伙人，我刚加入公司时是一点合伙人，在我证实了自己的价值后，我与乔伊和马蒂一样都是两点合伙人了。可以说，乔伊和马蒂没有因为是创业者而比别人多拿一分钱。公司所有高层管理者的薪酬都在一个水平上，这显然为公司带来了好处。

这与亨利·克拉维茨、约翰·希克斯和缪斯等其他大多数公司的做法截然不同。在那些公司，创始人把一半利益留给了自己，然后所有的合伙人平分剩下的一半，哪怕公司有15个合伙人也是如此。我们从来不那么做，我觉得真有点不可思议。

我在思考公司的建设时总是会想起马文，同样也会想起乔伊。当马文让出了他很大一部分股份时，我很惊讶，我感到有点难以想象。当我来到这里后，看到乔伊也这么做，我又大吃了一惊。[74]

像马文和乔伊·莱斯一样，为了公司能够长盛不衰，唐也愿意放弃个人的利益：

……这是一段我们公司浓缩了的历史。我加入公司时，公司筹集的基金有10亿美元，后增加到了15亿美元，而大约三年前我们已经筹集到了35亿美元。我们确实需要扩大合伙的规模。当时的结构大约是2∶1，只有我、乔伊和查克·埃姆斯是两点合伙人。我们三个人经讨论决定要改变这种结构，放弃一半的多余部分。所以现在合伙结构是1.5∶1，这样似乎更有利于在避免矛盾的情况下建设好我们这个合伙公司。

有意思的是，在我两次对别人主动让出利益感到惊讶后，我自己也开始这样做了……就好像是顺理成章的事情一样。但在别处我从来没有听说过这样的事

> 情。我这倒不是说自己有多伟大。如果你真的有志于像马文那样建设一家公司，你自然就会这样去做。如果不是想到马文和那段经历，我也说不准自己还会不会很自然地去这样做。[75]

唐还指出了克杜莱投资公司和马文的麦肯锡公司在经营风格和理念上的相似之处：

> 马文既能够高屋建瓴地提出战略构想，又能将其转化为切实可行的执行计划。我觉得这反映的是一种思维习惯。这种能力在公司文化制度化的过程中会显得十分重要。马文的这种思维习惯是逐渐培养起来的。遇到大问题时，他会一步步推导出明天早晨你该怎么办。这是典型的马文式的风格，也是麦肯锡传承至今的精髓。
>
> 这也是我们这里的投资风格。我还从来没有这样阐述过，但意思是一样的。我们做出的投资决策也是麦肯锡式的，它是建立在早期调查分析、逻辑演绎与还原的基础上的，但我们必须认定这是一个我们可以支持的投资主题，投钱进去是明智之举。然而，与其他公司不同，我们是一群激进分子，我们是极端的干涉主义者。公司的董事长总是由我们的合伙人担任，而且要掌握实权，不是挂个虚名。所以当我们决定进行一项投资的时候，我们会明确自己必须要做的五六件事情。如果我们去做这些事情，投资就会成功，不然就会失败。当然，这些事情也会随着时间的推移而

变化。比如说在我们投资后的第五年，当初决定要做的事情中有两件发生了变化，此外还多了两件新的事情。由此可见，这是一个互动的过程。不过投资的主题就是麦肯锡式的分析和这样一个问题：我们既然进行了这项投资，那么应该如何实施战略呢？[76]

唐以一次对卡夫公司资产的收购为例阐述了克杜莱公司的以行动为导向的方式：

我们从卡夫公司收购了一家为医院和餐馆服务的食品服务配送公司。这家公司的成本结构相对于其 18% 的毛利而言简直就是胡来。所以我们的一部分投资主题就是要以与 18% 的毛利相适应的方式经营这家公司，这种方式肯定与毛利高达 70% 的卡夫公司的经营方式是不同的。卡夫公司的利润率高，所以你只要尽力推动销售就可以了，而不必太过担心成本的问题。然而在一家毛利只有 18% 的公司，你固然不能对销售放手不管，可也不能一味追求销售而不顾及成本。

当我们收购这家公司时，一方面它的销售额保持着每年 17% 的增长率；另一方面却是亏损越来越严重，因为它把销售作为了导向。认识到了问题之所在，我们决定改变公司的导向，从而提高其盈利能力。我们花了五年时间进行改革。首先我们改革了销售人员的薪酬制度，销售人员的薪酬不再取决于他们的销售额，而是取决于毛利。现在销售人员明白这样

> 做是可能的了。不过我们发现毛利不够灵敏，因为毛利之下的成本相差很大。这是我们在研究了几个经典的麦肯锡客户群盈利能力分析后才弄明白的。这样一来，我们不得不再次改革薪酬制度，将它和客户盈利能力确实挂起钩来。这是因为食品服务配送是一条巨大的物流链，一不小心就会犯追求数量的错误。[77]

唐至今仍担任克杜莱公司的总裁兼首席执行官，他一直十分推崇马文的成就，认为马文的方法对所有的领导者而言仍然很有借鉴意义：

> 如果我们能把这装进瓶子里卖，那一定能够卖出个大价钱。首先，他是一个以身作则的领导者。他获得了巨大的成功，而且经久不衰，坚持不懈。我就像朝圣一般认真向他学习，因为我深知他是多么成功。他绝不会高高在上地指手画脚，不会说："当然这不适用于我，但我觉得你应该如此。"他表里如一，始终如此，而且非常成功。他执着的人生态度和对原则的坚持无疑对我产生了深远的影响。[78]

本章所讲述的"马文学院"的"毕业生"都表现出马文所欣赏的领导风格：敢于大胆想象，并把想象转变为现实；喜欢调查了解实际情况；尊重人才，积极培养人才；谦虚地听取别人的意见；坚持一套明确的价值观；面对瞬息万变的世界时刻准备去完善自己，而不是取得一点小小的成功就止步不前。

下面是一些把领导力和知识从马文的麦肯锡公司（见图 7-1）带到了新领域的人：

2·6 BUSINESS

McKinsey mafia

The international management consultant does more than provide advice: its old boys wield power in boardrooms all over the world. But, say Rufus Olins and Matthew Lynn, the going is getting tougher

BETWEEN Downing Street, the Bank of England, the Confederation of British Industry and many powerful FT-SE 100 companies runs an invisible thread. It can be traced back to 1 Jermyn Street, in the heart of London's clubland.

The marbled atrium on the corner belongs to the British headquarters of McKinsey & Co, the American firm that has cultivated a reputation as the Rolls-Royce of management consultants. It is from here that a network of power and influence has emerged, a network that has come to rival the great Oxbridge colleges and ancient public schools.

For the McKinsey mafia, as it is sometimes called, this has been a year of unusually high achievement in Britain. In February, Norman Blackwell was headhunted from the business to run the prime minister's policy unit, a position from which he will oversee the formation of government policy as well as the next Conservative election manifesto.

Earlier this year William Hague became the youngest member of the cabinet when he was promoted to succeed John Redwood as secretary of state for Wales. He also has McKinsey on his CV.

Howard Davies, a McKinsey high-flyer from 1982 to 1987, recently left his job as director-general of the CBI to become deputy governor of the Bank of England.

Adir Turner, his successor at the CBI, was another man plucked from McKinsey. Turner is the third McKinsey man in a row to head the organisation. The man before Davies was Sir John Banham, who now chairs Tarmac and Westcountry TV.

These appointments place McKinsey men at the heart of political, economic and industrial policymaking. They join a long list of people who first made their mark in Jermyn Street and went on to occupy positions of power within many leading British companies.

The top executives at Asda, Inchcape and Burmah Castrol are all former McKinsey men. So too is Don Cruickshank, the

company Groupe Bull, and Lukas Mühlemann, who runs the insurance giant Swiss Re, are McKinsey graduates.

In America, the grip of the alumni on the industrial establishment is formidable; the corporate titans running IBM, American Express, Westinghouse, Levi Strauss, TCI, Duracell and even Ben & Jerry's ice cream all cut their teeth at The Firm.

Though other networks may

Alumni Directory 1995

McKinsey graduates: Asda's Archie Norman, top, and Bank of England's Howard Davies

be more powerful within national boundaries, few have the same influence internationally. And few have been so assiduously cultivated over nearly eight decades. "They are very helpful to each other," says

ing person who has worked for the consultancy, where they are now, and what they are doing. Titles, home addresses and the dates of their McKinsey careers are given. Across the pale blue cover runs the warning: "This directory is to be used exclusively by alumni of the firm."

McKinsey, which refused any interviews for this article, is reluctant even to acknowledge the existence of this book. "The pretence of diffidence is part of their carefully cultivated mystique," says one rival. "It's a subtle way of attracting attention and makes people feel they are dealing with an elite."

The book is the glue that holds the network together. On a recent trip to America, Archie Norman, Asda's chief executive, wanted to talk to local retailers. He dipped into the book to see who he could tap and found Julian Day, chief financial officer at Safeway. "That's what you call a commercial network. It is not a social club," says Norman.

As well as receiving the book, every year former staffers are invited to an event at one of the offices — either a discussion on a commercial topic or a cocktail party — enabling old friendships to be renewed and different generations of McKinseyites to become acquainted.

"They manage their alumni quite actively," says London Transport's Ford, who worked for the firm in the 1960s at the same time as Lou Gerstner, now chief executive of IBM. In the 1960s, the alumni evenings were black-tie affairs with two dozen people. Now the numbers can run to hundreds.

The weaving of the web comes not just from McKinsey's 67 offices in 35 countries, or from its 3,300 consultants, but from the alumni themselves, many of whom are anxious to exploit their background. "It is as much the McKinsey people parlaying their experience, as McKinsey seeking to infiltrate the world. But McKinsey would be daft not to take advantage of it," says Peter Wallis, co-founder of the management consultancy SRU. "I feel perfectly happ-

Headquarters of a mutual admiration society: even

into a company boardroom. One in five continues in consulting, and the rest scatter into different fields. Paul Henderson, for example, now runs the luxury Gidleigh Park hotel, and

The moulding within the firm is "It is a very in ence," says Ford work punishing h also get to tackle issues

图 7-1　麦肯锡帮（《星期日泰晤士报》，1995 年 9 月 3 日）

查克·埃姆斯

退休的克利夫兰极顶公司董事长

克杜莱投资公司合伙人

如果你要坚持你的价值观，你必须放弃一些东西，一些你喜欢的东西。但你必须坚持下去，不然你会一无所获。我总能从马文身上感受到他那种坚持。[79]

约翰·班纳姆爵士

惠特贝瑞公司董事长

我是1969年加入麦肯锡公司的，一直在那里工作到1983年。当时公司所有的人无不受到了马文的影响，从他对管理咨询这个专业的性质的看法，他对将客户利益置于首位的重要性的看法，到他的一整套价值观。我必须承认，这些东西影响了我整个专业生涯。和马文待在一起，你很快就会感觉到他的影响力。如果我和马文在一起待两个小时，那就算是很长的时间了。在这两个小时里，他会告诉你他的想法，告诉你什么是重要的，你应该注重些什么，以及你应该问你自己和客户什么样的问题。虽然已经过去很久了，但对马文所关心和感兴趣的事我还记忆犹新。

最值得注意的是，在我建立英国审计委员会时（相当于美国的国会预算办公室），马文的影响力指引着我。审计委员会是以非常接近公司的形式建立起来的，对几乎所有的中央和地方政府开支以及国民保健服务系统的开支进行监督审查并提交报告，这些开支几乎占到了国民生产总值的 20%。该委员会是英国公共管理机构在 20 世纪后半叶最出色的样板，直到 20 年后还健康地运行着。在建立这个委员会的过程中，我把马文平时一直在宣扬的纪律和原则都运用了进去。在这种情况下，就是将英国的公众视为客户。尽管该委员会多年来受到相当大的压力（官僚机构和政治上的压力），但它一直坚持自己的原则，代表广大的英国国民实施监督。

1994 年，我写了一本关于审计委员会的书，并给马文也寄了一本。当时马文已经 91 岁了，但他还是给我写了一篇长达八页的评论，指出了他对我的观点有哪些赞同和反对之处。这真是让我非常吃惊。马文花时间阅读并研究我对这个重要委员会的历史的记载，这突出体现了他对自己信念的不懈支持和始终坚持。尽管我离开麦肯锡时只是当时的 40 位资深董事之一，而且此时我离开公司已有十年之久，但我确信他非常了解我的情况。他对我产生了巨大的影响，我觉得他对几乎所有和麦肯锡有关的人都产生了巨大的影响。而实际上我认为马文在欧洲接触过的人和公司比在大洋彼岸的人和公司更有影响力。

可以肯定的是，马文的领导方式，以及关于领导是提供服务而非发号施令的理念，对我本人是个巨大的影响。我绝对相信从那以后我所取得的任何成就在很大程度上都应该归功于马文。[80]

罗德里克·卡内基爵士

TRA 公司前主席

这些是我从马文身上学到的：第一，不要仅仅把赚钱作为人生的目标。第二，不管从事什么工作，心中都要有一个十年愿景，并要明确为什么用十年时间实现这个愿景会让你有种成就感。第三，使思维保持开放，不放过任何你过去未想到过的可能性。第四，牢记世界是不断变化的，你必须不断提高自身学养，始终保持警醒，因为新的可能性和新的思想可能就是你需要的。如果你的思维不够开放，就会忘记它们或错过它们。

当我回到澳大利亚经营一家大型的矿业公司时，我很清楚自己在接下来的十年里要做些什么。我要让公司被视为一家负责任的矿业公司。因此我要去发掘新的资源，这样我们就不至于将世界上现有的资源消耗殆尽。因此我必须令人信服地阐明这一愿景，因为要成为一家负责任的矿业公司有时需要在勘探方面花费大量的金钱，而资金筹措可能非常困难，勘探工作也伴随着风险。

我们必须明确如何明智而负责任地开采矿产，那就是说不能浪费。一般情况下，开采出来的矿产中有很大一部分都被浪费掉了。我们公司不能接受这样的运营方式。我们要创造最大的价值，重新调整公司的运营活动，实现反周期运营（如利用良好的勘探价格），并时刻关注安全问题——因为在采矿时，随时都有塌方的危险。我们必须时时强调不做危及安全的事情。

我们要尽可能合理地利用人才。这意味着我们必须信任他们，以他们满意的方式最大限度地开发他们的潜能。

我们要在商业上具备生存发展能力——这并不是说要一味地追求利润，而是要打好坚实的经济基础。

最后，我们还要善于沟通。要实现我们成为一家负责任的矿业公司的愿景，我们必须在制定和执行决策时用这一愿景去动员我们所有的员工，并且不断宣传和实现这一愿景。[81]

理查德·卡瓦纳

世界大型企业联合会会长兼首席执行官

对我来说，马文就像父亲一样。我在刚加入麦肯锡的时候对处事之道还一无所知。马文关心他所建设和领导的公司。我觉得他真是把公司当作一个大家庭。他是一位出色的导师，他花了很多时间来教导我。他还会不怕麻烦地去帮助别人。在他退休时，他促使我被任命为布鲁金斯董事会的董事。作为一位伟大的导师和领袖，他改变了这个世界。[82]

罗恩·丹尼尔

退休的麦肯锡公司董事长兼首席执行官

我从马文身上学到了这些东西：

1. 共同的价值观会产生巨大的力量。

2. 领导者与下属的沟通非常重要。

3. 接受别人的建议和承认别人的成功也能带来力量。[83]

乔治·戴夫利（已去世）

哈里斯图形公司董事长（1939～1972 年）

我每做一个重大决定之前都要和马文商量。[84]

罗杰·弗格森

联邦储备委员会副主席

在我给我们未来的领导者做演讲时，每当提起领导力和伟大的领导者，我总是会以马文为例。马文之所以在被我视为典范的少数人当中非常突出，是因为：

- 他塑造麦肯锡文化的卓越能力。
- 他为了保持麦肯锡的非上市地位而在金钱方面做出了自我牺牲。
- 他本可以用自己的名字命名公司，但出于精明和谦逊他没有这么做。
- 他坚持不懈地利用一切机会向我们强调公司的价值观，甚至对那些已经离开公司的人也是如此。人们有一种强烈的感觉，那就是他始终在员工身上寻找并强化那些他认为并且被证明会给麦肯锡带来成功的关键因素。

联邦储备委员会有着浓厚的与公共服务紧密相关的文化和价值观。我一直公开地努力呼吁将表达异见的义务纳入我们的价值观。不过我们不是那么说的，而是把它说成是一种根据分析提出独立观点并将其置于最重要位置的义务。

我希望我能给这里的人留下一个关心他们的印象：关心他们是如何工作的，关心美联储是如何对待他们的，关心他们是如何对待美联储的，关心他们是否认为我们这个公共服务机构在履行自己的使命。然而从一个非常真实和更加个人化的角度讲，我希望能以马文采用的方式去做到这些。马文会给他的员工写小纸条，提醒他们该如何把工作做好。在这点上我做得没有我希望的那么出色，但我希望至少能像他一样擅长赏识员工取得的非凡成就，并努力注意到人的因素。

我在做的另一件事情是要努力引入一种观念，使大家确实可以接受对我们这个机构内最高层的领导也直呼其名，这是一个非常马文式的观念。这种观念在这里的效果并不好，因为我们这里人人都有自己的头衔。真正重要的不是直呼其名这种做法本身，而是由此体现出的没有森严层级的文化环境。显然在我们的机构中有明确的层级区分，在麦肯锡也不例外。然而在真正解决问题时，麦肯锡公司是没有层级区分的。我觉得大家彼此直呼其名起的就是这样一种象征作用。说实话，我认为当联邦储备委员会要着手应对国家所面临的挑战时也应该没有层级区分。正是出于这样的想法，我在任何举措和项目中都会鼓励那些恰好与我共事的最基层的员工直呼我的名字。如果没有马文的先例，我是不会想到去这么做的。允许别人对你直呼其名可以发出一个清楚的信息，那就是你不会滥用层级制。实际上你是在欢迎别人批评你，至少是批评你的观点，从而帮你找到更好的解决方案。[85]

迈克尔·弗莱舍

博根通讯公司（Bogen Communications）总裁

尽管我从未见过马文，但他还是对我产生了深远的影响。我在西点军校时，他们教导我们一位将军要让他的部队比自己先吃饱饭。在战场上这可是直截了当、生死攸关的事情。当我在麦肯锡公司看到了同样的价值观，即把关心别人放在第一位，并且大家都说"马文就是那样做的"时，我静下来思考了一番。我把这个理念融入对公司的领导中去，发现这样一来制定决策更容易了，更重要的是，建设一个积极、高效和合乎道德的组织的工作也因此变得容易多了。这就是马文对我的影响。[86]

郭士纳

退休的 IBM 董事长

卡莱尔集团董事长

在商业方面，"我认为马文使我懂得了确定一套指导员工行为的原则的重要性。这比用一大堆程序和规章进行领导要有效得多，特别是在像咨询公司这样的知识密集型公司中。原则赋予了员工们一种正确的意识，促使他们去遵守原则，追随遵守这些原则的领导者。这是我从马文那里学到的，我把它带到了我工作过的每一个公司。IBM 是我施展所学的最重要的地方，因为从某种意义上讲，它和麦肯锡一样是一个知识型的公司。”[87]

在社会方面，“我记得 35 年前的一天，马文来到我的办公室，问我：‘你准备做点什么回报社会呢？跟我来吧。’我们就公立学校改革的问题开了个小会。我直到现在还参与着这项工作。”[88]

阿尔伯特·戈登

基德尔·皮博迪公司合伙人（1931～1957 年）

基德尔·皮博迪公司董事长（1957～1986 年）

基德尔·皮博迪公司荣誉董事长（1986～1994 年）

马文将与阿尔弗雷德·斯隆一起作为伟大的商界领袖被人们铭记。我们都从马文身上学到了很多。我唯一胜过马文之处就是多活了几年。[89]

布鲁斯·亨德森（已去世）

波士顿咨询公司创始人

马文促使我当初下定决心，最终完成了我的《亨德森论企业战略》（*Henderson on Corporate Strategy*）一书。[90]

赫伯特·汉茨勒

瑞士信贷银行副董事长

我正在尝试把马文对专业化的定义引入瑞士信贷银行。[91]

乔恩·卡岑巴赫

卡岑巴赫公司总裁

马文像我的母亲一样对我影响巨大。[92]

史蒂夫·考夫曼

退休的艾睿电子有限公司董事长

哈佛商学院教授

马文·鲍尔是麦肯锡公司伟大的创立者和领导者，当我在麦肯锡工作时，他能一口叫出我和我妻子的名字。我在麦肯锡担任咨询顾问的第三年，有一天马文递给我一封只有三句话的短信，对我为某个客户所做的工作表示满意。我把短信拿回家给妻子莎伦和只有三个月大的儿子杰里米看，然后又把它钉到墙上。它一直钉在那里，直到八年后我们搬家时才被拿下来。马文写来短信，他能记住我的名字，以及这给我的感觉，让我学到了很多。

我努力尝试在艾睿公司的员工身上复制马文对我的影响。我特地想了一些办法记住员工的名字，或至少表面上如此。我在口袋里放了一些3×5大小的资料卡片，这样就可以有备而来地叫出员工的名字，提起一些个人化的事情。

我还虔诚地每个月在办公室花上30分钟（我的助手确保为我安排下这个时间）给5～10名员工写短信，对我听说他们做出的成绩或特别贡献表示祝贺。

在20世纪90年代末我就快离开艾睿公司时，《纽约时报》刊登了一篇关于我的报道。报道刊登后的星期三，我收到了马文的一封来信。信中夹着从报上剪下来的那篇报道，有的部分还有勾画圈点。信中写道："《纽约时报》把你描述为一个高效的管理者是不准确的，他们描述的是一个高效的领导者，这比前者更难得、更宝贵。我为能在麦肯锡认识你而感到自豪。

读了此信，我禁不住欢呼起来，我打电话告诉莎伦，又把信贴在了办公室的墙上。当时我年近 60，已是一位大名鼎鼎的首席执行官，正处于事业的巅峰，却为了他的一封信而得意忘形。[93]

我在艾睿电子公司的目标是培养公司员工的自豪感，就像马文在麦肯锡所做的那样。这就是马文·鲍尔给我的力量和馈赠。[94]

琳达·菲尼·莱文森

GRP 合伙公司高级合伙人

我是数家公司的董事会成员。在过去的一年中，我从马文那里学到的价值观帮助我顺利处理了一系列专业和公司治理方面的问题，而我的很多同事却在困难时刻遇到了很多麻烦。[95]

约翰·麦康伯

退休的塞拉尼斯公司董事长

退休的美国进出口银行总裁

我觉得马文对我和公司的每个人都产生了深远的影响。我 26 岁开始在麦肯锡工作，而现在我已经快 75 岁了，但还是能几乎一字不差地用马文的原话告诉你高层方式的含义。他始终坚持公司一体运营的理念，并且始终把客户的利益置于首位。他做事从不会让人大吃一惊。[96]

里奥·马林

达美航空公司董事长兼首席执行官

拉尔夫·沃尔多·爱默生说："一个伟大的机构是一位伟大领导者的体现。"这在麦肯锡和马文的例子中完全成立。[97]

安德劳·皮尔逊

退休的百事公司总裁

百胜餐饮集团创始人和董事长

我从马文身上学到的东西太多了。首先是领导者会对一个公司的工作氛围产生巨大影响。尽管我在20世纪初就从商学院毕业了，但它们当时根本没有教过有关工作氛围、公司文化和公司运行情况的知识。马文懂得公司文化的重要性，并将其上升到关系公司成败的显著高度。在麦肯锡，他努力营造一种吸引、激励和留住人才的氛围，这符合他关于建设一家为《财富》500强的高层管理者提供服务的公司的愿景。麦肯锡的文化是建立在一整套价值观的基础上的，特别是诚信和把客户的利益置于首位——绝不能为了做项目而做项目。

我想我从马文那里学到的还有一点，那就是放心地将权力和责任授予年轻人。我30岁刚出头就当上了麦肯锡全球营销咨询业务部的领导人。我和大多数大型消费品公司和零售商的首席执行官保持联系，而马文放心地把如此重大的责任放在了我年轻的肩膀上。

我还记得和马文乘同一班火车从我们的住处布朗克斯维尔赶到通用食品公司所在地怀特普莱恩斯的情景。我对马文说："你希望扮演什么样的角色？"（他是公司的董事长兼总裁，因此我不指望他事必躬亲。）他说："这完全取决于你啊。什么事你不能做的就让我来做吧。"他没有食言。你不会感觉他提防着你，经常会在事后批评你。如果你犯了一个错误或他发现你就要做什么蠢事，他会愿意给你指出来。如果他批评你，一开始你可能感到畏惧，但你最终会明白他不是想为难你，而是希望你能有所进步。你会感到他是信任你的，不然他不会这样对你委以重任。这在我多年的工作中对我帮助很大。当我离开百事公司时，有不少 30 多岁的人已经开始负责经营数亿美元规模的业务，那可是意味着几十亿美元的决策和收入啊。[98]

约翰·索希尔（已去世）

大自然保护协会会长兼首席执行官

马文使我相信合作的力量是不可小视的。在大自然保护协会，我们的理念是以多方共赢的方式解决问题，而绝不采取对抗的方式。[99]

马文对我的影响主要是强调组织的价值观的重要性。我始终认为，对一个组织的领导人来说，至关重要的是要向组织内的人员明确告知组织所赞同和支持的价值观。[100]

弗雷德里克·希弗（已去世）

安联保险公司管理委员会主席

马文的影响力表明麦肯锡拥有融合或培养见多识广的人才的巨大能力，这是通过工作、调动、自由交流、咨询业务部和委员会等多种手段实现的。公司员工的言行举止都各具特色。这正是我努力在安联复制的。[101]

克劳斯·茨姆温克尔

德国邮政管理委员会主席

我14年前来到德国邮政时，主要目标就是为每个人提供优质服务。我从马文那里学到的是价值观、始终如一和积极沟通所具有的强大力量。几个星期之后，当我和公司的500位高级主管谈到公司文化的重要性时，我讲到我们的核心价值观。它们是：

1. 提供优质服务——我想马文也肯定这么说过。

2. 帮助顾客取得更大的成功——在麦肯锡顾客就是客户，这条价值观是我从马文那里学到的。

3. 营造开放的氛围——在麦肯锡，马文称之为发表异见的义务。事实上，在解决问题时不应论资排辈。

4. 工作时始终明确重点之所在——马文称之为“我们这里做事的方式”。

5. 企业家精神——马文说过：“每个合伙人都是领导者”。

6. 不管在公司内部还是外部都要诚信行事——

马文称之为专业化。

7. 承担起社会责任——马文称之为“成为社区的一分子”。[102]

> 我认为，世界上的每个人都有一份责任，那就是要尽其所能帮助我们的私人企业制度提高实力、生产力和性格塑造能力。我觉得我有义务将自己经验的精华部分与别人分享。
>
> ——马文·鲍尔，1966[103]

第三部分

附　　录

附录 A

年 表

马文·鲍尔

1903	生于辛辛那提，搬家到克利夫兰
1906	威廉·鲍尔出生
1918	与海伦·麦克劳克林相识
1925	毕业于布朗大学，获经济学和心理学学士学位
1926	卡洛塔·鲍尔（马文的母亲）去世
1927	与海伦结婚
1928	毕业于哈佛法学院，获法学学士学位；获俄亥俄州和马萨诸塞州律师执业资格
1929	海伦·鲍尔当选该年度校长；马文为约翰·戴维斯律师事务所工作
1930	毕业于哈佛商学院，获工商管理硕士学位；1930~1933年在众达律师事务所执业；彼得·鲍尔出生
1933	加入詹姆斯·O.麦肯锡会计与工程管理事务所
1934	理查德·鲍尔出生
1935	任詹姆斯·O.麦肯锡纽约分所经理
1938	詹姆斯·麦肯锡·鲍尔出生
1939	领导从麦肯锡–惠灵顿公司收购麦肯锡公司；同意加入哈佛商学院访问学者委员会；担任哈佛商学院院长顾问委员会成员

世界大事

1903	福特汽车公司成立
1906	第一次世界大战结束；伍德罗·威尔逊总统宣布国际联盟成立
1915	蒙大拿州选出第一位女性参议员
1920	爱因斯坦获得诺贝尔物理学奖；哈勃发现星系不断相互远离
1929	华尔街股市崩盘，经济大萧条开始
1933	阿道夫·希特勒出任德国总理；禁酒令解除；罗斯福实行新政
1939	第二次世界大战在欧洲爆发；西科斯基造出第一架实用的直升机

年份	马文·鲍尔	世界大事
1942	成立咨询管理工程师协会；当选哈佛商学院协会会长	美国参加第二次世界大战
1945	担任布朗克斯维尔学校管理委员会成员（1945~1948年）	欧洲宣布第二次世界大战胜利；联合国成立
1949	威廉·鲍尔（马文的父亲）去世	
1950	当选董事长兼总裁	第一个使用喷气式飞机的定期客运航班出现；索尔克研制出脊髓灰质炎疫苗
1957	利萨·鲍尔（马文的第一个孙女）出生	
1960		5000名工商管理硕士毕业
1962	获任布朗克斯维尔计划委员会成员；担任通用汽车学院访问学者委员会成员（1962~1965年）；担任布鲁金斯研究院商业项目顾问委员会成员（1962~1965年）	约翰·格伦乘太空船环绕地球飞行；古巴导弹危机
1967	从董事长兼总裁的位子上退下来；出版《管理的意志》；担任经济学教育联合会主席（1967~1986年）	
1968	担任凯斯西储大学校董会董事长（1968~1971年）；当选布朗大学校董会董事（1968~1973年）；当选纽约医学院校董会董事；出任管理咨询顾问协会会长	
1970	当选经济发展委员会理事（1970~1985年）	IBM公司发明软盘

马文·鲍尔

1971 — 1975 — 1980 — 1985 — 1990 — 1995 — 2000 — 2003

- 1974 任佛罗伦萨·V. 波尔顿基金会会长
- 担任耶鲁大学经济增长中心顾问委员会成员
- 1984 在哈佛大学设立鲍尔奖学金项目
- 担任美国生活中的宗教与哈佛商学院联谊会理事
- 1985 海伦·鲍尔去世
- 1988 与克洛蒂尔德结婚
- 1989 入选商业名人堂
- 1992 从麦肯锡公司正式退休
- 1994 当选国际管理学会会员
- 哈佛商学院设立马文·鲍尔教席
- 1997 出版《领导的意志》；当选Harbor's Edge董事会成员
- 1999 彼得·鲍尔去世；克洛蒂尔德去世
- 马文·鲍尔去世

世界大事

- 发明计算机分层造影扫描技术；微软公司成立
- 导致互联网问世的通信协议出现；特德·特纳尔建立美国有线新闻网
- 柏林墙倒塌
- 欧元成为新的欧洲通用货币
- 10万名工商管理硕士毕业

哈佛商学院

- **1906** 经济学家爱德文·盖伊建议成立一所公共服务与商业学院
- **1907** 劳伦斯·洛厄尔和陶西格赞助成立一所商学院
- **1908** 公司投票决定成立一所工商管理研究生院；爱德文·盖伊被任命为院长；学院将商业正式定义为制造商品以出售营利的活动。为一年级学生规划的课程包括会计、商业合同、美国经济资源和选修课程（例如铁路管理等）；由约翰·洛克菲勒创立的纽约公共教育委员会答应每年出资12 500美元
- **1909** 商学院访问学者委员会组成，其中包括欧文·杨、通用电气和林肯·费尔纳
- **1911** 开设第一门有关印刷业的课程
- **1913** 学校获得独立管理权
- **1916** 开设第一门有关木材业的课程
- **1919** 波士顿银行家华莱士·布雷特·多纳姆出任院长，他是哈佛法学院毕业生；第一次世界大战结束后入学人数大增
- **1920** 商业研究中心开始搜集案例；院长多纳姆和教职员寻找出版商出版《问题之书》
- **1922** 设立博士项目；发行《哈佛商业评论》
- **1924** 乔治·贝克捐资500万美元，在查尔斯河波士顿一侧兴建哈佛商学院新校区；案例研究法成为首要的教学法
- **1925** 多纳姆敦促教职员做出更好的案例分析
- **1927** 新校区落成；贝克图书馆完工
- **1928** 新增一门商业伦理选修课；授予第一个商学博士学位
- **1929** 哈佛和马荣博士的工业研究系一起开始同西部电气在霍索恩工厂开展测试
- **1935** 卢修斯·利陶尔捐资200万美元成立公共管理学院
- **1936** 在哈佛建校300周年之际，普利茅斯汽车公司捐赠了一个它们的制造设施的立体模型，乔治·陶瑞特接受了礼物

（1908~1918年：成立商业研究中心）

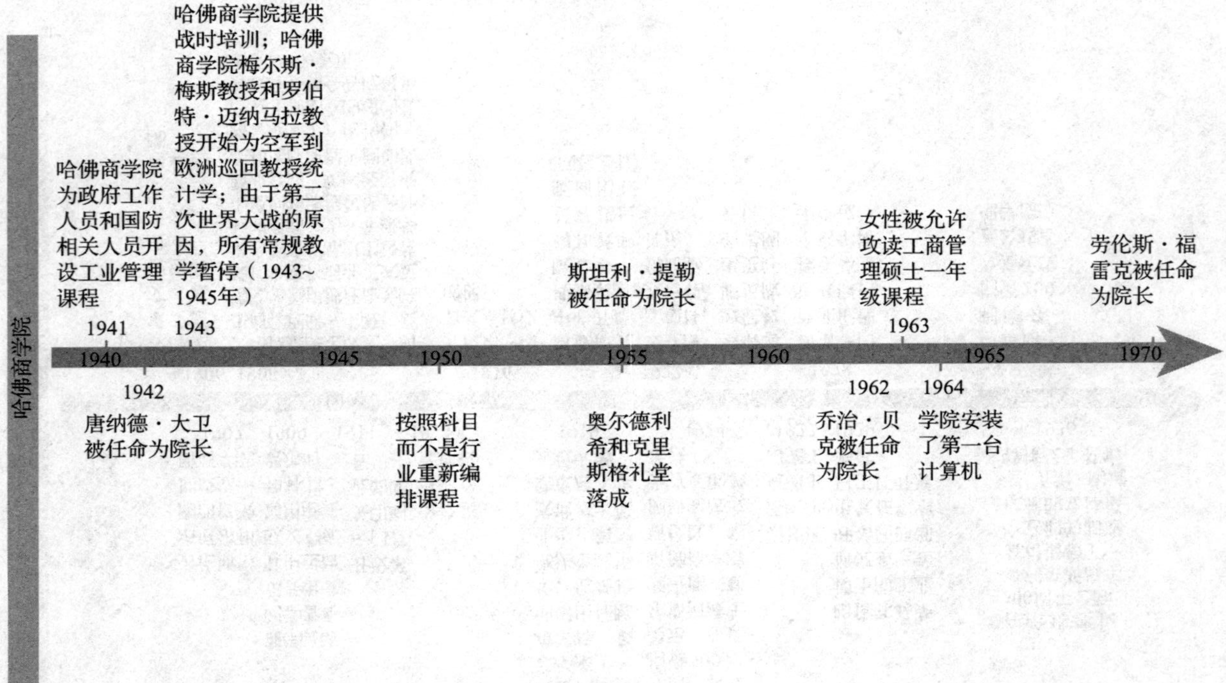
哈佛商学院
1940
1941
哈佛商学院为政府工作人员和国防相关人员开设工业管理课程
1942
唐纳德·大卫被任命为院长
1943
哈佛商学院提供战时培训；哈佛商学院梅尔斯·梅斯教授和罗伯特·迈纳马拉教授开始为空军到欧洲巡回教授统计学；由于第二次世界大战的原因，所有常规教学暂停（1943~1945年）
1945
1950
按照科目而不是行业重新编排课程
1955
斯坦利·提勒被任命为院长
奥尔德利希和克里斯格礼堂落成
1960
1962
乔治·贝克被任命为院长
1963
女性被允许攻读工商管理硕士一年级课程
1964
学院安装了第一台计算机
1965
1970
劳伦斯·福雷克被任命为院长

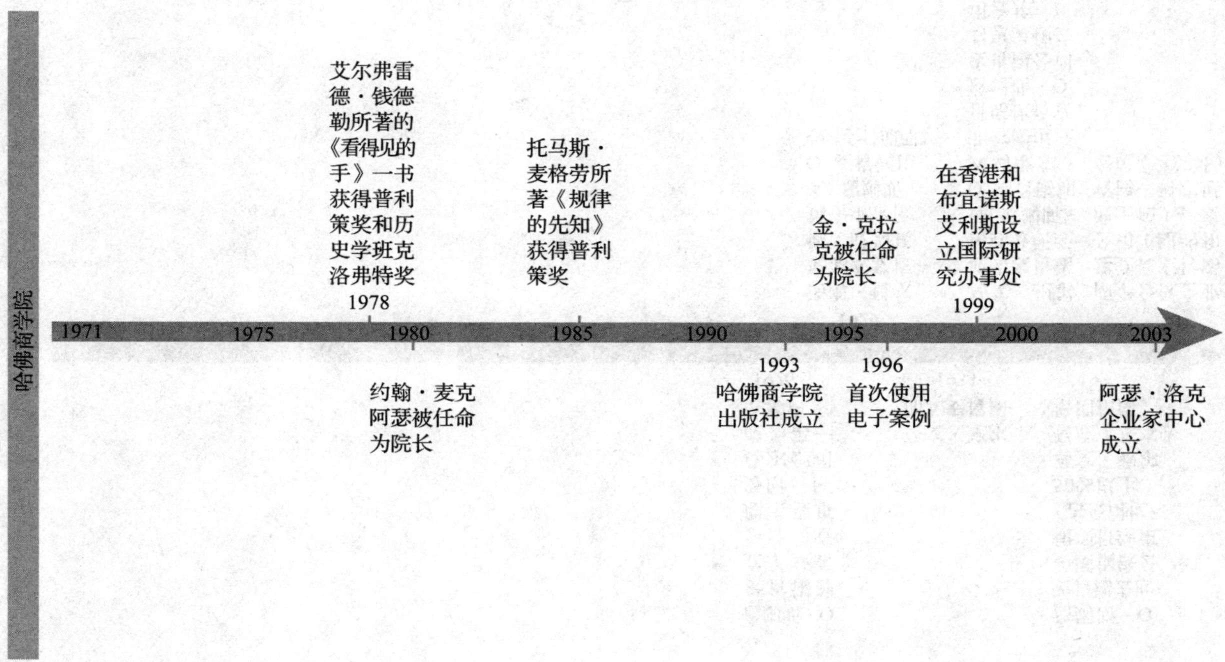
哈佛商学院
1971
1975
1978
艾尔弗雷德·钱德勒所著的《看得见的手》一书获得普利策奖和历史学班克洛弗特奖
1980
约翰·麦克阿瑟被任命为院长
1985
托马斯·麦格劳所著《规律的先知》获得普利策奖
1990
1993
哈佛商学院出版社成立
1995
金·克拉克被任命为院长
1996
首次使用电子案例
1999
在香港和布宜诺斯艾利斯设立国际研究办事处
2000
2003
阿瑟·洛克企业家中心成立

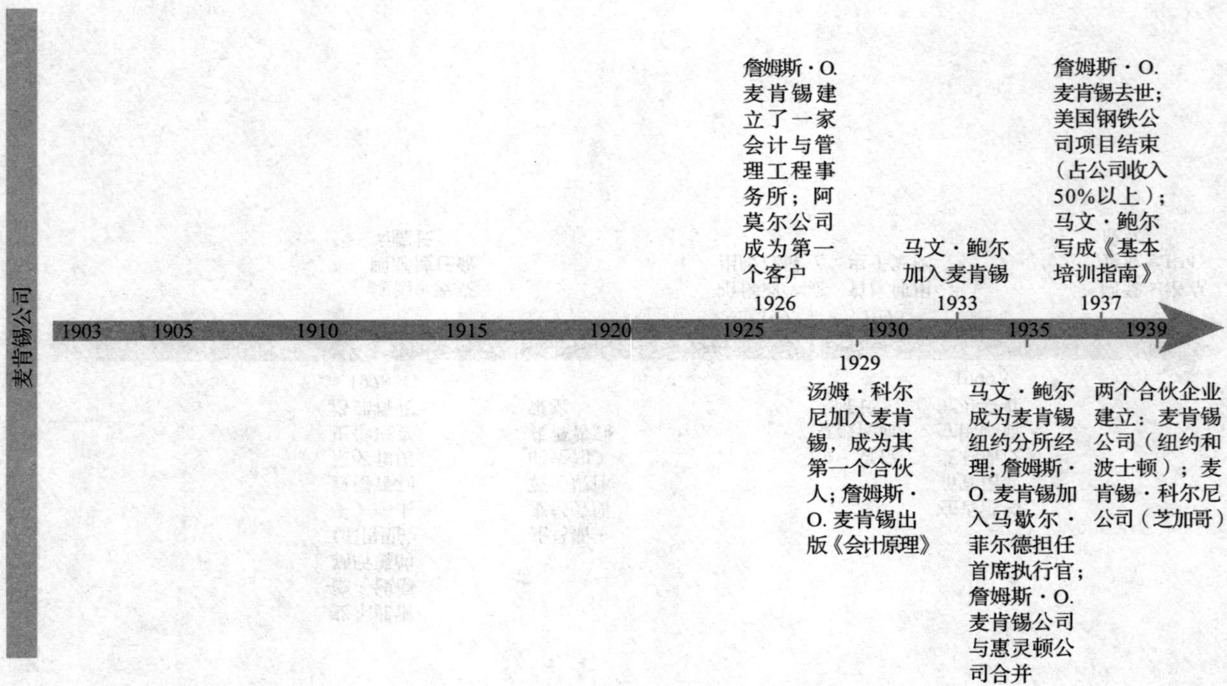
麦肯锡公司
1903
1905
1910
1915
1920
1925
1926
詹姆斯·O. 麦肯锡建立了一家会计与管理工程事务所；阿莫尔公司成为第一个客户
1929
汤姆·科尔尼加入麦肯锡，成为其第一个合伙人；詹姆斯·O. 麦肯锡出版《会计原理》
1930
1933
马文·鲍尔加入麦肯锡
1935
马文·鲍尔成为麦肯锡纽约分所经理；詹姆斯·O. 麦肯锡加入马歇尔·菲尔德担任首席执行官；詹姆斯·O. 麦肯锡公司与惠灵顿公司合并
1937
詹姆斯·O. 麦肯锡去世；美国钢铁公司项目结束（占公司收入50%以上）；马文·鲍尔写成《基本培训指南》
1939
两个合伙企业建立：麦肯锡公司（纽约和波士顿）；麦肯锡·科尔尼公司（芝加哥）

麦肯锡公司

- 1942　公司成员入伍参战，由超过应征年龄的员工替代
- 1944　旧金山分公司成立；首个交叉培训项目启动
- 1947　科尔尼公司同意改名为A·T·科尔尼公司；马文·鲍尔和合伙人一起买下对“麦肯锡公司”这个名称在全世界的所有权利；芝加哥分公司成立
- 1949　洛杉矶分公司成立
- 1950　马文·鲍尔担任董事长兼总裁
- 1951　华盛顿特区分公司成立
- 1952　麦肯锡公司为艾森豪威尔总统做了有关白宫幕僚人员配备的咨询项目；讨论成立麦肯锡基金会
- 1953　开始招募工商管理硕士
- 1954　对咨询顾问实行“不晋升就出局”的政策；入门培训项目启动
- 1955　麦肯锡公司成立管理研究基金会，推出哥伦比亚系列讲座
- 1956　首次开展国际性咨询项目
- 1959　伦敦分公司成立
- 1961　欧洲大陆分公司成立
- 1962　任职四年的咨询顾问开办墨尔本分公司
- 1963　克利夫兰分公司成立
- 1964　阿姆斯特丹、杜塞尔多夫和巴黎分公司成立；招募第一位女性咨询顾问；招募第一位沟通专家
- 1966　欧洲大陆分公司关闭；苏黎世分公司成立
- 1967　马文·鲍尔退位；吉尔·克里当选董事长兼总裁
- 1968　吉尔·克里去世；李·沃尔顿当选董事长兼总裁
- 1969　公司研究多种与客户合作的模式；国家航空航天局的咨询项目开始；米兰分公司成立
- 1970　墨西哥分公司成立；收购一家技术公司

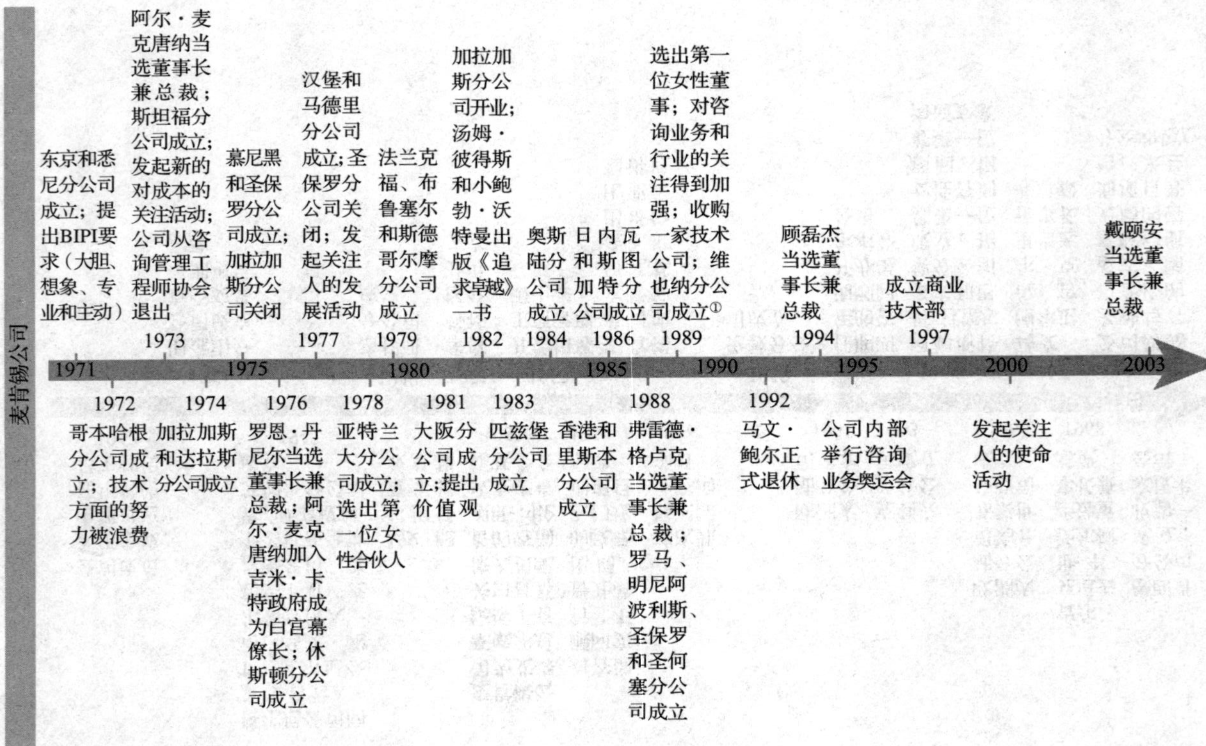

① 1990～1999 年，共有 35 家分公司成立；2000～2003 年，又新成立 2 家。

附录 B

马文·鲍尔生平简介

出生于：

1903 年 8 月 1 日，俄亥俄州辛辛那提

教育背景：

- 布朗大学，学士，1925 年
- 哈佛法学院，法学学士，1928 年
- 哈佛商学院，工商管理硕士，1930 年

1927 年与海伦·M. 麦克劳克林结婚。海伦·鲍尔于 1985 年 1 月去世。

1988 年与克洛蒂尔德·德·维茨·斯图尔特结婚。克洛蒂尔德·鲍尔于 1999 年 8 月去世。

三个孩子：

- 彼得·亨廷顿·鲍尔（已去世）
- 理查德·汉密尔顿·鲍尔
- 詹姆斯·麦肯锡·鲍尔

6 个孙子，10 个重孙（他逝世时还有 9 个）

逝世于：

2003 年 1 月 22 日，佛罗里达州德尔雷海滩

职业生涯：

- 1930～1933 年：在俄亥俄州克利夫兰的众达律师事务所担任公司法执业律师，拥有俄亥俄州和马萨诸塞州的

律师执业资格。

- 1933 年：受聘加入詹姆斯·O. 麦肯锡新成立的会计和工程管理事务所，当时只有两个分所和 15 名员工。马文从 1935 年至 1950 年担任纽约分公司经理，从 1950 年至 1967 年担任公司董事长兼总裁。之后应合伙人的请求，他继续为客户和公司服务，直到 1992 年正式退休。

其他职务：

- 凯斯西储大学校董会董事、董事长（1968～1971 年）
- 布朗大学校董会董事（1968～1973 年）
- 经济学教育联合会主席（是任职时间最长的主席）（1967～1986 年）
- 经济发展委员会（理事 / 副主席和执行委员会委员）
- 通用汽车学院访问学者委员会委员（1962～1965 年）
- 耶鲁大学经济增长中心顾问委员会委员
- 纽约布朗克斯维尔学校管理委员会委员（1945～1948 年）
- 哈佛商学院联谊会理事
- 布鲁金斯学院商业项目顾问委员会委员
- 佛罗伦萨·V. 波尔顿基金会会长
- 美国生活中的宗教与哈佛商学院联谊会理事
- 国际管理学会会员
- 哈佛商学院（访问学者委员会委员、主席；院长管理顾

问委员会主席）

所获荣誉：

- 美国管理咨询顾问协会的创立会员和首任会长（1969 年）
- 入选《财富》杂志商业名人堂（1989 年）
- 获得哈佛商学院授予的“杰出服务奖”（1968 年）
- 在哈佛大学 350 年校庆时获得哈佛奖章（1986 年）
- 哈佛商学院设立马文·鲍尔领导力培养专业教席（1995 年）
- 他的著作《管理的意志》于 1966 年出版，该书在 2002 年出版的《商业：最根本的资源》一书中入选历史上最重要的 70 部商业著作
- 入选布朗大学“改变了一个世纪的校友”（2000 年）

著作：

- 《高级管理者领导力的培养》（哈佛大学出版社，1949 年）
- 《管理的意志》（麦格劳－希尔出版社，1966 年），该书现已有德语、法语、瑞典语、芬兰语、西班牙语和日语等多个版本
- 《认识麦肯锡》（麦肯锡公司私人印制，1979 年）
- 《领导的意志》（哈佛商学院出版社，1997 年）
- 《回忆录》（私人印制，2003 年）
- 大量关于营销和一般管理的文章

附录 C

1964 年麦肯锡公司合伙人会议

演讲人：马文 · 鲍尔

年度会议

纽约　塔里敦

1964 年 10 月 16、17 日

马文 · 鲍尔：从上次开会大家欢聚一堂至今，我们已经因死亡而痛失了两位资深董事。一位是霍华德 · 史密斯，在其事业接近尾声时，癌症夺去了他的生命。另一位是鲍勃 · 霍尔，在事业如日中天之际却突然早逝。这两人都曾经为我们今天的成就做出了巨大的贡献，我在此表达对他们由衷的敬意；我还会在讲话中具体地说明他们所做出的贡献，使他们比语言描述的更真切。

在多年来我进行过的这些讨论中，我一直努力将所有这些会议浓缩为一个主题，那就是公司和个人所扮演的角色，以及公司的计划对个人有何意义。我在多年以前那样做时，会做好非常充分的准备，我会写下具体内容，牢牢记在脑子里。但是开的会议多了之后，我发现每个人对我要说的这些内容都已经耳熟能详了，所以我学聪明了，也不再做准备了。我要做的就是记笔记——如果你们看到我做的那一堆笔记，肯定会感到非常震惊。我只是想把说过的话总结起来，浓缩为“公司对于个人的意义”这样一个总的主题，我发现这样做的效果更好。当然，总会有些事情不能完全概括，但是我今天就准备这样做，努力按上述方式围绕上述主题把这个会议浓缩起来。

第一位比肯斯菲尔德伯爵，也就是大家更为熟知的本杰明·迪斯雷利，一位伟大的英国首相，曾经指出成功的秘诀在于坚持目标。我们公司长期以来一直把这句话作为指路明灯，一直在坚持我们的目标，所以我的主题就是：每个人作为公司的一分子应该怎样更好地坚持公司的目标。

当然，公司的目标已经在这里被讨论过了。过去几天以来我们已经明确了我们有两个目标：第一个，当然也是最主要的一个，是以高超的方式为组织解决问题。请你们注意，我说的不是公司，也不是企业。我们的目标比那更为宽广，潜在客户以公司、企业为主并不意味着那就是我们唯一的目标。约翰·加拉格尔曾经指出我们多个方面的缺点，因此我们的目标不只是服务公司和企业，还要服务政府部门和其他组织机构。第二个目标是在规模、水平和盈利方面不断发展。为了吸引和留住我们实现第一个目标所必需的人才，我想我们在这三个方面都应该不断发展。因此我们的两个目标是相互联系的，而我们所要做的就是像迪斯雷利所说的那样坚持这些目标。

我们的第一位发言者谈到了跨国公司，我也想先简要回顾一下我们这个跨国公司的情况——我们在美国已有六家分公司，在英国有一家分公司，这一点从该分公司领导的发言中你们已经了解了，另外我们在日内瓦、阿姆斯特丹、巴黎，以及最近在杜塞尔多夫也都设立了分公司。有人问我杜塞尔多夫分公司什么时候开业，我说一旦他们准备好办公设施就尽快开业。现在他们已经租好了地方，我们也打电报说我们已经做出了选择，所以说是指日可待了。巴黎的办公室正在兴建之中，人们即将进驻。阿姆斯特丹可是一块宝地。这两个地方今年夏天我都去了。当然日内瓦的人手减少了，因为那里的人都被调到其他分公司去了。这就是老话所说的按既定计划办。

现在，我们这个跨国公司有一个非常显著的特点，那就是一体化运营。整个公司不仅在目标、态度和理念上是一体的，而且在法人实体上也是一体的，这一点很让那些法律和税务专家们吃惊。他们不知道我们是如何实现的。其实，正是拉里以及我们在各个国家的律师和税务专家们使这一点成为可能，而且很重要的一点是：只要我们能够做到这一点，我们就希望保持这种单一实体。或许有时在进军某些国家时，我们将不得不设立子公司。但是我们希望这些子公司不会妨碍我们成为一体化的跨国公司。我们将努力去忽视法人实体这个说法，而将其归为法律语言的问题。我们目前还用不着那样做，我们因为有一个共同的标志而高兴。但是比法律上的安排更重要的是这样一个事实，那就是我们在态度上是一体的。我认为这是一个非常重要的发展，它极大地提升了公司的实力。

如果你们回想一下过去几天，我想大家很少听到这样的言论：我们分公司的利润和你们分公司的利润相比怎样怎样，你们对我们这样做有损我们分公司的利益等等。这就是一家跨国公司巨大实力的体现，是我们希望保持和必须发扬的。我想，我们实现了目标的一致和公司的团结，我们可以因此大受赞扬。这并不是偶然实现的，许多人都做出了努力，亚历克斯·史密斯就是其中一个做出了巨大努力的人。亚历克斯是纽约分公司的经理，该分公司的人员不断被调到其他分公司，但亚历克斯没有反对，因为他能认识到这样做在一家跨国公司内有着什么样的价值。作为分公司的经理，他没有为自己分公司的利润而担心，这对整个公司都有很大的影响，亚历克斯这样的行为是我们的典范。

那么，正在努力实现这两个目标的我们是些什么样的人呢？我这里有多方面的数据，它们可是截止到昨晚的最新数据哦（笑）。比尔·沃茨可能是最新一位加入公司的人，而那个职位也有不少竞争者。我的数据显示：我们有 250 名咨询顾问，净增了 24 名；我们有 50 名全职行政管理人员，263 名运营人员——整个公司共有 538 名员工。现在，我们的员工遍布全世界，而且他们来自各个国家。我这里只有咨询顾问的国籍，他们当中包括 23 个英国人、4 个瑞士人、2 个法国人、3 个澳大利亚人、2 个意大利人、1 个德国人、1 个瑞典人、3 个荷兰人、1 个新西兰人、1 个加拿大人和 1 个即将加入美国籍的南斯拉夫人。在 250 名咨询顾问中，这 42 个人为其他国籍，剩下的人都是美国人。所以可见人员的比例正在迅速变化，正如休所说，这可能还将继续迅速变化。

除此之外，作为正在努力实现这两个目标的人，我们还可以怎样描述自己呢？这里我还有一些关于我们教育背景的数据。

教育之所以重要，不仅是因为它塑造人的头脑的品质，而且还因为它证明了动力、主动性、雄心、决心及其他因素，正是这些因素使我们这群人获得了这样多的学位。我这里没有行政管理人员和运营人员的教育背景，他们也获得了很多学位。在大学教育层次，我们获得了 247 个学位：14 个博士、9 个法学学士、15 个文学硕士、23 个理学硕士，以及 148 个来自各个商学院的工商管理硕士（笑），包括：哥伦比亚，2 个；沃顿，9 个；斯坦福，10 个；哈佛，99 个；其他，28 个。在从哈佛大学毕业的 99 人中，有 39 人都是直接来自哈佛商学院。而且我想如果你抽取上述 2 个或者 9 个或者 10 个人做一个统计，比例也都是一样的，大致一样的。可能沃顿这个比例是 100%，但我不这么认为，我还没有具体算过。但不管怎样，正在努力实现这两个目标的人们一共获得了 461 个学位，这比学位本身还具有说服力。

在实现这两个目标的过程中，我们正服务哪些客户呢？下面我还是告诉大家截至 10 月 8 日的数据。截至 10 月 8 日，我们一共有 147 位客户。现在我们的客户可能更多了，因为上面的数字还没有包括可口可乐公司。不过可口可乐公司的项目我们还没正式开始，你们可能会想到其他即将开始的项目。我不想谈过去服务过的客户，和将来可能要服务的客户，我要谈的只是 10 月 8 日我们正在服务的客户。这是对在实现这两个目标的过程中我们正服务的客户的简要分析。

我们最大、最重要可能也是最艰巨的项目是为空军系统司令部服务。说它大，是因为这是一项大的工作，有众多参与者；说它重要，是因为这关系到美国在世界上的优势和美国政府的偿付能力（笑）。如果别的国家向我们发射导弹，而我们自己的导弹还没有准备好发射的话，那我们就真的遭殃了。而且，如果我们不能帮助空军部队比较便宜地购买导弹，那我们也会完蛋的。因此，这两个方面都要注意——记得赫鲁晓夫说过他将从经济上埋葬我们，现在经济却正在埋葬赫鲁晓夫。我们必须控制住成本，同时还要使导弹部署就位，这项任务意义非凡，我们在其中承担着重要的责任。

我们最不寻常的项目是为国际劳工组织服务。我们已经做了一个关于组织结构的项目，项目还在进行，正在实施当中。这是一个最不寻常的项目，也是一个声誉极佳的项目。

在企业界，我们也有许多客户，我把它们按行业分类，这里只是捎带提一下。有的在前面已经提到了，但是我想有必要看看我们是在为谁而努力实现这些目标。在石油行业，有德士古公司、纽约标准石油公司、Shell Mex B.P.公司、印第安纳标准石油公司、Union Tidewater公司和许多其他公司，这里就不一一列举了；在化工行业，有联合碳化物公司、FMC公司、塞拉尼斯公司、嘉基公司、孟山都公司、诺贝尔炸药公司等；在食品行业，有通用食品公司、利华公司和联合利华公司，这两个公司没有关联，各有各的发展方向，还有亨氏公司；在钢铁行业，有Inland公司、惠灵公司、English公司和斯图尔特与劳埃德公司；在纸制品行业，有国际纸业、Union Bag公司、斯科特公司、Goldwater 公司等等；在民航行业，有美国航空公司和荷兰皇家航空公司；在铁路行业，有 C&O 公司、B&O 公司、南方公司、雷丁公司、南太平洋公司和波士顿与缅因铁路公司；在保险行业，有都市保险、纽约人寿、弗吉尼亚人寿、衣阿华公平保险公司、奥尔斯泰特公司、明尼苏达公司、英国保险协会等等；在银行业，有摩根担保银行、第一国民城市银行、纳什维尔商业联合银行、西北银行公司，西雅图第一国民银行等等。接下来是其他一些中类公司，请听它们的名字有多么杂吧：国际商用机器公司（笑）、国际收割机公司、麦赛福格森公司、邓洛普兄弟、百丽鞋业、大众汽车、凯特皮勒拖拉机公司和强生集团。

对于我们这些正在努力实现那两个目标的人来说，它们都是非常好的客户，当然我们也在尽力为它们提供良好的服务。

我们的员工和客户都已经遍布全球，那么我们要怎样坚持我们的目标呢？首先，我们要有一个宗旨、一系列信念和战略理念；其次，我们要有一套与我们的宗旨相符的管理体系。如果什么时候这个管理体系看上去不太像一个体系的话，那只是因为它看起来不像，实际上我们有良好的规划，并在努力按规划行事。

不久以前，你们都收到了一份名为《专业成长的战略》的备忘录，我想所有新加入的员工也收到了。这是一份总结了本公司的理念、信念和宗旨的文件，其中还有一些对未来的思考。它是在执行委员会的领导下起草，经过管理委员会和所有分公司七易其稿才完成的，其间做了许多修改，并汇集了我们在世界各地许多员工的意见。在这份20页的文件中，我们说明了公司的任务，说明了是什么将我们这些分布于世界各地的员工凝聚到一起，来服务同样分布于世界各地的客户们，为他们解决问题。在此我向大家郑重推荐，这是一份很重要的文件，它对我们整个公司一体运营，有效地为客户服务，提高对客户和我们自身的效能，使公司在规模、水平和盈利方面发展壮大都非常重要。

因此，我们从一开始就应该把它当作一套信念。这里我想给大家读几句话，选自国际商用机器公司的汤姆·沃森写的《麦肯锡基金会选集》，该书将麦肯锡基金会在哥伦比亚主办的讲座辑录成书。他说："我相信，一家公司成败的真正原因常常可以追溯到这样一个问题，即该公司能够在多大程度上激发其员工的力量和才干。它做了哪些事情帮助员工找到彼此之间的共同事业？它是怎样使这些存在竞争和差异的员工始终朝向正确的方向的？它怎样才能使这些共同事业和正确方向在经历一代代人的不断变化后仍然始终保持？这些问题并不只是公司的问题，也是所有大型组织的问题，也是政治和宗教团体的问题。想一想那些存在了许多年的伟大组织，我想你会发现，它们的活力并不在于它们的组织形态和管理技巧，而在于它们所拥有的信念的力量，以及这些信念对组织成员的感召力。因此，这就是我的主题了：我坚信，任何一个组织要求得生存和赢得成功，都必须拥有一套健全的信念，并以此为基础决定它的所有政策和行动。

现在，我们有了一套经过多年锤炼形成的信念，这套信念就记录在这份战略备忘录中。我不想详谈备忘录的内容，我想做的是展望未来，而不是盯着现在，但是我想利用这份备忘录，把为实现公司规模、水平和盈利持续增长的六项基本要求的一些相关评价串起来。我所说的这些要求在备忘录中都已讲到。这里我只是打乱顺序讲一讲，把这些天以来我们谈过的东西总结一下，以形成更加严密的形式供我们思考。

当你努力去贯彻战略、理念和宗旨并达到要求时，你只有两种办法：一种是鼓励人们去做，另一种是要求人们去做。多年来我们主要是依靠第一种鼓励的方法。我说的不是勉励性的言辞，而是人们的领导和贡献，那主要来自实际工作。它在很大程度上不是来自办公室，也不是来自聚会，而是来自实际工作，从那些真正专心工作的人那里得到鼓励，去把工作做好。这就要求人们坚信共同的信念，始终坚持目标。

第二种方法就是要求。我们一直要求人们达到某些标准，遵守某些纪律。多年以来，这种方法都很少用到，所以我们希望通过鼓励而不是要求，大家首先能够尽责于公司的工作和公司的目标，并最终达到为之奉献的境界。我们也希望，当被提升到管理层之后，他们仍然能够这样尽责和奉献。其实在奉献自己的同时，他们可以更好地鼓励而不是要求他人。

下面我们就逐一讲讲这六项要求，看看要鼓励和要求人们达到这六项要求存在哪些问题。

第一项要求是要带来信念和道德价值观，这对开展专业咨询业务至关重要，在吸引、留住和激发开展咨询业务所必需的优秀人才方面也必不可少。在这个方面，亚历克斯·史密斯做出了巨大的贡献。亚历克斯加入公司时，管理咨询还算不上一个专业，事实上当时这个专业还非常新，没有形成系统，人们也怀疑它是不是骗人者的伎俩。亚历克斯在许多年前就加入了公司，而且我相信，在座各位中有些人之所以在这儿，之所以加入公司，就是因为亚历克斯闪光的人格和优秀的品质。我也相信，有些人留在公司也是因为他的领导，因为他以自己的感召力要求你们留下。

对于你们中有些不了解他的人来说，这听起来可能有些费解，但是这里所有关于亚历克斯的事都是确确实实的。

信念和道德价值观是你从你的培训和家庭背景中得来的，只能由其他人带来，亚历克斯就是这样做的。

在坚守道德价值观方面，我们有一定的要求。多年以来，我们的员工在遵守高标准方面极少出现问题，因为员工都是我们精挑细选出来的。但是如果有人不遵守，我们就不得不很快将他开除掉。曾经有一次，我们甚至直接把一个人从办公室赶走，没有给他机会做任何事，只让他收拾东西走人。这是这个等式的另一面，但我们并不是经常被迫采用这种方式。

要想坚持目标，遵守崇高的道德价值观至关重要，这方面的一项品质就是彼此之间要保持互相支持的态度。如果这个部门不支持那个部门，这个人不支持那个人，我们就会分崩离析，因为我们本来就分散在世界各地，服务着众多客户，并且来自众多国家。我们的共同点必须是支持大家，不能贬低同事，不能挑剔同事，不能把事情变得更难完成，而是要互相帮助以成功实现共同目标。这是道德价值观的一个方面。

谈论道德价值观听起来总会有些难以理解。我们希望员工具有这种特性。他们从家庭、教堂、学校和大学所接受的教育都要求他们拥有崇高的道德价值观。这是我们公司的战略理念之一，我想给大家展示一下这会有多么实际。我们在这间屋里有一大群人，有来自澳大利亚的，也有来自德国的。如果我们相互信任对方，相信对方的工作质量和对专业标准的坚持，想想我们在面对客户时会是多么有力量啊——这里的人就可以安排他人在别处进行的工作，知道对方可能出判断上的差错，对方在技术上可能不合格；对方可能由于多种原因而失败，但是不会因为偷工减料或背离道德价值观而失败。这是我们的一大长处，它对我们的客户和我们的公司都有极大的价值，它绝对是我们必须始终坚持的。

我曾经对各个专业的历史做过研究：医生、律师还有其他所有专业都是出于自私的目的来遵守这些专业标准的。这是一个观念问题，具体讲是这样的：假设有一名医生，他树立起了非常好的声誉，即他只在确有必要时才会动手术，他只在确有必要时才会让病人前来复诊，另付给他 10 美元、15 美元、25 美元或 35 美元的诊疗费，而且只有他才能做出这样的决定——想一想这个医生有多大的价值吧。他做出的决定是主观的决定，但人们认为他达到了这样的标准，于是放心大胆地找他看病——想一想这对这个医生有多大的价值吧。这就是专业标准存在的原因。尽管乍看起来并不自私，但它确实是自私的。如果透过表面看实质，那么我们坚持专业标准就是出于自私的目的。所以，只要你愿意的话，你可以从一个非常自私的角度来看待这群人中的个人对崇高道德价值观的坚持：如果我们当中有人在以专业方式开展工作的过程中背离了崇高道德价值观的话，他就会损害我们所代表的事物的核心部分，你也可以认为他降低了我们的水平，缩小了我们的规模，降低了我们的利润，因为我们吸引客户的原因和那个医生一样，是因为客户可以把自己托付给我们，知道我们会为它们好。这就是崇高价值观的宝贵之处。我们公司一直在为扮演这样的角色而努力，我们每一个人都有责任坚持这个目标。这也是亚历克斯做出的最大贡献。

接下来我们的第二项要求是设定高标准并愿意为执行高标准而付出代价。尤其重要的是：专业的方式、客户工作的质量标准、咨询顾问素质和业绩的标准以及收入发展的专业标准。这两天，我们听了很多这方面的发言，有一些很好的讨论和演示。莫里森和麦克唐纳讲的问题解决流程非常好，对于他们的演示我只想补充一点，那就是休或者是公司其他人告诉我的一句话：“我们解决问题的流程有什么特点呢？那就是我们会全面考虑问题。”这个想法不错。我们会采用各种方法，而不是听信客户告诉我们问题是什么。当我们为邓禄普公司做项目时，它们希望解决办公室布局的问题以明确是否还需要更大的空间，但我们并没有局限于此。我们全面地考虑问题，罗杰和阿尔·麦克唐纳已经告诉我们怎样做了。

关于专业的方式，我们听得够多了，这里我将用一个具体的例子来说明专业的方式有何价值。我记得我们是这样受聘于诺贝尔炸药公司的，我希望我说的和事实没有出入：该公司是一家德国大型爆炸物生产商，在德国化工界地位很高。它隶属于德国一个非常重要的集团，是德国 15 个最适合开展业务的公司之一。他们听说了我们和帝国化工有限公司的合作，也就是大家所知的 ICI 公司。我不知道他们是与该公司的人讨论得知的，还是从化学期刊或者一般报刊上读到的，反正他们去找 ICI 公司的高级管理人员谈了，后者告诉他们说我们工作得很出色，于是他们便与我们联系。我们派约翰·麦克唐纳和彼得·霍宾斯过去见他们，对方的要求是帮他们做一个削减办公费用的项目。

这两人确实很想在德国开展咨询业务，他们得到了这个削减办公费用的项目，这本是件再好不过的事情，但是他们却说："能确信这是最佳的切入点吗？"于是他们提出花三天时间了解实际情况。三天之后，他们说："这并不是最佳的切入点。"因为他们发现该公司内部有些组织观念会阻碍削减办公费用，或者至少会使削减工作不划算，而如果能够改变组织方式的话，就可以削减更多的费用，这会影响到办公费用。因此，他们冒着失去这个项目的风险，回去告诉对方应当采取后面这种方式。

结果，这种方式被高级管理层批准了，他们又去见董事会。他们向董事会报告了这种方式，讲述了三天中所做的工作，并表示他们已经准备好签订合同。因为该公司以前曾与别的咨询顾问有过不成功的合作经历，所以对方想在合同的签订上谨慎行事，但是我们的人告诉对方："与麦肯锡公司合作，您不用签合同。"这句话让对方很吃惊，但是我们的咨询费更让对方吃惊（笑）。彼得精通德语，他听到一位董事转过头对另一位董事说："我估计会要很高的收费，但以前我真的不知道居然会那么高（笑）。"

最后对方还是决定把自己托付给我们，因此可见专业方式有多么大的价值啊。首先是对方的项目让我们很感兴趣，对它们自己也很重要；我们以很高的收费接下这个项目，没有签订合同，这也符合双方的意愿，因为如果我们采用专业的方式，而他们却对我们失去信心，或我们认为他们不会按我们的建议行事，我们就会希望能够自由地终止项目。

对我来说，在未来取得成功的第三项要求是：要有感性和理性的思维，能够发现客户的机会和需求，能够发现影响公司的内部和外部因素——昨天晚上大家都看过了有关这些影响因素的示意图，能够通过开发改良的和新的服务以及制订更好的公司管理方法和计划来利用这些因素。这是本次会议的一个主要内容，即如何去做所有这些事情，我们应当感谢沃伦·坎农为此所做的安排。我认为这次会议是经过精心构思的，我参加的每个部分都准备得很充分，演示得很精彩，所以它一定会有助于我们改进现有服务，提供新的服务。

我们公司有一套理念和信念，正如汤姆·沃森所言，它们应当保持不变。但是如果我们死板地认为什么事都应当一成不变，我们必然会陷入困境。这一项要求讲的就是我们必须感知我们周围发生的变化，必须感知公司内部的形势，必须根据外部因素调整我们对客户的服务，必须顺应公司内部的形势调整我们的政策、程序、领导方案、人员和其他所有方面。因为只有当我们的员工具备很高的效能，我们为每项工作安排合适的人员时，我们才能为客户提供良好的服务。

我们一直对外部因素的变化保持敏感，刚才你们听到了现有的 147 个客户中有一些是新客户。在保险领域，你们听到了一些资产数额巨大的公司的名字，这都得归功于迪克·纽切尔和约翰·加里蒂发挥的领导作用，是他们敏锐地抓住了我们非常偶然地为保险业做的首个项目，将一个个好的工作方法应用于保险领域。现在，在铁路领域也是如此。我们对铁路领域的工作机会也很敏感，是鲍勃·霍尔敏锐地发现了铁路领域的机会，并专心致志地参与几个铁路方面的项目，包括南方公司、雷丁公司、B&O 公司和 C&O 公司的项目。他在自己原有的职业生涯被突然终止后，在铁路领域发挥了有力的领导作用。后来，菲尔·巴布接手了他的领导工作，不过我还想给大家讲一件关于鲍勃·霍尔的非常有趣的事情。

这是我在鲍勃去世次日收到的一份备忘录。从日期上看，应该是他在机场时寄出的，显示出他对铁路领域的持久兴趣。

我想给大家读一读，只有短短一页。字是手写的，所以我想是在机场写的。他说："马文，关于雷丁公司的报告正获得越来越好的反响。"（该报告是在鲍勃·霍尔的领导下完成的，对我们的铁路咨询业务起到了很大的推动作用。）"迄今为止铁路方面已经散发了大约 100 份报告，要求我们再提供一些。我们也在计划把我们的公共交通委员会报告寄给一些铁路公司和公共机构，该报告很受委员会成员欢迎。"

当时，他可能是坐在机场里，准备拜访下一位客户，心里考虑着他在我们某一咨询业务中的领导作用，他还附上一本名为《雷丁公司通勤者》的小册子。很显然，雷丁铁路公司已经在给自己乘客的小册子中融合了麦肯锡公司项目报告的内容，鲍勃用笔在小册子中划出了八处或十处参考了项目报告的地方。我想，雷丁铁路公司向通勤乘客们散发这本小册子，是因为该项目涉及公司的通勤业务。这是一个小小的实在的例子，从中可见鲍勃·霍尔在那个方面和在我们咨询业务的一个发展阶段中所发挥的领导作用。没有人要求或告诉他要这样做，是他自己抓住了机会，直至去世时还在不懈追求。

未来取得成功的第四项要求是：始终注意在公司维持一个好的工作氛围，以吸引、留住和充分激发我们开展咨询业务所需的高素质人才。反复地讲"吸引、留住和充分激发"似乎有些啰唆，但我们确实必须那样去做。我们必须吸引素质最高的人才，我想你们可以看到我们确实在这么做。作为个人你是不能否认这一点的（笑）。我想，本次会议的一个目的就是要把我们当作一个整体来看待，并开始相信这个整体。我们已经吸引到了素质最高的人才。在这次会议的前一天，我们负责招聘工作的人员已经开过一次会，讨论了招聘事宜。如果你觉得自己的工作很难，那么想想这些可怜的招聘人员吧，他们将要面试75～100个人，我们当中一些人也做过这个工作，这样才能挑选出一个人。所以说啊，吸引人才是个代价高昂的工作。

接下来，要想留住人才并激发其效能，我们必须营造人才所喜欢的工作环境。要知道，他可是我们按照我们的标准从75～100个人中挑选出来的，他随时都可以找到别的工作。我们知道这一点，你也知道，所有人都知道，所以我们必须面对现实。只有当一个人觉得自己的工作有趣、收入不错、各方面收获都挺多时，他才会继续做这个工作，为了公司的共同事业而做出奉献。如果这个人感到工作环境不利于做好工作，如果他感到自己不得不提防别人（不得不揣度这种情形意味着什么，是不是有人陷害我、排挤我），在努力做好要求很高的工作的同时还要提防种种他所不喜欢的事情，那么他定然不会再做下去。一群高素质人才的士气是一件非常不可捉摸的事情。它必须令人振奋，必须生机勃勃，所以这是我们不仅要鼓励，而且还要要求的事情。这是一件事关我们凝聚力的事情，我们确实在时时关注。这时要老生常谈一句："让我们彼此表现出支持的态度吧。"这是为高素质人才鼓舞士气的最佳办法。

我们的第五项要求是：在服务客户和管理公司的过程中，对待向前迈进和冒风险的问题要抱着发展、创新和前瞻的观点。

你们当中有些人可能不认为我们善于冒险，但我们在美国本土设立分公司的同时也在国际上不断迅速发展，派人为许多重要的公司处理重要的问题，就我们有限的经验来讲，这就是在冒险，是在用我们最重要的资产、我们的声誉和我们在客户中的地位来冒险。

我想，在创新方面我们是慢了一点。我们没有尽快进入运营研究的领域，但至少我想我们有一个特点，那就是一旦去做一件事情，我们便会把它做好。我确信，在座的各位，如果听过我们对运营研究的演示（一个是为强生公司所做项目的报告，另一个是将运营研究应用于高层管理），肯定会觉得我们已经是行家了。用戴夫·赫兹的话说，我们必须走出去获得在其中的领导地位。我们已经获得了这种地位，我们正从中获利，我们有一大群人擅长此道。我们确实没有尽快采取行动，但是行动现在已经开始了，正在渗入我们所有的工作中去，并不断激发我们在许多其他方面的种种想法。我确信，听过这些演示的人可以想象一下，如果我们集中十几个公司的总裁，给他们讲解为强生公司所做项目的报告，他们一定就能理解什么是运营研究了。那样做会有一点麻烦，那就是我们会接到太多提供帮助的请求，所以我们暂时还不敢那样做。

所以，我们这群人有些惰性。我想这是因为我们太善于分析，太具有批判性，所以我们总是发现错误，发现困难，所以我们在许多方面善于冒险，但是在其他方面又会有些跟不上。我希望，随着我们向前迈进，我们的创新能够比现在快一些。

当然，随着人们找到做事情的新方法，小处的创新倒是时时都有。这些创新总在进行当中，但是我讲的是大处的创新。如果我们稍微更多地认识到一件事可能值得去做，那我相信我们在大处创新的步伐也会有所加快。

我们的第六项要求，也是最后一项要求，我认为就是：要始终注意改善内部的管理和领导。就我们现在和将来的规模来说，每一项工作都需要有效的管理和领导。在专业公司内部，领导是一项应由从事实际工作的人，也就是负责具体项目的董事，来做的特殊的事情，做这件事情也是他的责任。他不仅要让员工做好工作，圆满完成客户交给的任务，而且还要确保对作为其事业的专业和公司的尽责和最终贡献。

关于我们公司管理体系的发展，在我听了拉斯·埃科夫对某种体系的描述后，我禁不住觉得也许我们公司的体系并不像有时报告的那么糟糕，因为我们在公司的管理中总能达到那些要求。不过，我们确实有一些缺点，应该正视它们，克服它们，其中一个就是我们公司所称的“专才”的角色问题，或许这个称呼不太好。我曾经和吉姆·费舍尔共进午餐，我记下了他说的一些话，他告诉我可以有其他的处理方式，我准备努力解决这个问题，因为在他看来，这是一种跨咨询业务的深入的经验，是我们所需要的那种专门化。如果没有专才，我们不可能达到现在的规模，不可能拥有这 147 个客户，也不能解决那些复杂的问题。你们有谁要是参加了运营研究的两次会议就会知道这一点。所以，我们在这方面存在一些惰性。我们将这样做，我们正在这样做，但是我们的这种观念肯定会遇到一些阻力。我们认为公司的进步不仅需要有通才，还需要有专才。我们不能鼓励专才都变成通才，不能这样破坏我们的资产，因为这样的话，他们就无法拥有深入的经验，无法解决复杂问题了。上述问题我们必须解决，因为我们有共同的事业，我们要坚持这些目标，解决的方法就是确保我们所有人都认识到每一个人在我们公司向前发展的共同事业中的价值。

因此，要达到这六项要求，我们最终的问题是要使自己确信所有这些要求的价值和我们所从事的工作的价值。如果你想成为为企业、政府和其他类型的组织解决问题的专业人士，我想你在停下来分析自己正在做的事情时不会质疑它们的价值。只有当你确信你的专业方式对客户是有价值的，你才会愿意参与其中。你必须确信自己在为客户做的事情是有价值的，不仅因为它创造利润而对客户有价值，而且因为它使人们的生活更美好而对整个经济有价值。

我曾经与吉尔的朋友国际劳工组织的首脑戴夫·莫尔斯交谈过。那次是吉尔安排我和他共进午餐的，此前两三周他才刚从铁幕国家访问归来。他说："我和铁幕背后的国际劳工组织成员国的人交谈过，他们遇到麻烦了，他们承认那一点。"他曾经与赫鲁晓夫共进晚餐，我认为赫鲁晓夫可没有承认那一点，但是赫鲁晓夫周围的人都告诉戴夫·莫尔斯说他们遇到麻烦了。这次午餐之后没过几天，就在这次会议召开期间，就传来消息说他们更换了最高领导人。

所以我们要做的工作是要使人们的生活更美好，使我们所服务的政府成为更好地为人们服务的政府。对我来说，在从事共同事业的过程中，我们可以先做到尽责而后做出奉献。今天我们讲的两个简短的例子就说明了这一点，他们是为公司“鞠躬尽瘁，死而后已”的两位同仁——亚历克斯，他一生都在这样做出贡献；鲍勃·霍尔，他到华盛顿支援那里的分公司，后来接掌了该分公司，并领导了我们的铁路咨询业务。许许多多男女员工都做出了这样的贡献，他们将为我们创造出实现这些目标的共同事业。

最后，我想用一位英国经济学家的话来做总结。我曾经问过两三个英国人这位经济学家的名字该怎么拼，他们都不确定，结果我得到了两种拼法，我就姑且采用其中一种吧。英国经济学家沃尔特·巴杰特说过：“强大的信念折服强大的人，并且使他们更强大。”我想加一句，当我们的信念变得更加强大，我们的奉献变得更加深刻时，我们也将更加坚定地去实现我们的两大目标（鼓掌）。

主席：再过几分钟，我们的这次会议就要结束了，两年之后我们才能再次相聚。对于马文的讲话，我想任何的补充都是画蛇添足，所以我就不想多说了。但是，我想我可以在会议结束之际向马文·鲍尔的领导致以谢意。

在座有的人是第一次参加年度会议，以后就将改为两年一次了。我自己是第 14 次参加年度会议，其他人有的是第 19 次、第 20 次或更多次参加年度会议。但是马文·鲍尔已经在这里，不仅是对我，而是在这个会议上，演讲了 27 次。在我自己参加的这 14 次会议中，有些很好，有些非常之好，有些不是太好，有些不大记得住了，也就是无关紧要吧，但是每一次会议都有一个共同点，我的意思是无一例外，那就是马文·鲍尔所做的闭幕词都非常精彩。

我一直在想，非常认真地想，为什么有人能够在 27 年中年年给我们做这样鼓舞人心的演讲，现在看来对这个问题的答案可以用一个词来概括，这个词就是领导力。(鼓掌)

马文·鲍尔：之前我就应该说的，那么现在我不得不说了。演讲了 27 次，并不代表我在公司才待了 27 年，而是更久。所有的公司都有一个问题，如果领导人在位的时间像我这样久，那么世代交替就成问题了。但是，我想告诉你们每一个人，我对管理委员会公开宣布过，我不仅准备好迈出世代交替的第一步，而且准备好按任何人的要求迅速完成世代交替的所有步骤。这对我很重要，因为这对公司很重要。我想每一个人都应该明白，大家见过的许多公司企业之所以受到伤害，就是因为决定着发展大计的人在位时间过长，所以，在你们觉得应该进行更换时，向管理委员会直言相告就是你们的责任。(鼓掌)

注　释

第一部分　将愿景变为现实

1. Marvin Bower, personal files ("Protecting the Foundations of Firm Success," draft memo, 1969); Marvin Bower, in discussion with the author, 2001.

第1章　马文·鲍尔

1. Marvin Bower, "Living Legends," National Business Hall of Fame interview, sponsored by Junior Achievement and *Fortune* (Hollywood, CA, Strategic Perceptions, Inc., 1988).
2. John Byrne, "Goodbye to an Ethicist," *Business Week,* February 10, 2003.
3. Marvin Bower, *Memoirs* (New York, privately published, 2003).
4. Ibid.
5. Ibid.
6. Ibid.
7. Ibid.
8. Ibid.
9. Ibid; Marvin Bower, in discussion with the author, 2002.
10. Marvin Bower, in discussion with the author, 2001.
11. *Memoirs;* Interviews for McKinsey's oral history conducted by Jessica Holland, 1986–1988.
12. Ibid.
13. *Memoirs.*
14. Interviews for McKinsey's oral history, 1986–1988.
15. Marvin Bower, personal files (scrapbook); in discussion with the author, 2002.
16. *The Cleveland News,* August 14, 1927.
17. Marvin Bower, personal files (scrapbooks).
18. Marvin Bower, personal files (1961–1972); in discussion with the author, 2002; interview with Ron Daniel.
19. Marvin Bower, personal files (1930–1946).
20. Marvin Bower, personal files (note from Tom Dill, 1970).
21. *Business: The Ultimate Resource,* (Boston, MA, Perseus Publishing, 2002), p. 955.
22. Interview with John Stewart by author.
23. Marvin Bower, personal files (Bronxville newspaper clippings); in discussion with the author, 2002.
24. Marvin Bower, personal files (Bronxville, New York, *The Reformed Church Bulletin,* April 18, 1971).

25. Interview with Jim Bower by author.
26. Marvin Bower, personal files (family correspondence, 1986).

第2章　愿景

1. Herbert Simon, *The New Science of Management Decisions* (New York, Harper & Brothers, 1960).
2. John G. Neukom, *McKinsey Memoirs: A Personal Perspective* (privately published, McKinsey & Co., 1975).
3. Albert Borowitz, *Jones, Day, Reavis & Pogue: The First Century* (privately published, Jones, Day, Reavis & Pogue, 1993); Marvin Bower, in discussion with the author, 2002.
4. "Living Legends," National Business Hall of Fame interview, sponsored by Junior Achievement and *Fortune* (Hollywood, CA, Strategic Perceptions, Inc., 1988).
5. Interview with Tom Brown, chairman of TB&Co., 2003 by author.
6. Urwick, Orr & Partners (U.K.) was in forming stages and launched in 1934; interview with Peter Drucker by author.
7. Jim Bowman, *Booz·Allen & Hamilton: Seventy Years of Client Service, 1914–1984* (privately published, Booz·Allen & Hamilton Inc., 1984).
8. Notes from Steve Walleck; interview with Helen Bower, 1983, by author.
9. Ibid.
10. *McKinsey Memoirs,* p. 6 and 7.
11. Marvin Bower, *Perspectives on McKinsey* (privately published, McKinsey & Co., 1979), p. 46.
12. Marvin Bower, *Memoirs* (New York, privately published, 2003).
13. Marvin's title was managing partner beginning in 1950; prior to that he was office manager of the New York office.
14. *Perspectives on McKinsey,* p. 43–49; interviews for McKinsey's oral history, 1986–1988.
15. McKinsey Wellington & Co., management engineers, history, 1936.
16. One of the four original partners, Ewing "Zip" Reilley, from Goldman Sachs, joined Marvin as an investor and an associate rather than partner in title, and therefore did not put his personal assets, beyond the capital he invested, at risk.

第3章　行业与企业

1. Marvin Bower, personal files—speech on leadership, 1957.
2. *McKinsey: A Scrapbook* (privately published, McKinsey & Co., 1997), p. 8.
3. Marvin Bower, in discussion with the author, 2002.
4. Marvin Bower, *Perspectives on McKinsey* (privately published, McKinsey & Co., 1979), p. 5 and 6.

5. Ibid, p. 16.
6. Interview with John Stewart by author.
7. Marvin Bower, in discussion with the author, 2002.
8. Interviews for McKinsey's oral history, 1986–1988.
9. Marvin Bower, personal files (speech to McKinsey staff titled "Development of the Firm's Personality: Looking Back Twenty Years and Ahead Twenty," October 30 and 31, 1953).
10. Interviews for McKinsey's oral history, 1986–1988, p. 69 and 237; Marvin Bower, personal files (notes on his computer).
11. Interviews with Chuck Ames and John Stewart by author.
12. Marvin Bower, personal files (1953).
13. Interview with Gary MacDougal by author.
14. Marvin Bower, personal files ("Beating the Executive Market," *The Harvard Business School Alumni Bulletin,* May 1940); "Unleashing the Department Store—A Practical Concept of Department Store Organization" (reprinted from speech at Annual Convention of National Retail Goods Association, January 18, 1939); "The Management Viewpoint in Credit Extension" (reprinted from *The Bankers Magazine,* August 1938); "Untangling the Corporate Harness" (reprinted from presentation at the Annual Meeting of the American Society of Mechanical Engineers, December 5–9, 1938).
15. Marvin Bower, personal files (speech, 1951).
16. Interview with Warren Cannon by author.
17. Interviews for McKinsey's oral history, 1986–1988.
18. Marvin Bower, personal files (speech, 1953).
19. Ibid.
20. Marvin Bower, personal files (1974).
21. Interview with Don Gogel by author.
22. Interview with Andy Pearson by author.
23. Interview with Sir John Banham by author.
24. Interview with Joe Connor by author.
25. Anton Rupert, *Leaders on Leadership* (privately published, University of Pretoria, 1967), p. 37; interviews with Hugh Parker, Harry Langstaff, and Lee Walton by author; Marvin Bower personal files.
26. Interview with Harvey Golub by author.
27. Interview with Albert Gordon by author.
28. Interview with Quincy Hunsicker by author.
29. Marvin Bower, personal files (speech titled "Strengthening the Firm's Long-Term Position," 1953).
30. Interview with Warren Cannon by author.
31. Interview with Chuck Ames by author.
32. Interview with Ron Daniel by author.

33. Interviews for McKinsey's oral history, 1986–1988.
34. Interview with Jack Dempsey by author.
35. John Dewey, *Ethics* (New York, Henry Holt and Company, 1908).
36. Marvin Bower, personal files (memo titled "Sharpening Firm Objectives," 1941).
37. Marvin Bower, in discussion with the author, 2002.
38. *Perspectives on McKinsey*.
39. Marvin Bower, personal files ("The Challenge of the Next Fifty Years," October, 1960).
40. Marvin Bower, personal files (speech quoting Sir Charles Snow's *The Two Cultures and the Scientific Revolution*, 1950).
41. Marvin Bower, personal files, concept derived from James O. McKinsey's book, *Budgetary Control* (New York, Ronald Press, June 20, 1922).
42. Lyndall F. Urwick, *The Golden Book of Management* (London, Newman Neame Limited, 1956).
43. Interviews for McKinsey's oral history, 1986–1988.
44. Interview with Harvey Golub by author.
45. Marvin Bower, personal files (annual conference, 1953).
46. Marvin Bower, personal files (programmed management for McKinsey & Co., 1954).
47. Interview with John Stewart by author.
48. Interview with Fred Gluck by author.
49. Interview with Mac Stewart by author.
50. Interview with Quincy Hunsicker by author.
51. Interview with David Hertz by author.
52. Interviews for McKinsey's oral history, 1986–1988.
53. Marvin Bower, personal files (1941).
54. Interview with Harvey Golub by author.
55. Edgar H. Schein, 1967 McGregor Lecture referenced in Marvin Bower personal files ("Why McKinsey," undated).
56. Interview with Carel Paauwe by author.
57. Ibid.
58. Marvin Bower, in discussion with the author, 2002.
59. Interviews for McKinsey's oral history, 1986–1988.
60. Interviews by author.
61. Interview with Peter Drucker by author.
62. Marvin Bower, in discussion with the author, 2001.
63. Interview with Fred Gluck by author.
64. Interview with Lord Norman Blackwell by author.
65. Interview with Steven Walleck by author.
66. Interviews for McKinsey's oral history, 1986–1988.
67. Interview with John Stewart by author.

68. Interview with Don Gogel by author.
69. David Ogilvy, *Ogilvy on Advertising* (New York, Vintage Books, 1983), p. 54.
70. Marvin Bower, personal files ("The Challenge of the Next Fifty Years," October 1960).
71. Interview with Clay Deutsch by author.
72. Interview with Bob Waterman by author.
73. Marvin Bower, personal files (talk at Fiftieth Anniversary Conference, 1960).
74. Marvin Bower, personal files (article for *The Harvard Business Review*, "Nurturing High Talent Manpower," 1957); McKinsey's oral history, 1986–1988.
75. Interview with Don Gogel by author.
76. Marvin Bower, personal files (speech to American Boiler Manufacturers Association Annual Meeting, "Running a Business Well," June 1955).
77. Marvin Bower, personal files ("Preparing for the Next Stage of Firm Growth," October, 1958, draft of The Challenge Speech, 1959).
78. Interview with Mac Stewart by author.
79. In 2002, when asked who was the single most important person in helping him lead the firm, Marvin responded, "Everett Smith."
80. Interview with Mac Stewart by author.
81. *The Harvard Business Review*, September 1, 1975.
82. Interview with Theodore Levitt by author.

第 4 章　关键时刻的领导力与影响力

1. Those 59 years include Marvin's time with the firm prior to the 1939 purchase of McKinsey & Co.
2. Interview with Warren Cannon by author.
3. Interview with Quincy Hunsicker by author.
4. Ibid.
5. Thomas J. Watson Jr., *Business and Its Beliefs* (New York, McGraw-Hill, 1963); interview with Marvin Bower by author.
6. Interview with Roger Morrison by author, interviews for McKinsey's oral history, 1986–1988.
7. Interviews for McKinsey's oral history, 1986–1988.
8. Marvin Bower, in discussion with the author, 2002.
9. Bob Allen, a partner at NYCP, in discussion with the author, 1995.
10. Interview with Fred Gluck by author.
11. Interview with Warren Cannon by author.
12. Marvin Bower, in discussion with the author, 1987.
13. Interviews for McKinsey's oral history, 1986–1988.
14. Ibid.
15. Marvin Bower, *Perspectives on McKinsey* (privately published, McKinsey & Co., 1979), p. 80–81.

16. Ibid, p. 66–67.
17. Interviews for McKinsey's oral history, 1986–1988.
18. Interview with Warren Cannon by author; interviews for McKinsey's oral history, 1986–1988.
19. Interview with John Macomber by author.
20. Interview with Roger Morrison by author,interviews for McKinsey's oral history,1986–1988.
21. Ibid.
22. Ibid.
23. Interviews for McKinsey's oral history, 1986–1988.
24. Interview with Henry Strage by author.
25. Ibid.
26. Interview with John Stewart by author.
27. Interview with Ron Daniel by author.
28. Marvin Bower, personal files (McKinsey Partners' Conference, 1992).
29. Ewing W. Reilley and Eli Ginsberg, *Effecting Change in Large Organizations* (New York, Columbia University Press, 1957).
30. McKinsey & Co. internal files (foundation records reports, 1960–1972).
31. Marvin Bower, personal files (McKinsey Partners' Conference, 1992).
32. Interviews for McKinsey's oral history, 1986–1988.
33. Ibid.
34. Ibid; interview with Lee Walton by author.
35. *McKinsey Memoirs,* p. 10.
36. Interview with Jim Balloun by author.
37. Interviews for McKinsey's oral history, 1986–1988.
38. Ibid.
39. Gil Clee, quoted from speech to McKinsey management, 1954.
40. Gil Clee, "Expanding World Enterprise" (*The Harvard Business Review,* 1959).
41. Interview with Mac Stewart by author.
42. Interviews for McKinsey's oral history, 1986–1988.
43. Interview with Warren Cannon by author.
44. "Selling U.S. Advice to Europe" (*Business Week,* December 21, 1957).
45. *McKinsey: A Scrapbook* (privately published, McKinsey & Co., 1997), p. 29.
46. Salaries were equal at the partner level and scaled from the market rate for entry-level positions.
47. Interview with Lee Walton by author.
48. Interviews for McKinsey's oral history, 1986–1988.
49. Ibid.
50. John Loudon, quote from article in *The Director,* 1959.
51. Interview with Hugh Parker by author.

52. Interview with John Macomber by author.
53. Interviews for McKinsey's oral history, 1986–1988.
54. *McKinsey: A Scrapbook,* p. 34; interview with Sir Alcon Copisarow by author.
55. Interview with Lee Walton by author.
56. Interview with Mac Stewart by author.
57. Interview with John Macomber by author.
58. Harvard Business School Web site.
59. Interview with Harvey Golub by author.
60. Interview with Mary Falvey by author.
61. Ibid.
62. Marvin Bower, quoted in "McKinsey & Co. is Marvin Bower" (*Investors Business Daily,* January 7, 1999).
63. Interview with Linda Levinson by author.
64. *Memoirs,* interviews for McKinsey's oral history, 1986–1988.
65. Interviews for McKinsey's oral history, 1986–1988.
66. Jim Bowman, *Booz·Allen & Hamilton: Seventy Years of Client Service, 1914–1984* (privately published, Booz·Allen & Hamilton Inc., 1984).
67. Interviews with Marvin Bower and Walter Wriston by author.
68. Author.
69. Interview with John Forbis by author.
70. Interview with Peter Foy by author.
71. Interview with Henry Strage by author.
72. Marvin Bower in conversation with Bill Price, retired McKinsey communications department, 2001.
73. Interview with Hugh Parker by author.
74. Interview with Mac Stewart by author.
75. Ibid.
76. Marvin Bower, quoted in Geraldine Hines, "Step Down and Let Younger Men Lead" (*International Management,* 1968).
77. Jeffrey Sonnenfeld, *The Hero's Farewell: What Happens When CEOs Retire* (Oxford, UK, New York, Oxford University Press, 1988).
78. Interviews with Ron Daniel and Reg Jones by author.
79. Marvin Bower, quoted in BBC Interview, 1988.
80. *The Will to Lead,* (Boston, MA, Harvard Business School Press, 1997).
81. Marvin Bower, personal files (draft foreword for *The Will to Lead*); in discussion with the author.
82. Interview with Warren Cannon by author.
83. Ibid.
84. Interview with John Macomber by author.

第二部分　领导的领导

1. John W. Gardner, *Self-Renewal The Individual and the Innovative Society* (New York, Harper & Row, 1963).
2. Marvin Bower, personal files (*Every McKinsey Partner a Leader*, 1996).

第 5 章　鲍尔的影响力

1. *McKinsey Alumni Directory* (privately published, McKinsey & Co., 1966).
2. Interview with Ron Daniel by author.
3. Interview with John McArthur by author.
4. Interview with Gene Zelazny by author.
5. Andrew Jackson.
6. Marvin Bower, *Memoirs* (New York, privately published, 2003).
7. Interview with Marvin Bower by author, 1979.
8. Interview with Terry Williams by author.
9. *Memoirs.*
10. Interview with Chuck Ames by author.
11. *Memoirs;* interviews for McKinsey's oral history, 1986–1988.
12. *Memoirs;* Marvin Bower, in discussion with the author, 2002.
13. Ibid.
14. Ibid; notes from Steve Walleck.
15. Marvin Bower, in discussion with the author, 2002.
16. Marvin Bower, personal files.
17. Marvin Bower, personal files (draft foreword for *The Will to Lead*).

第 6 章　激发组织的勇气

1. Interview with Ron Daniel by author.
2. Interviews for McKinsey's oral history, 1986–1988.
3. Ibid.
4. Interview with Ron Daniel by author.
5. Interview with Steven Walleck by author; historical discussions with Fred Searby and author.
6. Ibid.
7. Ibid.
8. *McKinsey: A Scrapbook* (privately published, McKinsey & Co., 1997).
9. Interview with Hugh Parker by author.
10. Interview with Lee Walton by author; interviews for McKinsey's oral history, 1986–1988.
11. Interviews for McKinsey's oral history, 1986–1988.
12. Ibid.
13. Interview with Hugh Parker by author.

14. Interviews for McKinsey's oral history, 1986–1988.
15. Ibid; interview with Lee Walton by author.
16. Interview with Hugh Parker by author.
17. Ibid.
18. Ibid.
19. Interview with John Macomber by author.
20. Marvin Bower, *The Will to Lead* (Boston, MA, Harvard Business School Press, 1997).
21. Interview with Tom Schick by author.
22. Interviews with John Macomber and Lee Walton by author.
23. Marvin Bower, personal files (letters); *McKinsey: A Scrapbook*.
24. Interview with Hugh Parker by author.
25. "Organizing for Global Competitiveness: The Matrix Design" (Conference Board Report, 1983).
26. Interview with Joe Connor by author.
27. Ibid.
28. Ibid.
29. Ibid.
30. Ibid.
31. Interview with Joe Krovanski by author.
32. Interview with Joe Connor by author.
33. Interview with Robert O'Block by author.
34. Interview with Don Gogel by author.
35. Interview with Joe Connor by author.
36. Ibid.
37. "As Many of the Big Eight Centralize, Price Waterhouse Bucks the Trend" (*Business Week,* October 24, 1983).
38. Interview with Joe Connor by author.
39. Ibid.
40. Ibid.
41. Ibid.
42. Ibid.
43. Interview with Don Gogel by author.
44. Interview with Robert O'Block by author.
45. Interview with Albert Gordon by author.
46. Derek Bok, Annual Report to Harvard Board of Overseers, 1979.
47. Ibid.
48. Ibid.
49. Interview with Albert Gordon by author.
50. Marvin Bower, *Memoirs* (New York, privately published, 2003).
51. Ibid.

52. Jeffrey L. Cruikshank, *A Delicate Experiment* (Boston, MA, Harvard Business School Press, 1987).
53. Marvin Bower, personal files (1968).
54. John had had a previous relationship with Al from the time when John, as one of the trustees in bankruptcy, had successfully secured funding from Kidder Peabody to help turn around Penn Central Railroad.
55. Interview with Albert Gordon by author.
56. Ibid.
57. Interview with Richard Cavanagh by author.
58. Interview with Steve Walleck by author; Steve Walleck notes.
59. Ibid.
60. Ibid.
61. Interview with Albert Gordon by author.
62. Ibid.
63. Ibid.
64. Marvin Bower and Albert Gordon, "The Success of a Strategy" (Board of Directors, The Associates of Harvard Business School Task Force Report, December, 1979).
65. Ibid.
66. Ibid.
67. Ibid.
68. Ibid.
69. Marvin Bower, in discussion with the author, 2002.
70. Interview with Theodore Levitt by author.
71. Interview with John McArthur by author.
72. Ibid.
73. Ibid.
74. Ibid.
75. Ibid.
76. Joan Margretta and Nan Stone, *What Management Is* (New York, London, Tokyo, Sydney, Singapore, The Free Press, 2002) p. 15.

第 7 章　培养一代领导者

1. Theodore Roosevelt, *Theodore Roosevelt on Leadership: Excellent Lessons from the Bully Pulpit* (Roseville, CA, Forum, 2001).
2. Interview with Harvey Golub, 2002 by author.
3. Marvin Bower, in discussion with author, 2002.
4. Interview with Harvey Golub by author.
5. Ibid.
6. Ibid.
7. Ibid.

8. Ibid.
9. Ibid.
10. Ibid.
11. Ibid.
12. Ibid.
13. Ibid.
14. Ibid.
15. Ibid.
16. Ibid.
17. Ibid.
18. Ibid.
19. Ibid.
20. Ibid.
21. Marvin Bower, personal files (letter from Harvey Golub, March 7, 1995).
22. Interview with Harvey Golub by author.
23. Ibid.
24. Ibid.
25. Ibid.
26. Ibid.
27. Kenneth I. Chenault, *American Express Annual Report* (2000).
28. Marvin Bower, personal files (letter from Harvey Golub, January 2001).
29. Interview with Gary MacDougal, 2002 by author.
30. Marvin Bower, in discussion with author, 2001.
31. Interview with Gary MacDougal by author.
32. Ibid.
33. Ibid.
34. Ibid.
35. Ibid.
36. Ibid.
37. Ibid.
38. Ibid.
39. Ibid.
40. Ibid.
41. Ibid.
42. *Make a Difference,* (New York, Truman Talley Books, St. Martin's Press, 2000).
43. Ibid.
44. Ibid.
45. Ibid.
46. Ibid.
47. Ibid.
48. Department of Health and Human Services Administration for Children and

Families, December 2002; Daniel J. Miller, Assistant Secretary, Illinois Department of Human Resources.

49. David Broder, "Welfare Reform Can Work" (*The Cincinnati Post,* January 27, 2000).
50. *Make a Difference.*
51. Interview with Gary MacDougal by author.
52. Ibid.
53. Marvin Bower, in discussion with author, 2002.
54. David Ogilvy, *Blood, Brains & Beer: The Autobiography of David Ogilvy* (New York, Atheneum, 1978), p. 61.
55. David Ogilvy, *The Unpublished David Ogilvy* (New York, privately published, The Ogilvy Group, 1986), p. 55.
56. Ibid., p. 99.
57. David Ogilvy, *Ogilvy on Advertising* (New York, Vintage Books, 1985), p. 52.
58. Marvin Bower, in discussions with the author, 2001, 2002.
59. David Ogilvy, *An Autobiography* (New York: John Wiley & Sons, Inc., 1997), p. 117, 130; Marvin Bower, personal files (memorandum).
60. Kenneth Roman and Jane Maas, *How to Advertise* (New York, St. Martin's Press, 2003); interview with Ken Roman by author.
61. David Ogilvy, *Confessions of An Advertising Man* (New York, Dell, 1964).
62. *An Autobiography*, p. 131; *The Unpublished David Ogilvy.*
63. *Blood, Brains & Beer.*
64. *Ogilvy on Advertising,* p. 48.
65. Ibid., p. 53; *Confessions of an Advertising Man,* p. 106.
66. David Ogilvy, quoted at McKinsey Training Program, 1987.
67. Interview with Ken Roman by author; Ken Roman correspondence file, November 1973.
68. Marvin Bower, personal files (memorandum to consulting staff, "David Ogilvy—Personnel Program," November 16, 1961).
69. Interview with Don Gogel, by author, 2002.
70. Marvin Bower, in discussion with the author, 2001.
71. Interview with Don Gogel by author.
72. Ibid.
73. Ibid.
74. Ibid.
75. Ibid.
76. Ibid.
77. Ibid.
78. Ibid.
79. Interview with Chuck Ames by author.
80. Interview with Sir John Banham by author.

81. Interview with Sir Roderick Carnegie by author.
82. Interview with Richard Cavanagh by author.
83. Interview with Ron Daniel by author.
84. Interview with Juliette Dively by author.
85. Interview with Roger Ferguson by author.
86. Interview with Michael Fleisher by author.
87. Lou Gerstner, quote from "Our Days with Marvin" (*Consulting Magazine*, February/March 2003); interview with Lou Gerstner by author.
88. Lou Gerstner quote from John A. Byrne, "Goodbye to an Ethicist" (*Business Week*, February 10, 2003).
89. Interview with Albert Gordon by author.
90. Bruce D. Henderson, *Henderson on Corporate Strategy* (Cambridge, Abt Books, 1979).
91. Interview with Herbert Henzler by author.
92. Interview with Jon Katzenbach by author.
93. Rob Spiegel, "Steve Kaufman: A Look Back" (*Electronic News*, February 27, 2002).
94. Interview with Steve Kaufman by author; Steve Kaufman in a speech, October 2003.
95. Interview with Linda Fayne Levinson by author.
96. Interview with John Macomber by author.
97. Leo Mullin, quote from "Our Days with Marvin" (*Consulting Magazine*, February/ March 2003).
98. Interview with Andrall Pearson by author.
99. Interview with John Sawhill, 1998, by author.
100. Interview with Isabel Sawhill, 2003, by author.
101. Interviews for McKinsey's oral history, 1986–1998.
102. Interview with Klaus Zumwinkel by author.
103. Marvin Bower, *The Will to Manage.*

采访名单

姓名	职务 / 关系	在麦肯锡任职年份
Frances Allen	Jim Allen's (Booz Allen) wife	
Charles "Chuck" Ames	Partner, Clayton, Dubilier & Rice, Inc.	1957~1972
Dr. Aphrodite Clamar-Cohen	Psychologist	
Jenny Bower Athanason	Granddaughter	
Phil Babb		1941~1978
Carter Bales	General partner, The Wicks Group of Companies, L.L.C.	1965~1998
Jim Balloun	Chairman, president, and CEO, Acuity Brands, Inc.	1965~1996
Sir John Banham	Chairman, Kingtirn DLL	1969~1983
Richard Baznik	Vice president executive compensation, Case Western Reserve University	
Jack Benfield	Retired chairman and inventor, Benfield Electrical Joint	
Jim Bennett	President and CEO, EmployOn, Inc.	1968~1998
Lord Norman Blackwell	Chairman, SmartStream Technologies Ltd.	1978~1995
James "Jim" Bower	Son	
Richard "Dick" Bower	Son	
Suzanne Bower	Great-niece	
Malcolm Candlish	Retired chairman, First Alert	1965~1977
Warren Cannon		1949~1988
Sir Roderick "Rod" Carnegie	Retired chairman, TRA	1959~1970
Richard "Dick" Cavanagh	President and CEO, The Conference Board, Inc.	1970~1987
Gerry Audlingel	Andlinger to Company Inc.	1956~1959
Don Clifford Jr.	President, Threshold Management, Inc.	1959~1984
Joseph Connor	Former senior partner, Price Waterhouse	

Ron Daniel	Former managing director, McKinsey & Co.	1957 至今
Brande Defilippis	Nurse, Florida	
Jack Dempsey	Director, McKinsey & Co.	1987 至今
Clay Deutsch	Managing partner, McKinsey & Co., Chicago	1981 至今
Juliette "Lilita" Dively	Wife of Marvin's good friend George Dively, chairman of Harris Graphics from 1939 to 1972	
Dr. Peter F. Drucker	Clarke Professor of Social Science and Management at the Claremont Graduate School	
Mary Falvey	Falvey Associates	1967~1975
Roger Ferguson	Vice chairman, Federal Reserve Bank	1984~1997
Mark Filippell	Sr.Managing Director and Co-manager, mergers and acqnisition practice,Key Banc Capital Markets	1980-1982
Dan Finkelman	Senior vice president, brand and business planning, Limited Brands, Inc.	1981~1994
Michael Fleischer	President, Bogen Communications International, Inc.	1985~1990
John Forbis	Corporate vice president and general manager, Canon	1971~1983
Peter Foy	Chairman, Whitehead Mann Group L/P	1968~1973 1974 1996
Bob Garda	Executive in residence, Fuqua School of Business, Duke University	1967~1994
Candace Gaudiani	Gaudiani Associates	1973~1977
Fred Gluck	Former managing director, McKinsey & Co.	1967~1995
Don Gogel	President and CEO, Clayton, Dubilier & Rice, Inc.	1976~1985
Harvey Golub	Retired chairman and CEO, American Express	1966~1973 1977~1983

Albert Gordon	Retired chairman, Kidder Peabody	
Rajat Gupta	Former managing director, McKinsey & Co.	1973 至今
Dr. Felix Haas	Author's father, coadviser to General Motors in the 1960s	
Dr. Alistair "Ali" Hanna	Executive director, Alpha North America	1974~1997
Dr. Herbert A. Henzler	Vice chairman, Credit Suisse First Boston	1970~2001
Dr. David Hertz	Chairman and CEO, Identification Technologies International	1962~1979
Randy Hogan	Chairman,President and CEO, Pentain Inc.	1981~1988
Frederik "Mickey" Huibregtsen	Former head of McKinsey & Co. The Netherlands	1970~1999
Quincy Hunsicker	Member, McKinsey & Co. advisory board	1961~1997
Reg Jones	Former chairman, General Electric	
Michael Jordan	Chairman and CEO, EDS	1964~1974
Nancy Karch	Advisory council member, McKinsey & Co.	1974~2000
Jon Katzenbach	President of Katzenbach and Associates	1959~1998
Stephen Kaufman	Retired CEO and chairman, Arrow Electronics, Inc.; Faculty of the Harvard Business School	1969~1980
Dr. Peter Kraljic	Member, McKinsey & Co. advisory board	1970~2002
Harry Langstaff		1966~1984
Mark LeDoux	Managing partner, Syzygy Consulting, Inc.	1982~1987
Linda Levinson	General partner, GRP Partners, Inc.	1972~1981
Professor Theodore Levitt	Professor emeritus, Harvard Business School	
Henry Lowes	Lowes stores	
Gary MacDougal	Chairman, Republican Party, State of Illinois;honoraly Chairman and CEO, Mark Controls	1963~1969

John Macomber	Chairman, JDM Investment Group; retired chairman, Celanese	1953~1973
Bill Matassoni	Partner and director of marketing, Boston Consulting Group	1980~1999
Dean John McArthur	Retired dean of Harvard Business School	
Alonzo "Al" McDonald	Chairman and CEO, Avenir; former managing director,	1960~1977
Ed Michaels III	McKinsey & Co.	1969~2001
Roger Morrison	Corporate director, Vector Command, Kinko's, Alliant Foodservice	1953~1991
Dietmar Meyersiek	Geschaftsfuhrender Gesellschafter, EXES Management information, GmbH	1970~1992
Margaret S. Neal	Secretary to Marvin Bower, Florida	
Bruce Nemlich	Director, Management Science, Pfizer, Inc.	1983~1986
Richard Neuschel		1945~1979
Robert O'Block	Former head of Boston office, McKinsey & Co.	1969~1998
Cherie Olland	Global director of business development and communications Jones Day	1982~1985
Stephanie O'Malley	Nurse, Florida	
Hein Onkenhout	Regional CEO Americas, Rexam Beauty & Closures	1981~1988
Carel Paauwe	Chairman, Rekkof	1970~1998
Hugh Parker	Former head of McKinsey & Co., U.K.	1951~1983
Andrall Pearson	Founding chairman, Yum! Brands, retired president, Pepsico	1954~1970
Don Perkins	Retired chairman, A&P	
H. Don Perkins Jr.	Partner, Zon Capital Partners	1985~1989
Bill Price	Retired editor, McKinsey & Co.	1980~2002
Sara Roche	Communications Consultants, McKinsey & Co.	1966~1998
Ken Roman	Retired chairman, Ogilvy & Mather	
John Rye	Former chairman, Lamb	

	Machine Tool Company	
Thomas Schick	Retired head of R&D, Shell	
Norman Selby	CEO, TransForm Pharmaceuticals	1978~1997
Charles Shaw	Managing director, First Atlantic Capital, Ltd.	1965~2000
Barbara Sinclair	Administrative Assistant to Marvin Bower	1969~2002
Leif Soderberg	Senior vice president and director of global strategy and corporate development, Motorola, Inc.	1978~1993
Herman Stein	Retired provost, Case Western Reserve University	
J. Mac Stewart		1952~1996
John Stewart		1961~1998
Dr. Henry Strage	H.M. Strage Associates	1962~1991
John Tomb		1950~1975
Jack Vance	Managing director, Management Research, Inc.; Former head of Los Angeles office, McKinsey & Co.	1951~1989
Betty Vandenbosch	Professor, Case Western Reserve University	1983~1990
Joan Wallace	Housekeeper, Florida	
A. Steve Walleck	Former director, McKinsey & Co.; Former chairman and CEO, Magnetic Data Technologies	1971~1993
Lee Walton*	Former managing director, McKinsey & Co.	1955~1987
Robert "Bob" Waterman, Jr.	Chairman, The Waterman Group, Inc.	1964~1985
Howard "Terry" Williams III	Former head of Washington, D.C. office, McKinsey & Co.	1959~1997
Walter Wriston	Retired chairman, Citibank	
Gene Zelazny	Director of visual communications, McKinsey & Co.	1961 至今
Dr. Klaus Zumwinkel	Chairman of the management board, Deutsche Post AG	1974~1985

作者后记

我本人第一次听说马文·鲍尔是在1962年，那时我才8岁。我的父亲是一位数学家，任普渡大学的教务长，当时他正与马文为一个通用汽车学院的项目进行合作。父亲说起马文时，敬重之情溢于言表，如同他对待数学家约翰·冯·诺伊曼一样，这引起了我的注意。两年之后，10岁的我过早地对如何制造东西产生了兴趣，我得以和马文碰面，从他那里了解到商业也可以是一个受人尊敬的有价值的事业，尽管我是在一个视学术高于商业的环境中成长起来的。

大约14年后，马文给我在麻省理工学院研究生院的办公室打来电话，欢迎我到麦肯锡从事咨询顾问的新工作，并谈到我在麻省理工学院的情况。当我意识到是马文在给我打电话时，我立刻站起身来。当时我的导师正好在我的办公室，他问我是谁打的电话，我告诉他是马文，他说："你是应该站起来接，马文·鲍尔值得你对他如此尊重。"

到麦肯锡后接到第一项任务，我就有幸成为马文领导的一个小组的成员。他鼓励我们不要仅仅局限于搜集并分析该项目的基本信息，令我的思路一下子开阔起来——这种力量正是源于对该组织及其成员的尊重。每一次同马文进行交谈之后，我都会感到自己充满力量。我亲眼见到他运用这种力量转变了底特律的一家机械工具公司，使其基本定位和特性都向积极的方向发生了转变。

几年之后，当我离开麦肯锡开始自己创业时，我发现自己每当遇到艰难的抉择时，都会去想：“如果是马文会怎么做？”在必要的时候，我还会请教马文。他总是乐于助人，见解深刻。

在我48岁时，马文已是98岁高龄，我终于鼓起勇气着手写作本书。我打电话给马文，问他能否一起写作他的传记。我解释说，我觉得这件事情非常重要，而且我已经酝酿将近20年了。一开始，他有些犹豫，因为当时他正在写自己的回忆录，感到这两个项目同时下手有些困难。不过，他还是邀请我到佛罗里达去商讨写作一本传记的可能性。

坐上南下的班机，想到我终于有可能写一本书（当时我还只写过些文章），向更多的读者展现马文·鲍尔的过人智慧和远见卓识，我既感到忐忑不安，又感到欣喜万分，两种矛盾的感受交织在心头。一方面，我觉得应该让年轻人看到马文的故事，并从这些故事中认识他，因为他是在专业精神和性格方面引人注目的榜样；另一方面，我不想因此影响马文为家人撰写的个人回忆录（当时他已经98岁高龄了）。在整个航程中，我都不断地做深呼吸，有一刻因为想到马文应该知道怎么办又顿感宽慰。然而这种宽慰没有持续多久，我又担心起他的记忆力可能已经衰退了。他还记得我是谁吗？那时我们已经有十几年没见过面了。

下了飞机，我来到马文的办公室，那里与他的公寓只隔一条街。当我走进办公室时，发现他一如既往地穿戴得非常整齐。我们互相致意，他直视着我。引起我注意的不是他的年龄和姿态，这令人吃惊，而是他让我熟悉的凝视和他眼睛里闪着的光芒。办公室的墙上挂着他最喜爱的画《运动的力量》。看见我盯着那幅画，他笑了，并告诉我说这是 20 世纪 50 年代他在伦敦花 57 美元买来的，因为他非常喜欢那幅画的名字。

我们在他的桌边坐下。我问他现在手头事情的进展情况，他说在第二任妻子克利奥（克洛蒂尔德的爱称）过世之前，他曾经答应她要完成自己的回忆录。我们一起看他的手稿并谈到还需要完成哪些地方。

然后我们就谈到写传记的可能性。我向他解释说，第一步是采访受到他影响的人，从他们那儿搜集“马文的故事”。挑战在于要把这些故事融合到一起，而不只是罗列孤立的事件，它们将展现以诚信为基础的商业价值观，对读者具有非常强的教育意义。我给马文看了一些我已经搜集到的故事。

马文看了几个故事，并用蓝绿色笔做了批注，然后就告诉我该吃午饭了。他拄起拐杖，我们一同出了办公室，穿过马路来到他家。他先是带我四处参观，对家里的每一样东西，他都说是克利奥的功劳。马文对于第二任妻子克利奥的深爱和自豪显而易见。然后，他又带我参观了整个公寓楼，详细讲解我根本就没有注意到的各处风景。

午餐当中，有几个人过来打招呼。乔治·戴夫利的遗孀朱丽叶·戴夫利也过来了，她和马文开玩笑说好久不见了。马文介绍了我，说我正在替他写传记。（之前我们讨论时，他并没有给我一个明确肯定或否定的回答，所以听他这样介绍我，我感到既吃惊又高兴。）然后，他问我是否知道乔治·戴夫利和朱丽叶·戴夫利。我自豪地回答说："当然知道，乔治是哈里斯排字机公司的董事长，他后来把公司改名为哈里斯图形公司。您加入麦肯锡之前曾找他商量过，而朱丽叶是我开始写这本书时需要采访的非常重要的人物。"马文高兴地笑了，尽管我已经多年没有听到了，但那笑声依然如此令人熟悉。

用过午餐，我们又回到他家，约好两周后再见面讨论这两本书。由此，我们的合作旅程开始了，马文积极参与并鼓励我写作他的传记，而我则帮助他完成自己的回忆录。

2002 年的大部分时间，我都有幸与马文紧密合作，而他也再一次激励和感染了我。他总是那样谦逊（"我不相信人们愿意花时间向你谈论我"）和严谨（"那一年是 1967 年，不是 1966 年"）。他精力充沛，并且坚决地高效利用时间（"我总是 7 点起床，因为要做的事情很多"）。

在我继续搜集和编辑关于马文的资料（他自己讲的和他人讲的）时，我发现当今许多领导者都对马文满怀感激，因为马文曾帮助他们认识到最重要的是价值观的力量。他们像我一样，在遇到重大决策关头，总会想想："如果是马文会怎么做？"

2002 年 4 月至 9 月间，我做了大量的访谈，见到了 92 个曾与马文在麦肯锡公司或者在客户处共过事的人，直接地深入了解他们的经历，以及马文是如何影响他们的。那段时间，我也常常和马文碰面，我们会讨论访谈得到了哪些资料，哪些人接受了我的访谈。在我对某人做访谈之前，马文会出示他有关此人的信件或文档，访谈之后他又会阅读我的访谈笔录。最终，共有 100 多位高级管理者和商界领袖从百忙之中抽出一个小时甚至一天的时间接受我的访谈。每次拜访马文时，我们也会花时间讨论他的回忆录的写作情况。

从 2002 年 9 月至 12 月，马文一直在阅读和批注本书的第一部分，并偶尔做些修改。我们还花了些时间讨论了第二部分的故事，他向我指出在客户案例研究和受他影响的领导者的成功事例中什么才是关键。

12 月的最后两周，我陪着马文在医院就医，在家中接待访客，读信给他听（商界名人几乎全都写信来了）。谁知这竟然是我们在一起度过的最后两周时间。这期间有一次拜访马文时，他从病床上坐起来，手里握着本书的草稿，看着我说："它一定得是原创的，而且得有影响力。"刹那间，我感到自己肩上的责任很重，不禁自问我会不会让马文失望。思索了片刻，我回望着马文，肩上的压力消失了。我说："马文，这是关于你的书，它肯定是原创的，而且肯定有影响力。"他笑着闭上了眼睛。

许多受到马文影响的人都认为他见识非凡。对于我们这些有幸结识他的人来说，他的商业价值观、诚信和对人的尊重都会被永远铭记在心；对于那些没有机会直接接触马文的未来领导者而言，本书提供了来自曾与马文共事的领导者的第一手资料，也提供了来自对马文的访谈及他个人著述和演讲的第一手资料。我衷心地希望自己能够通过本书将马文永恒的智慧和洞察展现在读者面前。

向以色列学创新

以色列谷：科技之盾炼就创新的国度

作者：（以）顾克文 等 ISBN：978-7-111-48989-4 定价：40.00元

“以色列谷”是以色列创新内涵的浓缩。关注“以色列谷”在经济领域和科技领域的突出成就，关心以色列谷繁荣的原因，无疑对中国未来的发展道路提供启发与思索。

创新的天梯

作者：（以色列）亚里·拉登伯格 等 ISBN：978-7-111-46696-3 定价：45.00元

人类宝贵的品质——创造力已钝化。为什么？政治家、老师、家长让你无条件地服从命令，不做独立思考。而我希望说服你，通过阅读本书，开启创造性思维，因为你是自由的个体。

我们希望本书能解开封锁你自有创造力的关键，释放被关你大脑黑洞里的那些要你勤奋、高效、服从……的常规和自律框框。并带给你自由思考、创造的能力。

犹太创业家：揭秘犹太创业者的8大成功因素

作者：（荷）斯维·万宁 ISBN：978-7-111-46389-4 定价：45.00元

为何占世界人口总数0.2%的犹太人，能够操控全球1/3的财富？犹太裔学者斯维•万宁10年研究，揭秘全球最成功的犹太创业家的8大成功因素。

创新的基石：从以色列理工学院到创新之国

作者：（以）阿姆农•弗伦克尔 等 ISBN：978-7-111-55989-4 定价：35.00元

以色列“创新之源”、人才资本的最大输出地，由爱因斯坦提议创建，诞生3位诺奖得主的传奇学校——以色列理工学院，是创业的国度以色列能够迅速成功的基石。

专业服务系列丛书

值得信赖的顾问：成为客户心中无可替代的人

作者：[美]大卫•梅斯特（David H. Maister）、查理•格林（Charles H.Green）、罗伯特•加弗德（Robert M.Galford）

ISBN：978-7-111-59413-0 定价：69.00元

直达客户关系的灵魂，帮助你获得客户的深度信任。

（17年始终位于亚马逊顾问品类前3名）

专业团队的管理：如何管理高学历的知识型员工

作者：[美]帕特里克•麦克纳（Patrick J. McKenna）、大卫•梅斯特（David H. Maister）

ISBN：978-7-111-59300-3 定价：69.00元

专业团队的管理者既是场内的选手，需要完成自己的任务；

又是场边的教练，必须担负整个团队的绩效。

（2002年最佳商业书籍奖）

专业服务公司的管理（经典重译版）

作者：[美]大卫•梅斯特（David H. Maister)）ISBN：978-7-111-59252-5 定价：79.00元

顶级会计师事务所、律师事务所、咨询公司、投资银行、

广告公司、猎头公司……都在遵循的管理法则

（专业服务大师梅斯特享誉全球的奠基之作）

彼得·德鲁克全集

序号	书名	序号	书名
1	工业人的未来The Future of Industrial Man	21☆	迈向经济新纪元 Toward the Next Economics and Other Essays
2	公司的概念Concept of the Corporation	22☆	时代变局中的管理者 The Changing World of the Executive
3	新社会 The New Society：The Anatomy of Industrial Order	23	最后的完美世界 The Last of All Possible Worlds
4	管理的实践 The Practice of Management	24	行善的诱惑The Temptation to Do Good
5	已经发生的未来Landmarks of Tomorrow：A Report on the New "Post-Modern" World	25	创新与企业家精神Innovation and Entrepreneurship
6	为成果而管理 Managing for Results	26	管理前沿The Frontiers of Management
7	卓有成效的管理者The Effective Executive	27	管理新现实The New Realities
8☆	不连续的时代The Age of Discontinuity	28	非营利组织的管理 Managing the Non-Profit Organization
9☆	面向未来的管理者 Preparing Tomorrow's Business Leaders Today	29	管理未来Managing for the Future
10☆	技术与管理Technology，Management and Society	30☆	生态愿景The Ecological Vision
11☆	人与商业Men，Ideas，and Politics	31☆	知识社会Post-Capitalist Society
12	管理：使命、责任、实践（实践篇）	32	巨变时代的管理 Managing in a Time of Great Change
13	管理：使命、责任、实践（使命篇）	33	德鲁克看中国与日本：德鲁克对话"日本商业圣手"中内功 Drucker on Asia
14	管理：使命、责任、实践（责任篇）Management: Tasks,Responsibilities,Practices	34	德鲁克论管理 Peter Drucker on the Profession of Management
15	养老金革命 The Pension Fund Revolution	35	21世纪的管理挑战Management Challenges for the 21st Century
16	人与绩效：德鲁克论管理精华People and Performance	36	德鲁克管理思想精要The Essential Drucker
17☆	认识管理An Introductory View of Management	37	下一个社会的管理 Managing in the Next Society
18	德鲁克经典管理案例解析（纪念版）Management Cases(Revised Edition)	38	功能社会：德鲁克自选集A Functioning Society
19	旁观者：管理大师德鲁克回忆录 Adventures of a Bystander	39☆	德鲁克演讲实录The Drucker Lectures
20	动荡时代的管理Managing in Turbulent Times	40	管理(原书修订版） Management (Revised Edition)
注：序号有标记的书是新增引进翻译出版的作品		41	卓有成效管理者的实践（纪念版）The Effective Executive in Action